学ぶ

遺産で

わかる

地理

Geography

監修・解説 山﨑圭一
（ムンディ先生）

JTBパブリッシング

はじめに

地理を学んでぐぐっと広がる世界遺産の魅力

みなさんは、「世界遺産」というと、どのようなものを想像するでしょうか。豪華な宮殿や荘厳な教会、古い街並みなど、どちらかといえば「文化遺産」のことを想像する方が多いのではないかと思います。

世界には現在、１０００件以上の世界遺産がありますが、そのうち2割ほどの２００件以上は自然遺産が占めています。また、文化遺産と自然遺産の両方の性格をもつ、40件近い複合遺産も加えるとその割合は2割をこえます。また、文化遺産の中にも、工場や鉱産資源の採掘跡、産業都市の景観、独特の農業文化などの産業遺産が数多く存在します。実は、世界遺産の半分ほどが「地理」に関連した世界遺産と言えるのです。

私は現在、福岡県の公立高校で歴史や地理を教えています。その中でも地理は、地形や気候などの自然環境、そして農業や工業、都市や村落のありかた、宗教や言語、環境問題など、幅広い内容を学習する科目です。人間生活のすべてが地理と関係していると言っても、過言ではありません。身近なことから、地球規模のことまで、幅広く知ることができるのが地理の魅力です。

地理を学ぶことは、世界の自然環境や人間生活のあり方を知ることになり、その上に成り立っている自然遺産や複合遺産、産業遺産など、地理に関連した世界遺産の楽しみが「ぐぐっと」、何倍にも増すことになるのです。

本書は、高校の地理の内容に関係する世界遺産を、地理の分野ごとに並べ、世界遺産と地理を同時に学べるような構成にし、どちらの魅力も何倍にも感じられるように工夫しました。そして、私なりの世界遺産の見方やオススメの楽しみ方を「ムンディ'sEye」というコーナーで紹介しています。ぜひ、本書を通して豊かな教養を身につけてほしいと思います。

監修・解説　山﨑　圭一

目次 Contents

凡例

Keywords	解説テーマの重要語句。 本文内に目立つようにマーカーを引いています。
日本で実感	世界遺産にかかわらず、解説テーマをより具体的に 実感できる日本国内の事例です。
Notes	注釈（＊、＊＊）のほか、解説テーマや世界遺産について 理解がより深まる豆知識も。

✳ 世界遺産について ✳

世界遺産とは、「世界の文化遺産及び自然遺産の保護に関する条約」(世界遺産条約)に基づき、文化財、景観、自然など、人類が未来に残していくべき普遍的価値を持つとして「世界遺産リスト」に登録されたもののことです。2023年1月時点の条約締約国は194カ国、登録件数は1157件に上ります。登録は、10の登録基準のうちいずれか1つを満たす必要があり、条約締約各国からの推薦、諮問機関による学術的な審査を経て、年1回、21カ国で構成される世界遺産委員会において決定されます。本書では、「世界遺産でわかる！」のページで、各解説テーマの内容を、よりぐぐっと実感できる世界遺産を紹介しています*。

ムンディ's Eye　砂漠にも雨が降ることがあります。降るときには一気に上昇気流が発生して激しい雨が降り、涸れ川の「ワジ」に凄い量の水が流れます。砂漠で溺れる、というのも笑い話ではありません。

ムンディ先生こと山﨑先生がおすすめする世界遺産情報です。

ヨルダン　登録基準➡(iii)(v)(vii)

ワディ・ラム保護地域

遺産の種類…文化遺産、自然遺産、複合遺産と、それぞれの危機遺産があります。(右記参照)

保有国名…遺産の保有国名は一般的な通称を用いました。

遺産名…ユネスコ世界遺産センター (unesco.org) に掲載されている情報をもとに、一部調整しています。また一部の漢字には、日本語で一般的な読み仮名をつけています。

登録基準…世界遺産となった理由です。(下記参照)

世界遺産の種類

文化遺産…顕著な普遍的価値を持つ建築物や遺跡など。

自然遺産…顕著な普遍的価値を持つ地形や生物、景観などを持つ地域。

複合遺産…文化と自然の両方について、顕著な普遍的価値を兼ね備えるもの。

危機遺産

世界遺産としての意義を揺るがすような何らかの脅威にさらされている、もしくはその恐れがある物件は、「危機にさらされている世界遺産」として危機遺産リストに登録されます。

10の登録基準

最低でも1つに合致していなければなりません。基準(i)～(vi)で登録された物件は文化遺産、(vii)～(x)で登録された物件は自然遺産、文化遺産と自然遺産の両方の基準で登録されたものは複合遺産となります。

(i) 人間の創造的才能を表現する傑作。

(ii) ある期間を通じて、またはある文化圏において建築、技術、記念碑的芸術、都市計画、景観デザインの発展に関し、人類の価値の重要な交流を示すもの。

(iii) 現存または消滅した文化的伝統や文明に関する唯一の、あるいは少なくとも稀な証拠。

(iv) 人類の歴史上重要な時代を例証する建築様式、建築物群、技術の集積または景観の優れた例。

(v) ある文化(または複数の文化)を代表する伝統的集落、あるいは土地・海洋利用の際立った例。もしくは特に不可逆的な変化の中で存続が危ぶまれている人と環境の関わりあいの際立った例。

(vi) 顕著で普遍的な意義を有する出来事、現存する伝統、思想、信仰または芸術的、文学的作品と、直接にまたは明白に関連するもの (この基準は他の基準とあわせて用いられることが望ましい)。

(vii) ひときわ優れた自然美及び美的な重要性をもつ最高の自然現象または地域を含むもの。

(viii) 生命進化の記録や、地形形成における重要な地質学的進行過程、地形的又は自然地理学的特徴といった、地球の歴史の主要な段階を示す顕著な例。

(ix) 陸上・淡水・沿岸及び海洋生態系と動植物群集の進化と発展において、進行中の重要な生態学的過程又は生物学的過程を示す顕著な例。

(x) 学術・保全上顕著な普遍的価値を持つ絶滅の恐れのある種の生息地など、生物多様性の保全にとって重要かつ意義深い自然生息地を含んでいるもの。

*紹介している世界遺産は、各解説テーマの内容を示すものではありますが、必ずしもそれが世界遺産の登録基準に含まれているとは限りません。

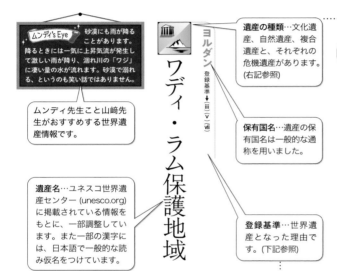

第一章

地理情報と地図

人工衛星などない太古から、人々は地球がどのような形で、自分たちが地球のどの場所にいるのかを探求してきた。その探究心によって作り上げられてきた地図は、昔も今も、世界を知るための最重要ツールだ。

バビロニアの世界地図
(紀元前700年頃)

人々の世界観の変遷

地理情報を図形で表現した地図は、昔の人がどのように地球をとらえていたのか、あるいは、昔の人にどのような地理的知識が備わっていたのかを知る一つの手がかりだ。地図は文字よりも歴史が古い表現方法ともいわれるが、近代地図は、大航海時代をきっかけとして飛躍的に発展した。地図に新たな土地が描き加えられ、同時に、各地の正確な位置を知るために緯度と経度の重要性も増した。地図の歴史を知ることは、人類の歴史を知ることでもある。

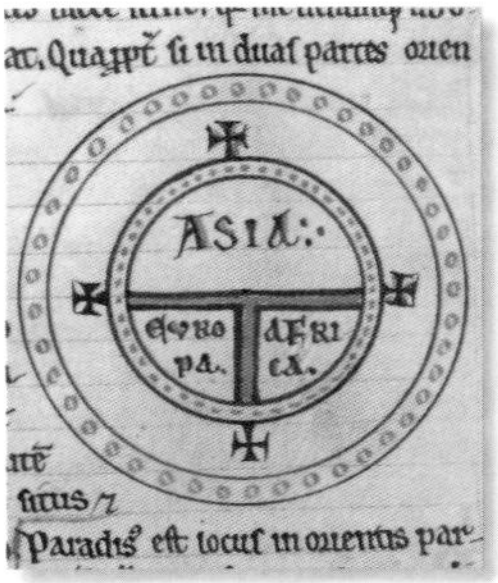

7世紀

中世キリスト教の世界観を表した『TO図』。エルサレムを中心に上にアジア、右下にアフリカ、左下にヨーロッパが描かれた

紀元前700年頃

現在のイラク南部にあったバビロニアの世界地図で、現存最古の地図といわれる。中心に首都バビロンがある

1154年

アラブ人のイドリーシーによる世界地図で、上が南。メッカを中心に描かれ、イスラームの世界観が表れている

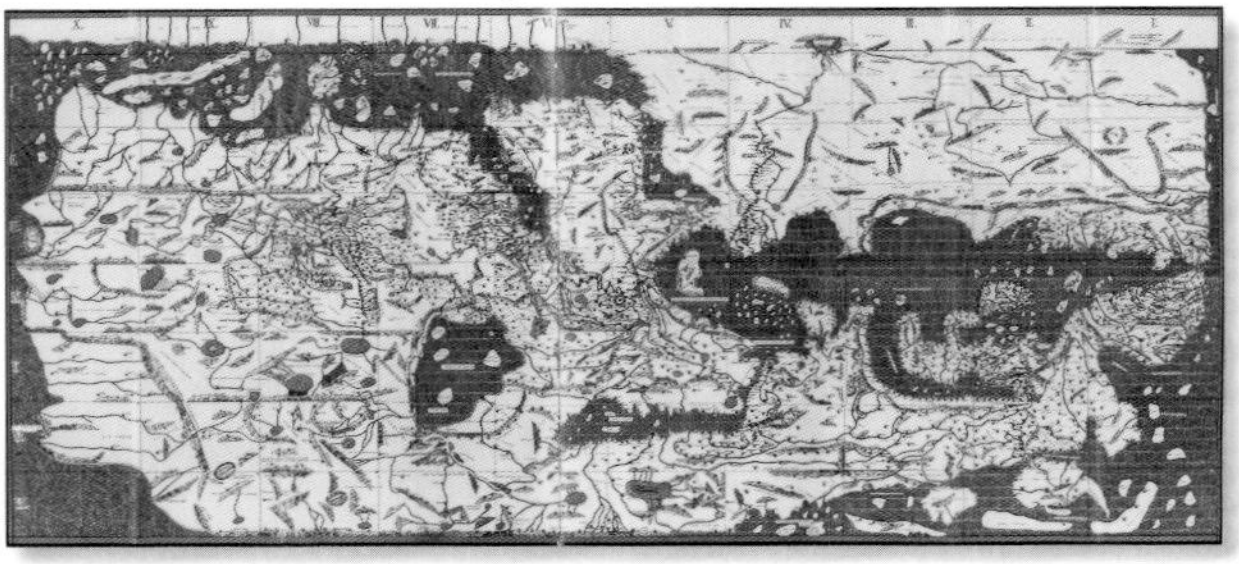

150年頃

古代ローマのプトレマイオスの世界地図を再現したもの。初めて等間隔の経緯線が描かれた

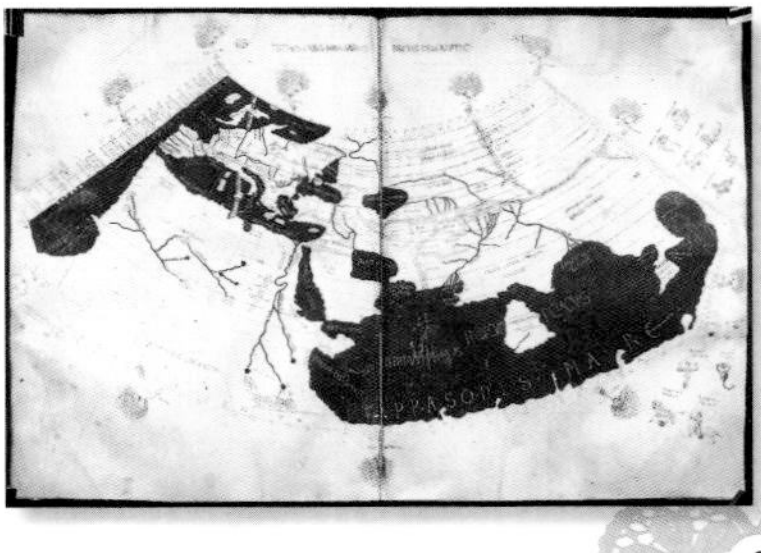

1492年

ドイツのベハイムによる現存最古の地球儀が描かれた切手。未発見だった南北アメリカ大陸は描かれていない

19世紀に入り各国間の往来が活発になると、世界で時間をどのように共有するかが問題となった。1884年、イギリスのロンドン郊外にあるグリニッジ天文台（写真左）を通る子午線を世界標準時の基準にすることが決まり、各国間で時差が設定された（写真上）

1569年

メルカトル図法の世界地図はベルギーのメルカトル（左下）が航海用に考案したもの。現在も海図に用いられている

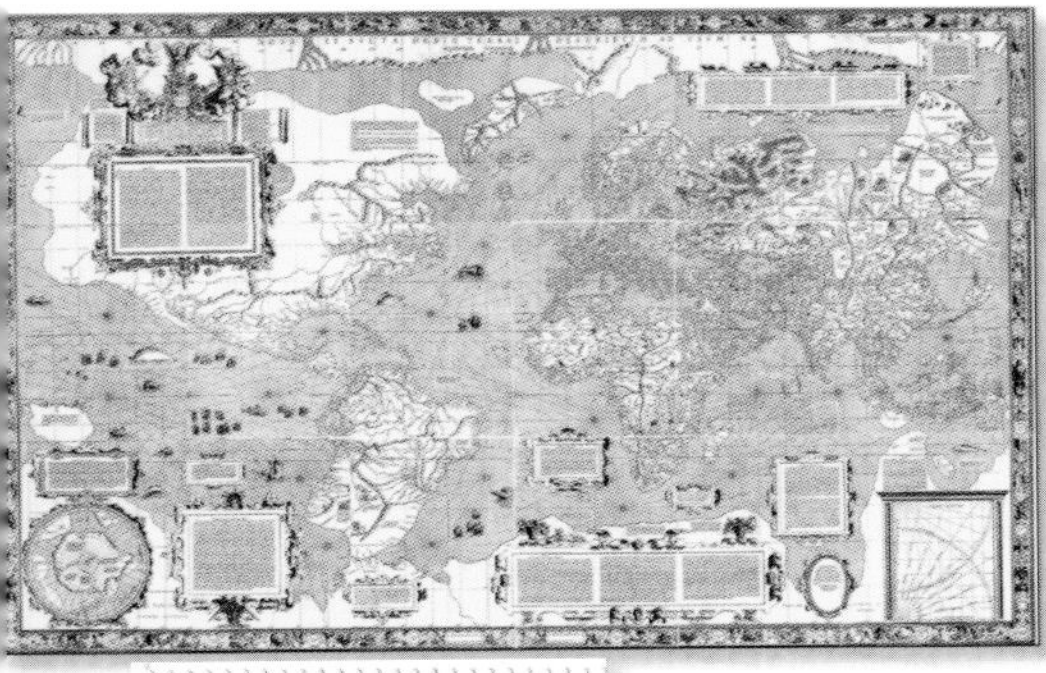

1507年

ドイツのヴァルトゼーミューラの地図には、探検家アメリゴ・ヴェスプッチにちなみ、初めてアメリカという言葉が登場した

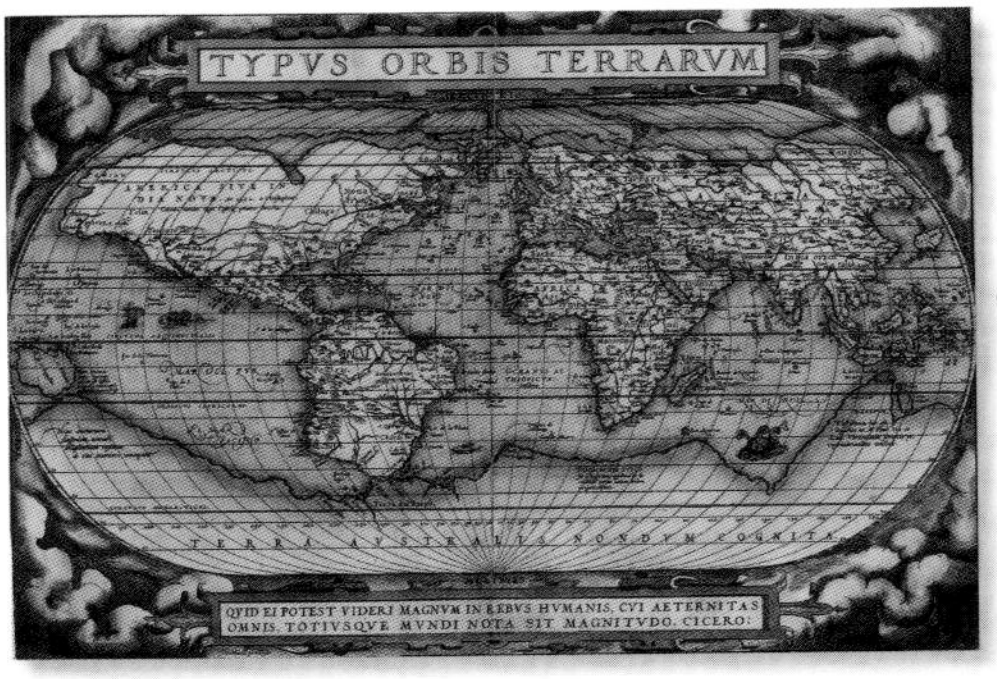

1570年

ベルギーのオルテリウスによる『世界の舞台』は、世界初の本格的な近代地図といわれる

1602年

明王朝末期にイタリア人のマテオ・リッチが作成した『坤《こん》輿《よ》万《ばん》国《こく》全《ぜん》図《ず》』は日本にもたらされ、日本人が世界を知るのに役立った

地球の自転によって生じる時刻の差
各地の時間と時差

ロンドンを基準に決まる世界の標準時

　地球を北極方向から見ると、24時間かけて、反時計回りに360度回転する。このため、経度15度ごとに1時間の差が生じる。これが**時差**だ。古くは各地で太陽の位置によって時計を合わせていたが、19世紀に交通や通信が発達すると、世界共通の時刻制度が必要になった。そこで、ロンドンのグリニッジ天文台を通る**本初子午線***を基準にしたグリニッジ標準時（GMT）を世界の基準と定め、各国や地域の**標準時**は、GMTから一定の時間差をつけて定められている。ただし現在では、原子時計の時刻に基づく協定世界時**（UTC）が世界の時刻の基準となっている。

日付の境目となる理論上の線

　地球を一周すると、地球の自転の影響で時差が24時間となり、1日以上の時差が生じてしまう。そこで、これを解消するために、本初子午線の裏側にあたる経度180度に沿って、仮想の**日付変更線**が設けられている。この線を東から西へ越えると日付を1日進め、西から東へ越えると1日遅らせる。日本は世界の中でも日付が変わるのがかなり早い国だ。

★時差の仕組み

本初子午線が通る経度0のロンドンと、東経135度の日本との時差は、135÷15で9時間。ロンドンが0時の時、ロンドンより東方の東京は午前9時となる。

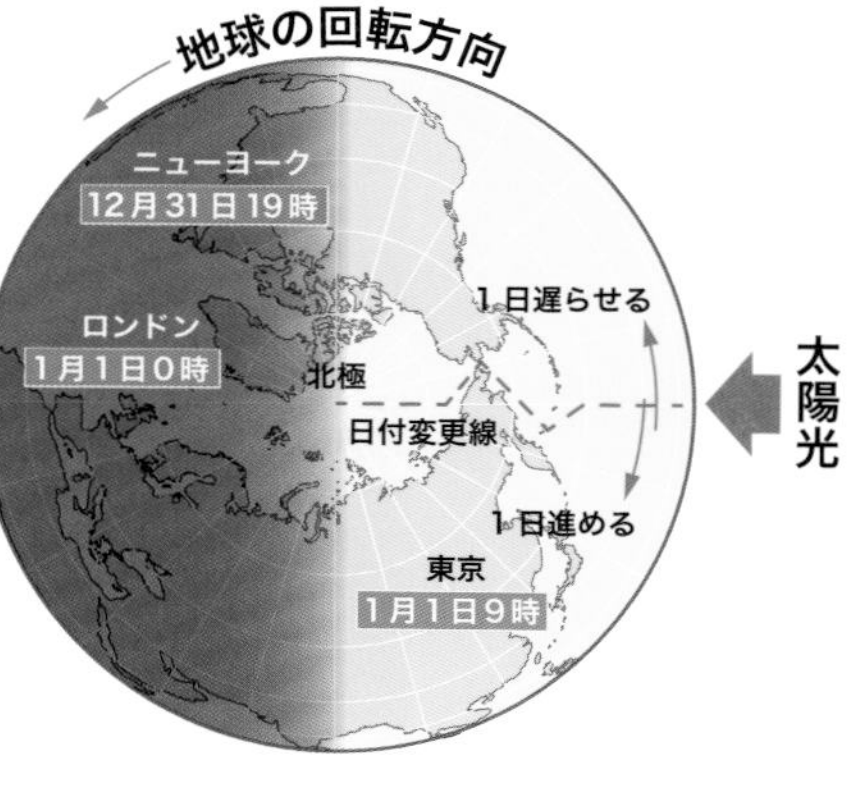

宇宙から見た地球。昼の地域と夜の地域の差がはっきり見て取れる

Keywords

★時差
★本初子午線
★標準時
★日付変更線

日本で実感

日本標準時子午線（兵庫県明石市）

Notes ＊子午線とは地球の赤道と直角に交差し、南極点と北極点を結ぶ大円（経線）のこと。中国で真北を「子」、真南を「午」と呼んでいたことにちなむ。「本初」とは「最初」や「首位」の意味

★日本と世界の国々の時差

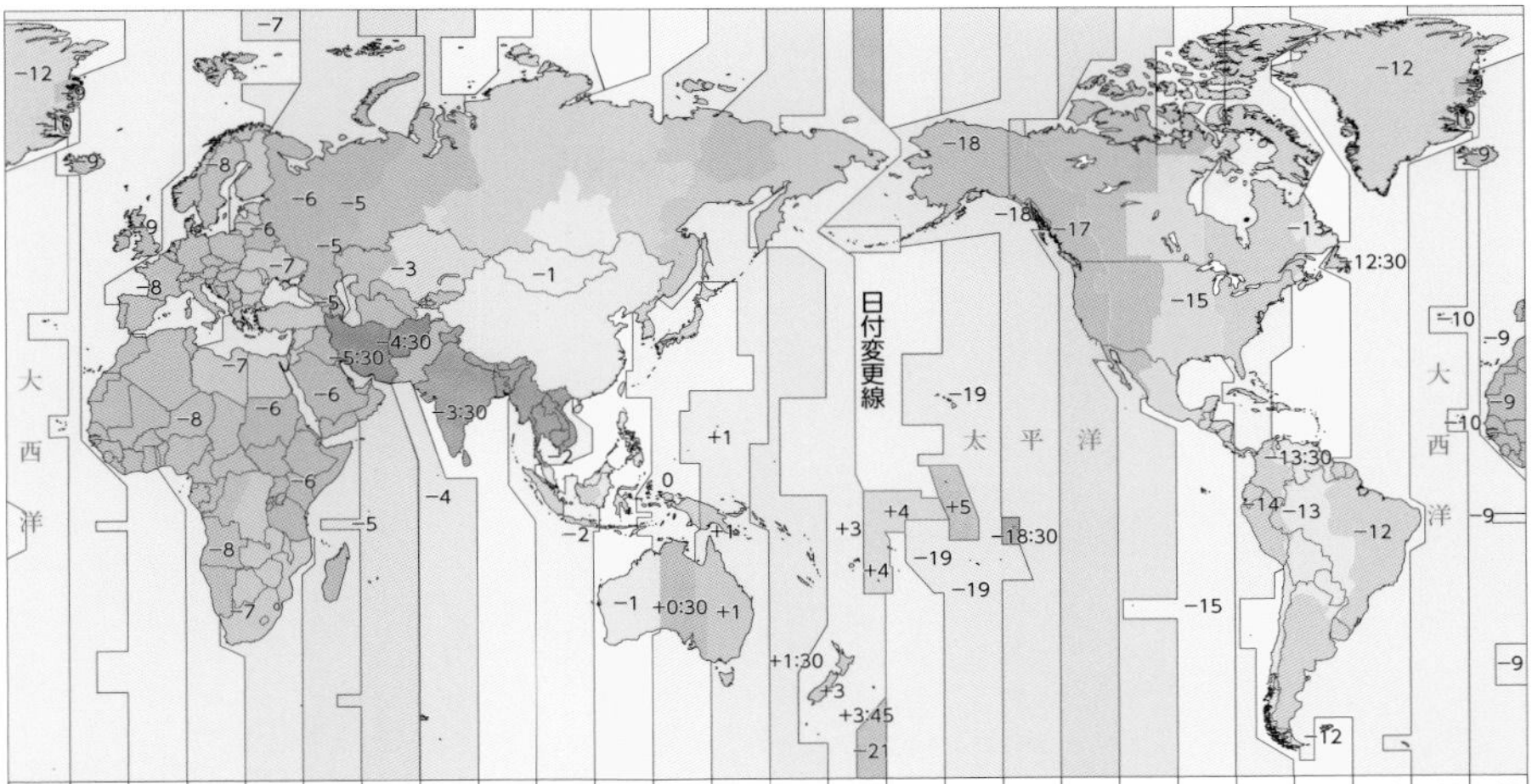

日本との時差	−10	−9	−8	−7	−6	−5	−4	−3	−2	−1	0
日本が1月1日午前0時のとき	12月31日 14:00	12月31日 15:00	12月31日 16:00	12月31日 17:00	12月31日 18:00	12月31日 19:00	12月31日 20:00	12月31日 21:00	12月31日 22:00	12月31日 23:00	1月1日 午前0:00

日本との時差	+1	+2	+3	−20	−19	−18	−17	−16	−15	−14	−13	−12	−11	−10
日本が1月1日午前0時のとき	1月1日 1:00	1月1日 2:00	1月1日 3:00	12月31日 4:00	12月31日 5:00	12月31日 6:00	12月31日 7:00	12月31日 8:00	12月31日 9:00	12月31日 10:00	12月31日 11:00	12月31日 12:00	12月31日 13:00	日本が1月1日午前0時のとき

上の図は、共通の標準時を使用する地域を世界全図で表したもの。日付変更線が真っすぐ引かれていないのは、陸地に線を引くと国内の東西で日付が異なるのを避けるため、海上を通るように引かれているからだ。

★サマータイム

北米やヨーロッパ、オセアニアや南米などの緯度が比較的高い地域では、昼間の時間が長い春から秋にかけて、標準時を1時間進めた「サマータイム」を導入している。日中の明るい時間の有効活用や健康増進、省エネなどの目的で実施されているものだ。日本でも戦後にGHQの指示で採用されたが、低緯度に近づくほど日照時間の変動が少なくなり、サマータイムの効果が薄れるため、わずか4年で廃止された。

★日本の標準時

日本では1886年、グリニッジ標準時を基準に、東経135度の子午線の時刻(GMT+9時間)を標準時とすることが定められた。この子午線は京都府、兵庫県、和歌山県を通るが、最初に標識を建てた兵庫県明石市は「子午線のまち」といわれ、子午線上に市立天文科学館が立ち、山陽電車人丸前駅のホームにも子午線を示す白線がある。

★世界の金融市場

グローバル化した現在では、拠点やスタッフがいる海外との時差を活用する分業システムをつくり、組織活動を24時間行う企業やビジネスなども増えている。世界経済を支える各国の主な為替市場も、ニュージーランドのウェリントンの早朝取引からシドニー、東京と順に市場が開き、ヨーロッパ、ロンドン、ニューヨークを経て一日の取引を終えるなど、一日の中でどこかの市場が必ず稼働している。

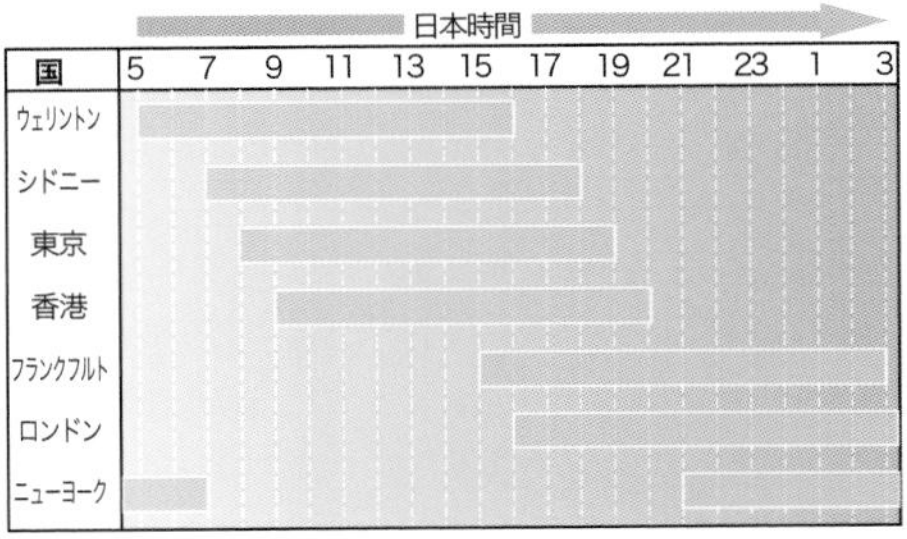

Notes ＊＊地球の自転の影響によって1日の長さが年間を通して一定ではないことから、世界時を補正するために1982年から採用された世界時。セシウム原子を利用した原子時計を基本とする

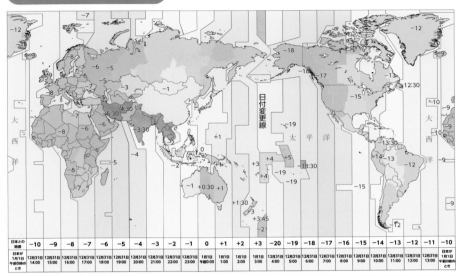

イギリス 登録基準↓(i)(ii)(iv)(vi)

河港都市グリニッジ

時刻の世界基準となった海洋王国の港町

16世紀以降、海洋王国イギリスの水上交通における表玄関だったグリニッジ。当時のイギリスの地図や海図が正確で、グリニッジには第一級の天文台があることなどから、この地の標準時が世界基準となった。現在は多くのモニュメントが残る。

グリニッジ・パーク

15世紀以降は狩猟場として利用され、17世紀には天文台が完成。フランスのヴェルサイユ宮殿を手がけた造園家の設計で、現在はイギリス王室が管理する王立公園として開放されている

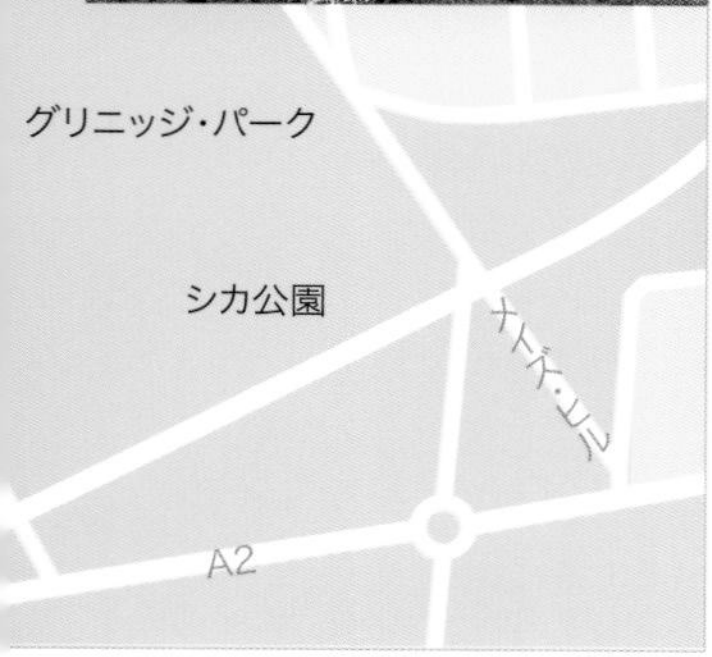

チャールズ2世

スチュアート朝のイングランド・スコットランド王。航海時に海上での位置を正確に知る目的で天文学研究を奨励し、1675年にグリニッジ天文台を設立した

→天文台内部は博物館として公開されている

↓天文台の中庭には**本初子午線が示されている

グリニッジ天文台

*グリニッジ天文台は移転や移設を重ね、1998年に閉鎖されるまで稼働した

↑天文台の前に設置された24時間時計

ムンディ's Eye 夜に旧グリニッジ天文台を訪れると、レーザー光線で本初子午線が示されます。夜空に一直線に伸びるレーザー光線はとても美しく、かつての大英帝国の誇りのようなものまで感じられます。

Notes ＊ロンドンが発展するに伴って観測に支障をきたすようになり、観測施設や研究部門がサセックスやケンブリッジなどに徐々に移され、1998年に閉鎖された

カティ・サーク

カティ・サーク号は1869年に進水し、中国から茶などを運んだ。もっとも美しい快速帆船と讃えられ、1938年の最後の航海後は博物館として利用されている

クイーンズ・ハウス

1635年に建設されたかつての王宮。後期ルネサンスの影響を受けた建物で、イギリスで最初にパッラーディオ様式が採用された。現在は博物館となり、当時の華麗な内装も復元されている

旧王立海軍兵学校

1703年に建設され、1873年からイギリス海軍の参謀学校だった。東郷平八郎など日本の軍人も学んだ。現在は大学や音楽院として使われ、礼拝堂やホールなどが公開されている

→バロック様式の建物が規則正しく並ぶ

国立海事博物館

歴代軍艦の模型や絵画、海図、航海機器など海洋王国の歴史を伝える博物館

Notes　＊＊現在では、実際の本初子午線である経度0度は、グリニッジの子午線の約100m東方向を通っている。この子午線の移動は、測定技術の進歩による微細な重力の影響を加味したため

南北方向と東西方向の位置関係を示す
緯度と経度

ＧＰＳにも使われる地球上の位置を示す座標

　地球の表面上の場所を数値的に表現する座標のひとつに、**緯度**と**経度**がある。緯度は、赤道を基準（0度）として90度までの南北方向の位置関係を示す。赤道より北は**北緯**、南は**南緯**と呼ばれ、北緯90度は北極、南緯90度は南極にあたる。一方の経度は本初子午線を基準に１８０度までの東西方向の位置関係を示す。本初子午線より東は**東経**、西は**西経**と呼び、東経１８０度と西経１８０度は同じ位置を示す。緯度と経度を使用すれば、球体である地球上のすべての位置を表すことができ、その座標は一般的には度・分・秒で表される。たとえば東京都庁の座標は＊「北緯35度41分22秒、東経１３９度41分30秒」である。

　古くから人々は、地球上の位置を高精度で示すため、さまざまな方法で緯度や経度の観測・測量を行い、各国が独自に位置の基準である測地系を構築していた。人工衛星の発達した１９６０年代に、アメリカが世界で共通に利用できる世界測地系を策定。１９８０年代にはＧＰＳなどを使用したデータも盛り込まれるようになり、現在でも主流になっている。

★緯度と経度

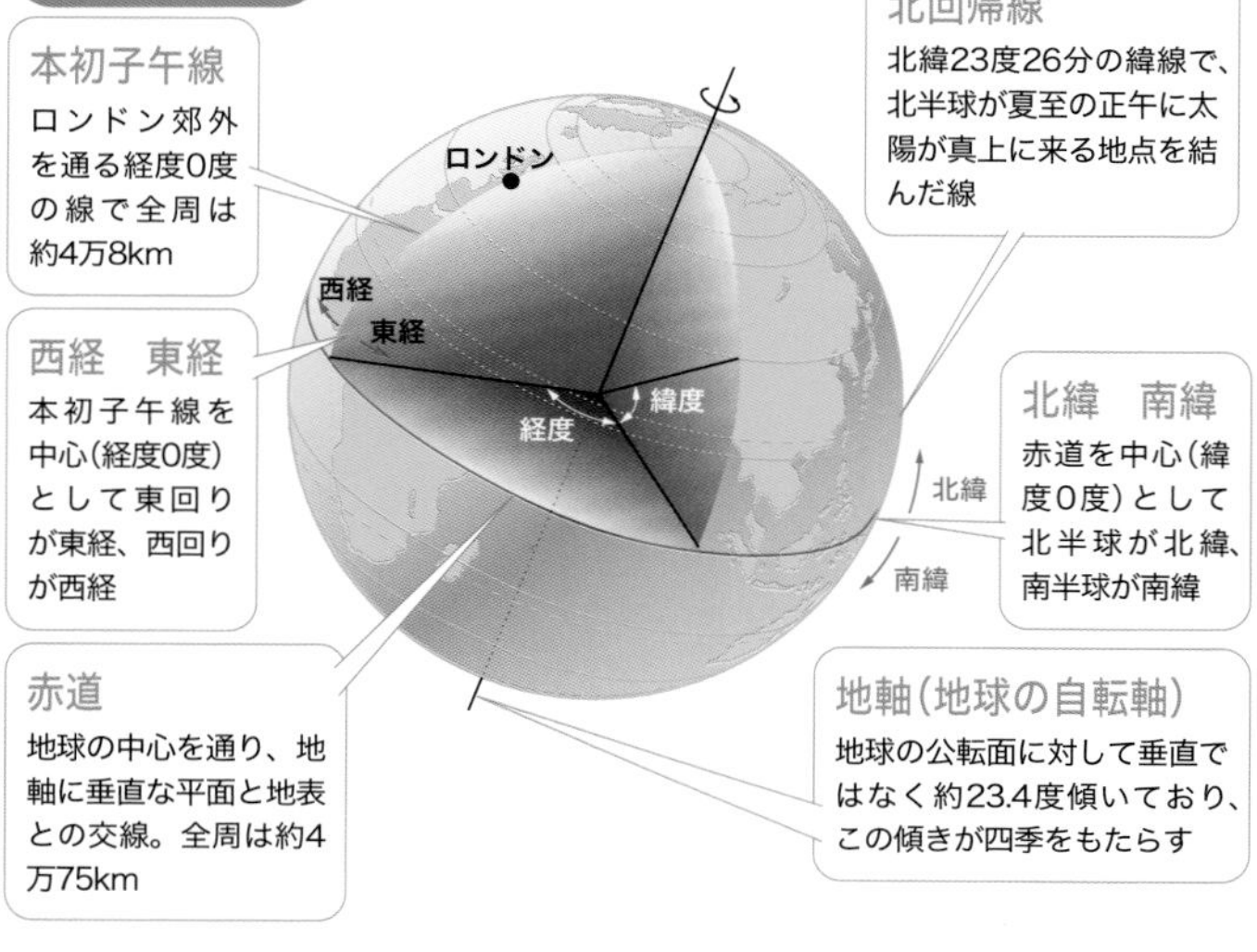

本初子午線
ロンドン郊外を通る経度0度の線で全周は約4万8km
西経　東経
本初子午線を中心(経度0度)として東回りが東経、西回りが西経
赤道
地球の中心を通り、地軸に垂直な平面と地表との交線。全周は約4万75km
ロンドン
西経
東経
緯度
経度
北緯
南緯
北回帰線
北緯23度26分の緯線で、北半球が夏至の正午に太陽が真上に来る地点を結んだ線
北緯　南緯
赤道を中心(緯度0度)として北半球が北緯、南半球が南緯
地軸(地球の自転軸)
地球の公転面に対して垂直ではなく約23.4度傾いており、この傾きが四季をもたらす

Keywords
★緯度　★経度
★北緯　★南緯
★東経　★西経

日本で実感
日本経緯度原点
(東京都港区)

Notes ＊緯度・経度は60進数と10進数で表される場合があり、これは60進数で表した座標。10進数の場合は緯度が「35.68944」、経度が「139.69167」で表される

★平面で見る緯度・経度

世界地図や地球儀には、縦横に線が描かれたものがある。赤道と平行して描かれる横の線は同じ緯度を結んだ「緯線」、同じ経度を結んで南北に描かれる縦の線は「経線」で、子午線とも呼ばれる。

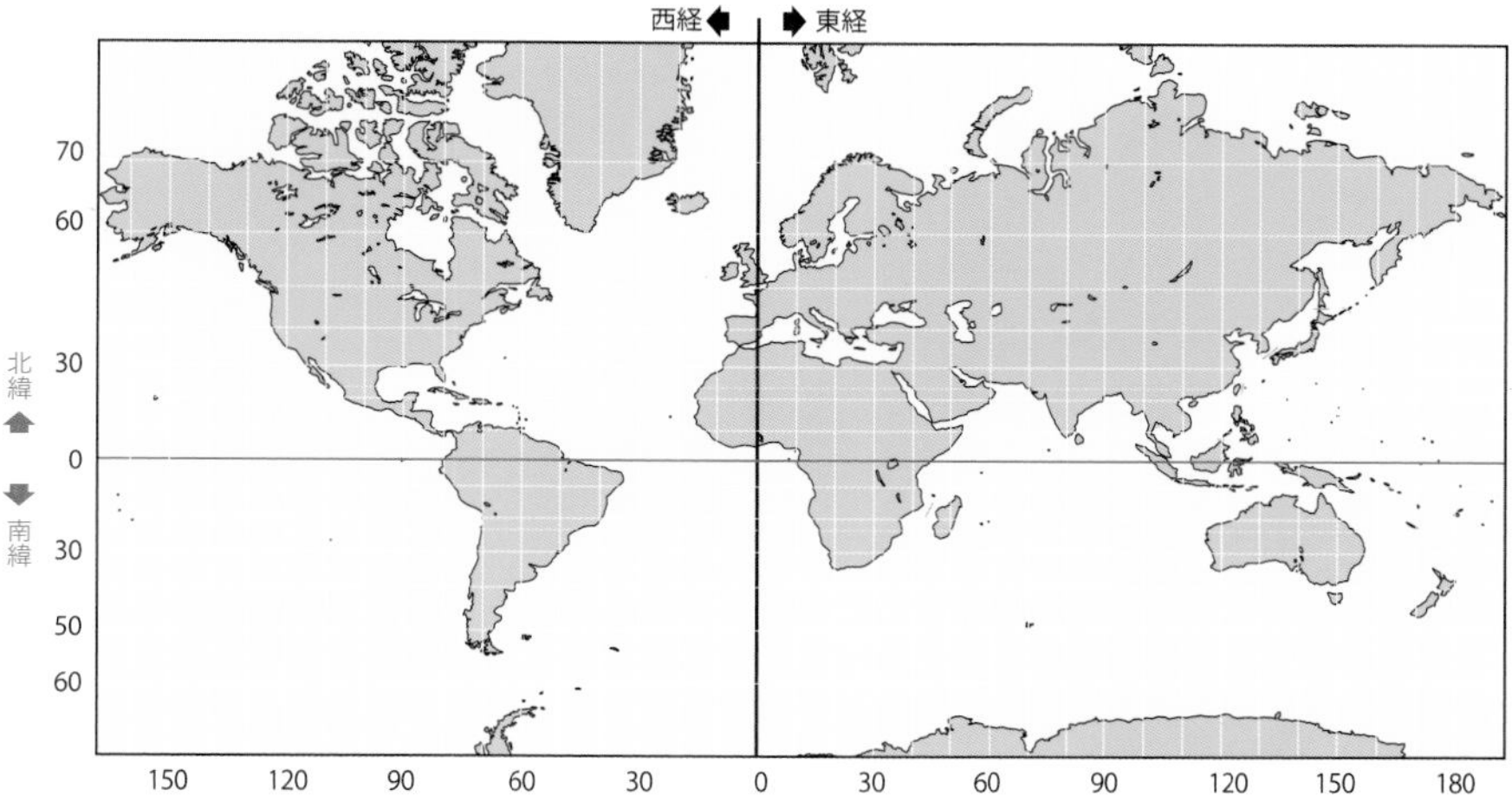

Column

地球の姿を求めた先人たち

エラトステネス

古代ギリシャの学者。2つの地点での夏至の日の太陽の高度差と両地点間の距離から、地球全周をかなり正確に算出した。

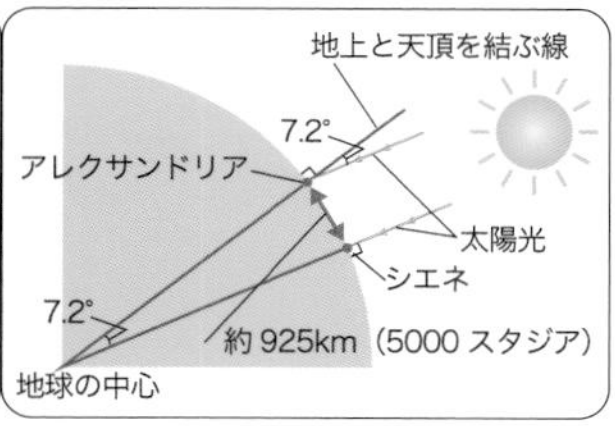

伊能忠敬

江戸時代の商人。50歳を超えてから天文学を学んで全国で実測を行い、日本で初めての精密な日本地図を完成させた。

★新しくなった日本の経緯度

日本では明治時代から日本測地系が採用されてきたが、これは、日本国内でのみ使用されてきたもの。2002年4月1日に測量法が改正され、日本も世界測地系に移行した。世界測地系では、地球の直径が赤道上で約1480m大きくなることがわかったことから、日本の経線は東京付近で東に約290m、緯線は南に約350mずれ、緯度・経度ともに－12秒の補正が必要となった。これは距離でいえば約450mの補正になる。

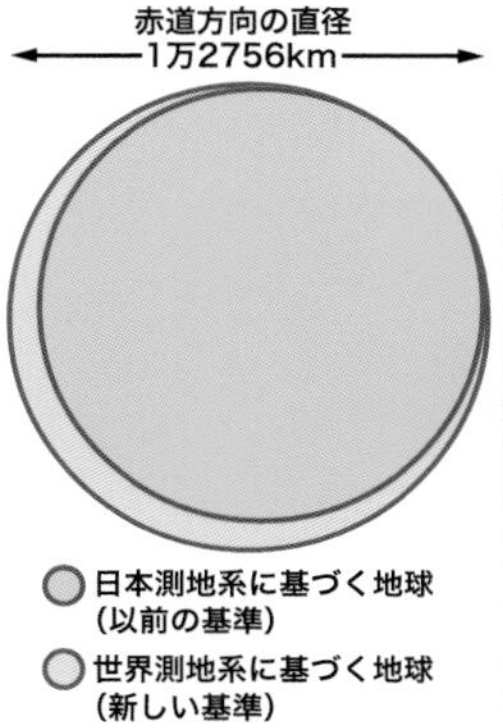

東京都港区にある日本経緯度原点は、日本国内の測量基準点

Notes ＊＊エジプトのシエネで天頂に太陽光が射す夏至の日に、5000スタジア（約890km）北のアレクサンドリアでは太陽が天頂より7.2度南に見えたことから、地球の全周を4万6000kmと算出した

ノルウェー／スウェーデン／フィンランド／ロシア／エストニア／ラトビア／リトアニア／ベラルーシ／ウクライナ／モルドバ

登録基準➡(ii)(iv)(vi)

シュトルーヴェの測地弧

経線の測量に使われた10カ国にわたる観測地点群

測地弧とはドイツ出身のロシア人天文学者、シュトルーヴェが行った三角測量の観測地点群のこと。彼は1816年から1855年にかけて、史上初めて2820kmという長距離の測量*を行った。地球の正確な形と大きさを割り出し、地球科学の分野や地図作成の発展に多大な貢献をした。265カ所にものぼる観測地点のなかには、単なる岩に印をつけたような場所もあるが、このうち10カ国34ヵ所の観測地点が世界遺産に登録されている。

切手に描かれたシュトルーヴェ

エストニアのタルトゥ天文台の台長も務めたシュトルーヴェ。彼の測量結果に基づく理論は日本の明治政府にも導入され、2000年代にGPSが採用されるまで多くの日本地図のもとになった

三角測量とは

三角測量とは、「三角形の一辺とその両端の角度が分かれば三角形が確定する」という三角形の原理に基づいて、離れた地点の距離を測定する手法。任意の基線(2点を結ぶ線)の両端点から測定したい点までの角度を測り、測量点の位置を割り出し、それを繰り返すことで遠方までの距離を測ることができる

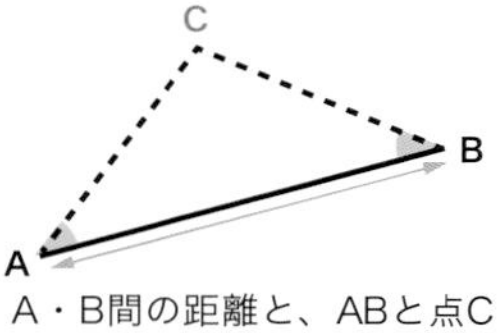

A・B間の距離と、ABと点Cの角度から、Cまでの距離が割り出せる

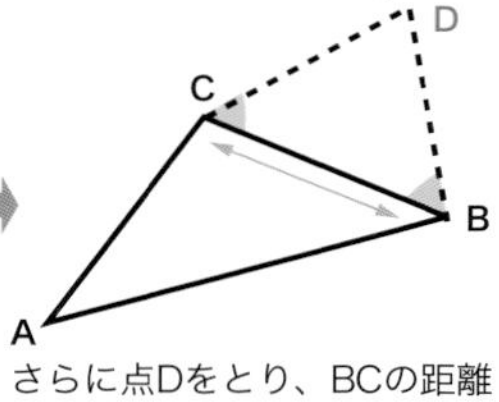

さらに点Dをとり、BCの距離と点Dとの角度から点Dとの距離を求める

ウクライナの観測地の一つは、フェルシュティンの小麦畑にある

リトアニア、メシュコニースの観測地と記念碑

ムンディ's Eye 10カ国にまたがる世界遺産のシュトルーヴェの測地弧は、当時は大部分がロシア帝国の支配地でした。帝国の西部にある支配地を測量することは、ロシアにも意義のあることだったでしょう。

Notes ＊シュトルーヴェの測量は、「地球は赤道がわずかに膨らんだ楕円体」というニュートンの仮説を実証する目的で行われ、実際にそのことを証明した

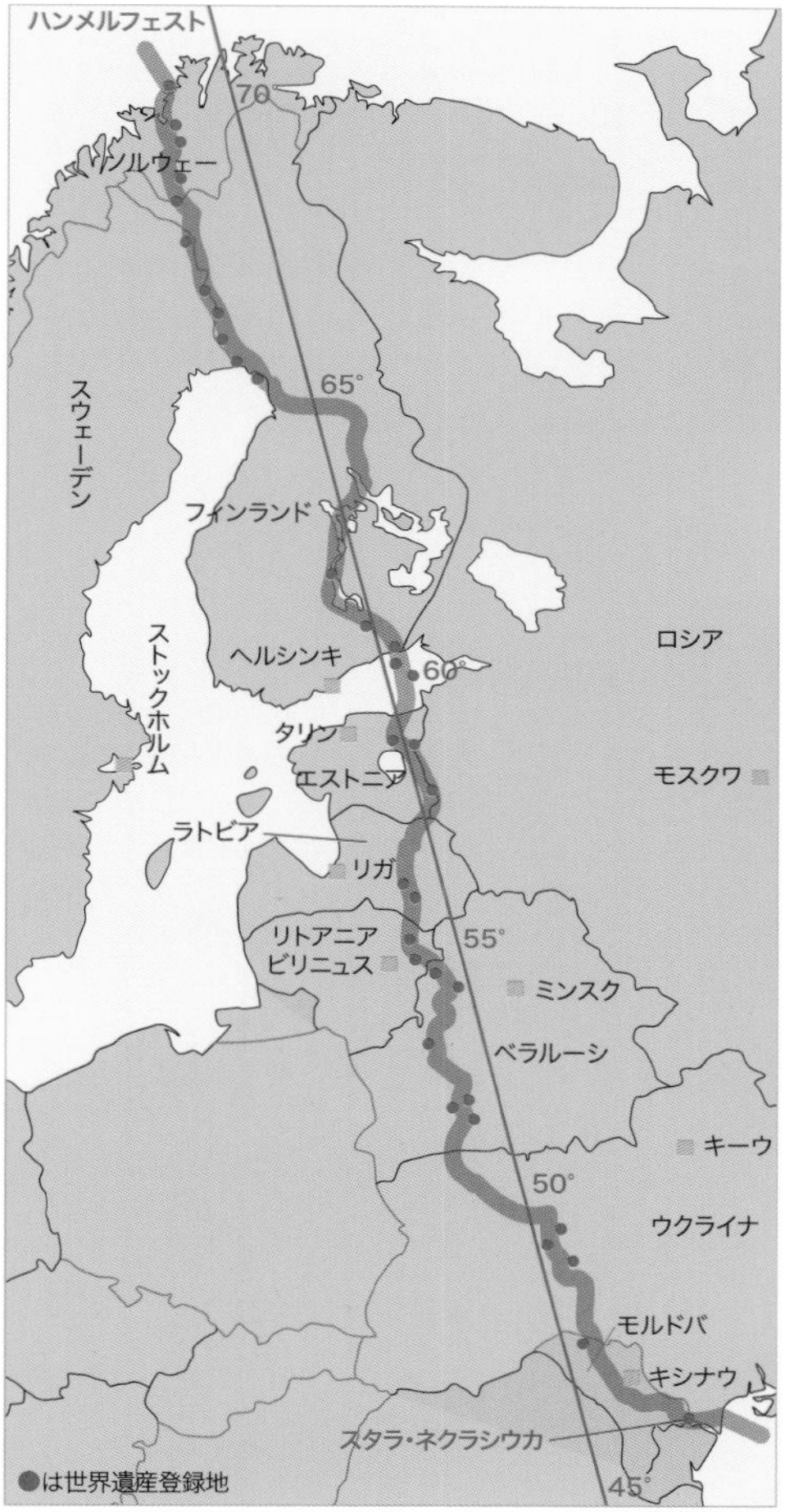

測地弧は、北はノルウェーのハンメルフェスト、南端は黒海に面したウクライナのスタラ・ネクラシウカまで続く

シュトルーヴェが3代目の台長を務めたエストニアの**タルトゥ旧天文台は、測地弧の起点となった。現在は博物館として利用されている

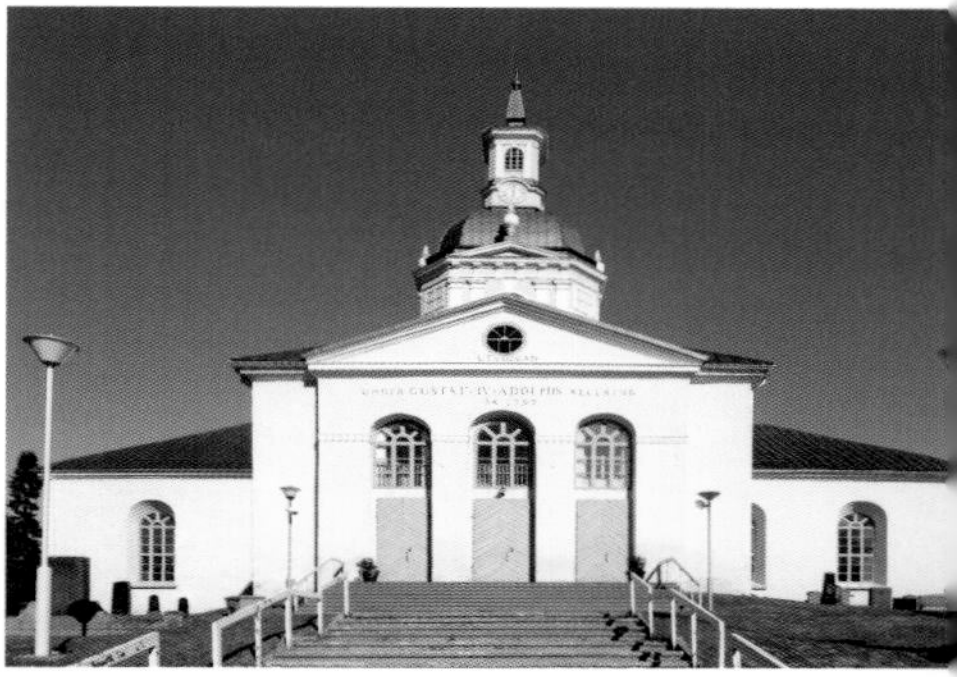

尖塔の先端が測量の目印となったフィンランドのアラトルニオ教会は、タルトゥ旧天文台同様に、測量に利用された建物が現存している例

モルドバの首都キシナウから車で4時間ほどのルディにある観測地と記念碑。2023年1月現在、モルドバで唯一の世界遺産である

ノルウェー北端、北極海に面した港町ハンメルフェストは、測地弧の最北端。巨大なモニュメントが立つ

Notes　＊＊タルトゥ旧天文台はタルトゥ大学の付属施設を前身とし、1964年にエストニア最大の新天文台がタルトゥ郊外に建設されたのを機に、その役目を終えた

地図の図法いろいろ

自分たちの住む地球の姿を俯瞰して見てみたいという、人々の思いで発展してきた地図。地図の中に何を求めるかの違いで、さまざまな形の地図がある。

投影法や用途の違いが多様な地図を登場させた

世界の様子を一目で理解したいという願いから、平面の地図は発展してきた。もちろん、立体の地球儀とちがって、平面上に距離や面積、方位、角度などをすべて正確に表すことはできない。そこで、目的に合わせてさまざまな図法が考案され、そうした図法の利点を生かした地図がつくられてきた。

国連の旗

北極中心の正距方位図法の地図を、平和の象徴であるオリーブの葉で囲んだ国連の旗

距離と方位を正しく表現

正距方位図法

経線方向の距離と中心からの方位を正しくした正距図法の一つで、地球全体を真円で表す。地図の中心から任意の地点までの距離が正確で両地点を結ぶ直線が最短距離になるため、航空路線図に用いられる。反面、外縁部ほど面積や形は歪む

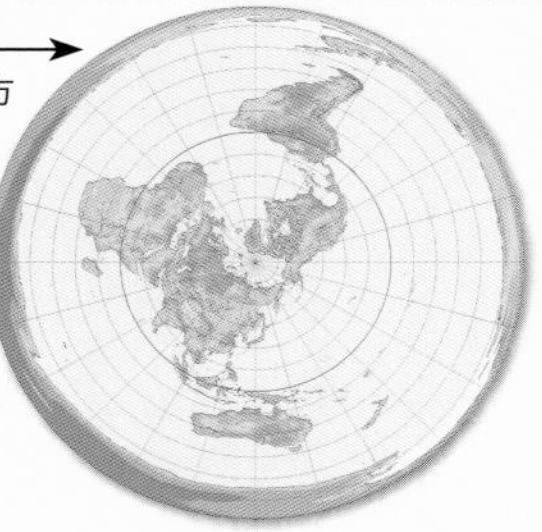

角度を正しく表現

メルカトル図法

正角図法の一つ。緯線と経線の間隔が調整され、地球上の任意の2地点を結んだ直線と経線との角度が正しく表示される。航路と経度の角度を一定にした等角航路に従って進めば目的地に到着できることから、航海用の海図に利用された

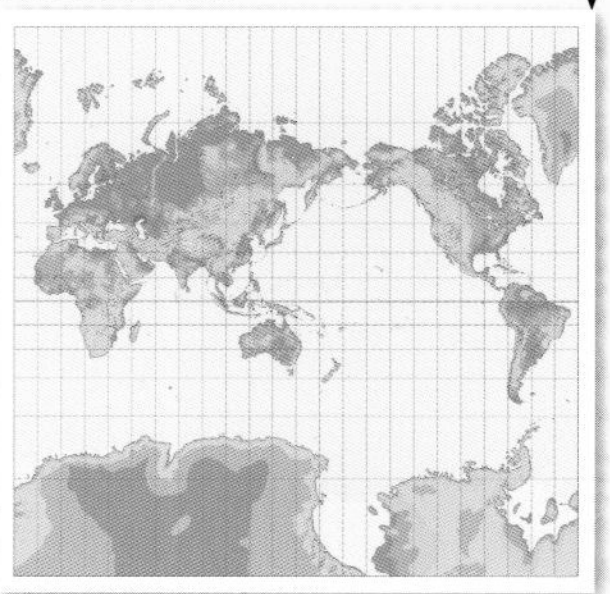

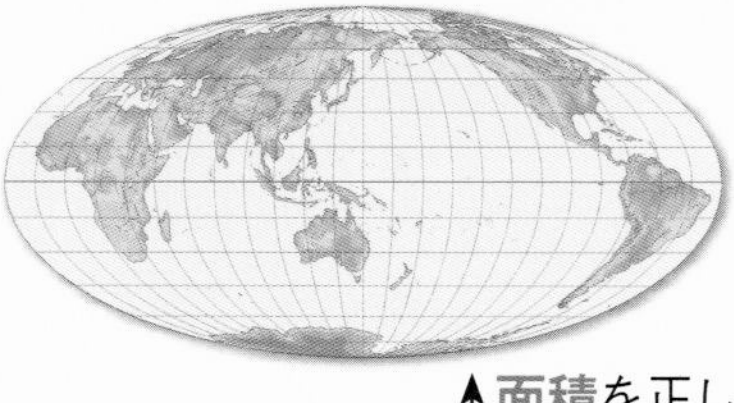

面積を正しく表現

グード図法

アメリカのグードが考案した正積図法。サンソン図法とモルワイデ図法を、両者の緯線の長さが等しくなる緯度 40分44秒で結合させたもので、大陸の形の歪みを小さくするために海洋部分で断裂させている。流線図には適さないが、分布図などに利用される

モルワイデ図法

サンソン図法の短所を補うため、ドイツのモルワイデが考案した楕円形の正積図法。緯線は赤道と平行な直線、中央経線以外の経線は楕円弧で表される。中緯度部分では形の歪みが少ないが、低緯度地方の形の歪みは大きい。世界全図などに用いられる

サンソン図法

面積が正しい正積図法の一つで、フランスのサンソンが考案した。緯線は等間隔・平行で、各緯線の長さの割合が正しく、経線は中央経線のみが直線で描かれる。高緯度ほど形の歪みが大きいが、低緯度の中央経線付近は正確で、赤道付近の地域を表現するのに適する

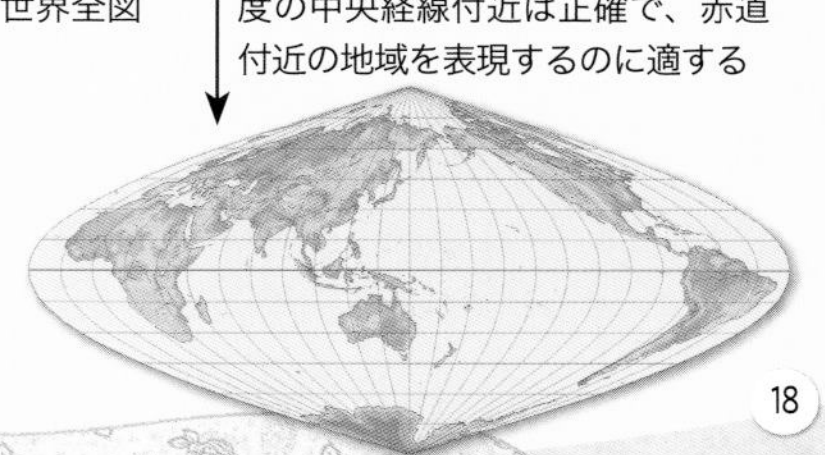

第2章 自然地理学

自然地理学は地形や気候、海洋、土壌、生物などの自然的環境について、分布や相互関係、人間との関係などを研究する学問。自然に囲まれて日々の生活を営む人間にとって、自然を知ることは欠かせない。

ハロン湾(ベトナム)

自然地理学で解き明かす さまざまな 自然現象

地球上に点在する大陸や島々、そびえ立つ山や大地の巨大な裂け目、氷河や火山、河川や海がつくりあげた雄大な地形、ジャングルに生い茂る熱帯雨林など、見る者を驚かす景観や自然現象の数々。なかには、未来に遺すべき世界の宝として世界遺産に登録されたものも多い。

これらには、なぜそれがそこにできたか、きちんとした理由がある。自然地理学は、こうした46億年に及ぶ地球の営みを解き明かす学問だ。

プレートテクトニクス

地球表面を覆うプレートの動きで大陸移動を説明する理論

サガルマータ国立公園(ネパール)

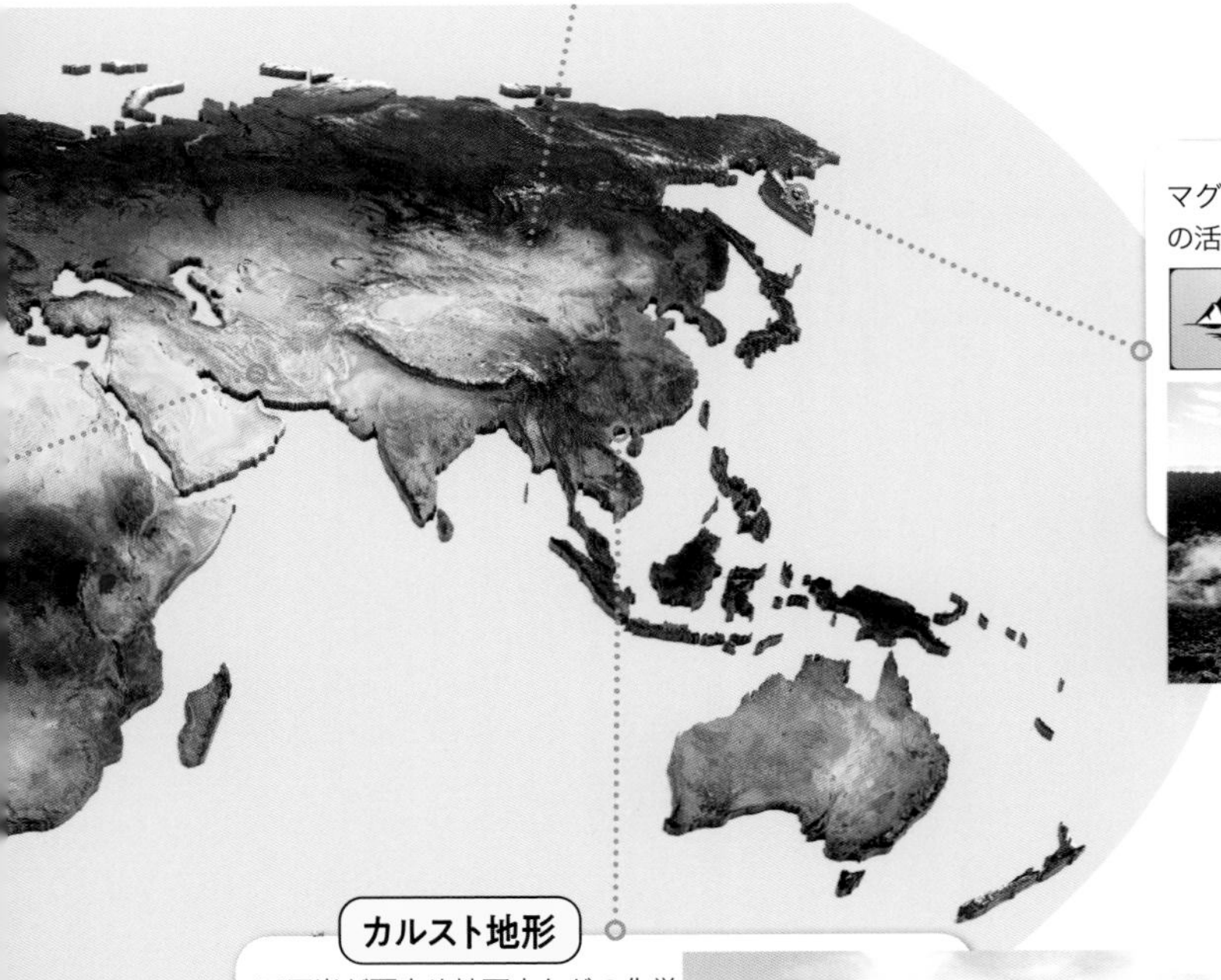

火山地形

マグマの運動や火山噴出物などの活動によってできた地形

カムチャツカ火山群(ロシア)

カルスト地形

石灰岩が雨水や地下水などの化学的侵食作用を受けてできた地形

ハロン湾(ベトナム)

地球上の陸地と海洋の割合

地球表面の面積は約5億1000万㎢あり、そのうち海洋の面積は約3億6000万㎢で、陸地の面積は約1億5000万㎢だ

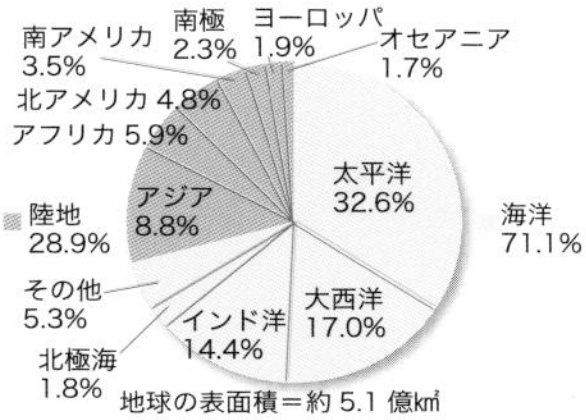

水半球と陸半球で見る地球

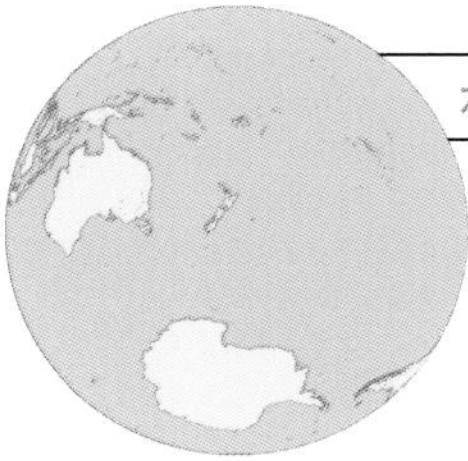

海洋の割合が最大になる水半球。地球の中心はニュージーランド沖になり、全面積の90%が海洋になる

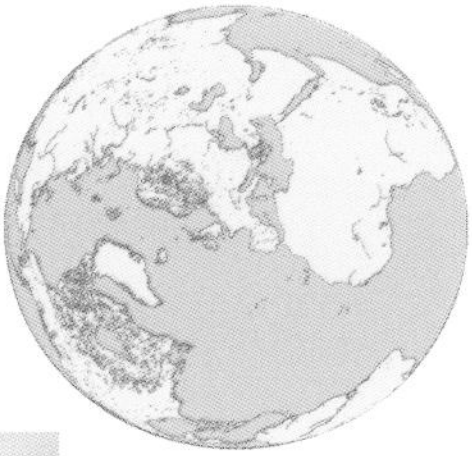

対する陸半球では、フランスのシュメ島が中心となり、地球上の陸地の約80％が含まれる

西岸海洋性気候

ケッペンの気候区分の一つで、緯度のわりに温暖・湿潤な気候

イギリス湖水地方（イギリス）

氷河地形

流れ下る氷河の侵食や運搬、堆積作用によって形成された地形

カナディアン・ロッキー（カナダ）

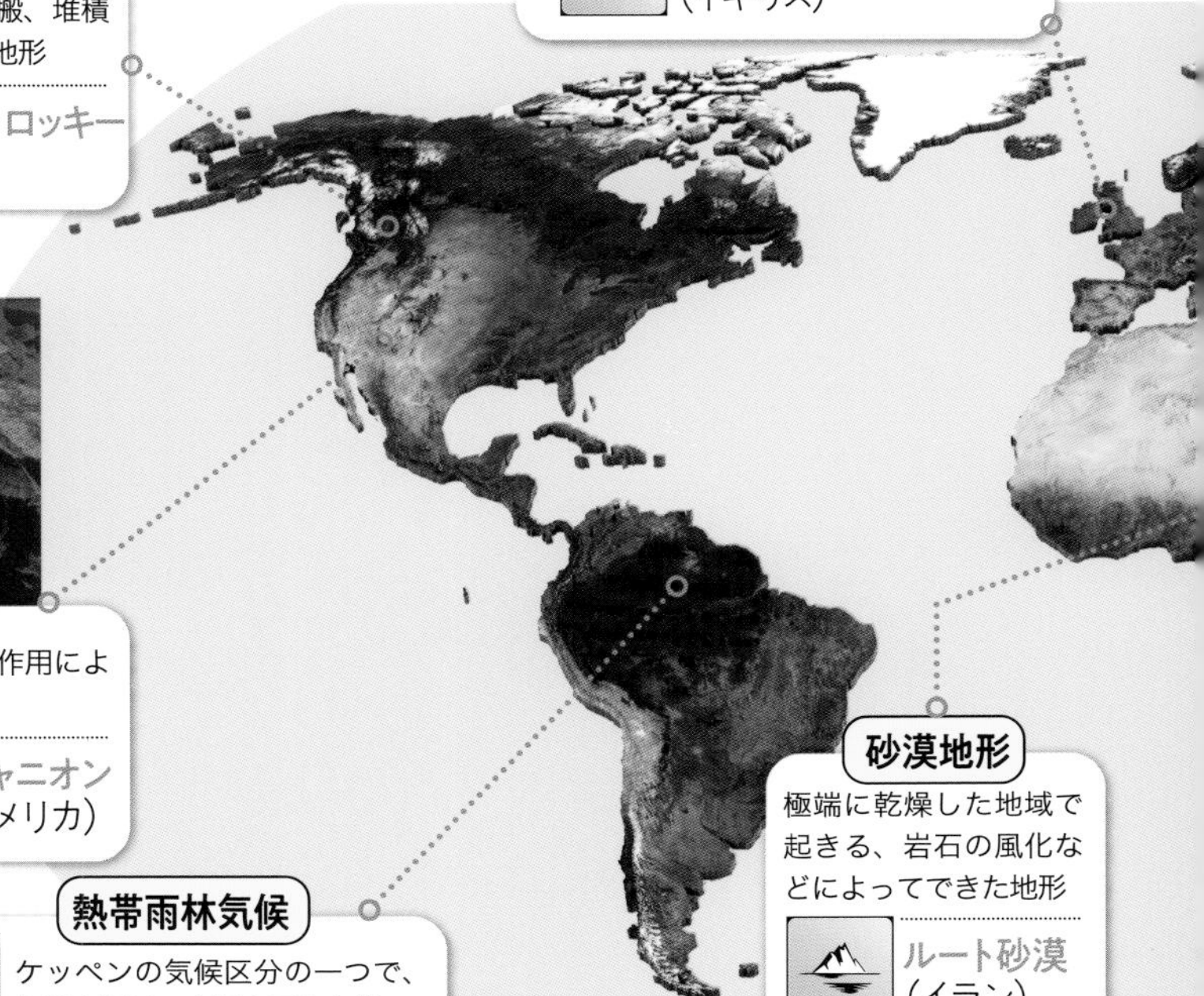

河川地形

河川の侵食や運搬、堆積作用によって形成された地形

グランド・キャニオン国立公園（アメリカ）

砂漠地形

極端に乾燥した地域で起きる、岩石の風化などによってできた地形

ルート砂漠（イラン）

熱帯雨林気候

ケッペンの気候区分の一つで、年間を通じて高温多雨な気候

中央アマゾン保全地域群（ブラジル）

動き続ける地球の表面
プレートテクトニクス

Keywords
★ウェゲナー
★大陸移動
★プレート

日本で実感
糸魚川ー静岡構造線、日本海溝、南海トラフ

★世界の主なプレートの分布と移動

地球上の主要なプレートを示した図。各プレートは平均して年間およそ5㎝の割合で移動する。日本の周りにはフィリピン海プレート、北アメリカプレート、ユーラシアプレートがあり、特に複雑になっている

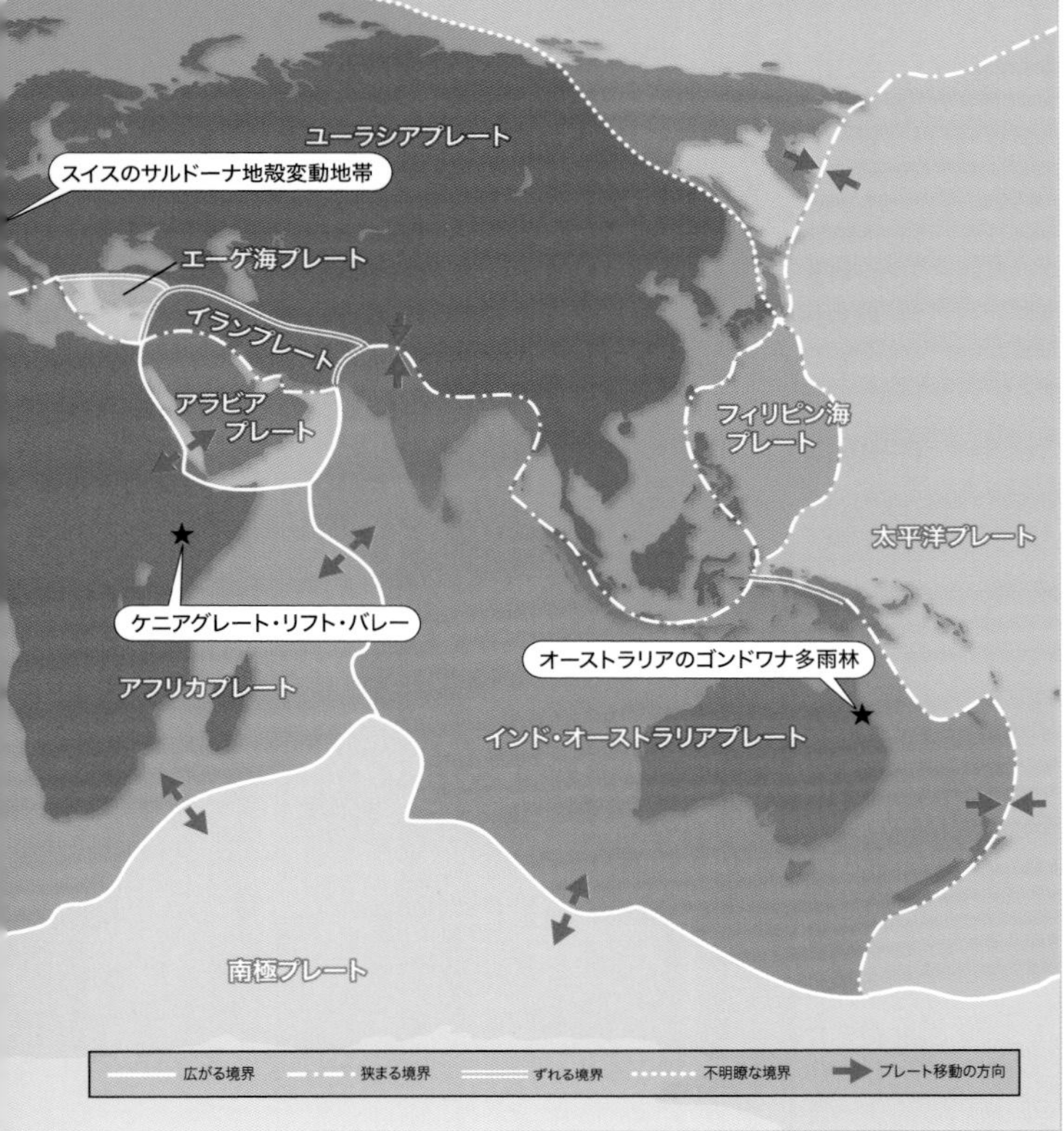

分離や移動を繰り返した現在の大陸

地球の大陸は、どのようにして現在の配置になったのか。それを考えたのが、ドイツの地球物理学者の**ウェゲナー**だ。1912年、彼は、現在の大陸は一つの巨大な大陸パンゲアが分裂して現在の大陸配置になったとする**大陸移動**説を提唱した。この説を発展させたのがプレートテクトニクスだ。地球の表層は硬い岩盤でできた数十〜100㎞ほどの厚さの十数枚の**プレート**で覆われており、これらのプレートが地球内部のマントル*の対流によって移動し、それに合わせて大陸も移動するという理論だ。各プレートの動く方向は一定ではなく、境界ではプレートの衝突や分離、ずれなどが起こり、それによって山脈の隆起、火山や地震などのさまざまな現象が起こる。

Notes
＊マントルは液体ではなく固体だが、地球中心部の熱で温められて対流しつつ動いている。マントルが長い時間をかけて動くことで、その上に乗るプレートも少しずつ移動する

★3タイプのプレート境界

プレートの境界は各プレートの動きによって、広がる境界、＊＊ずれる境界、狭まる境界に大別でき、境界付近は地殻変動や火山活動が活発な変動帯と呼ばれる。

広がる境界

マントルからマグマが上昇して押し広げ、陸地では地溝帯、海底では海嶺ができる

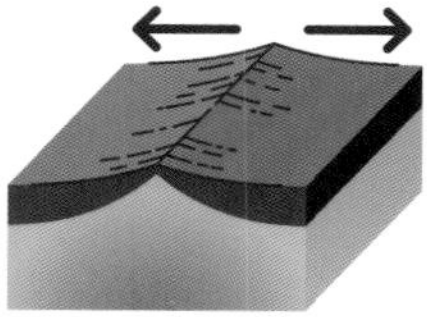

ずれる境界

2つのプレートが水平にずれ動いている境界では横ずれ断層が見られ、地震が多発する

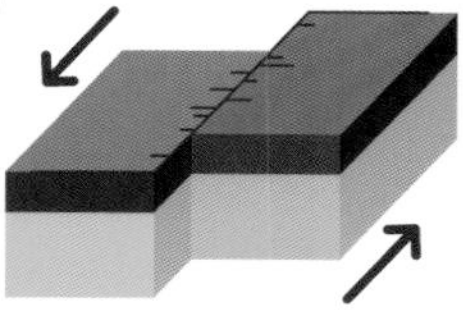

狭まる境界

狭まる境界では、海底では沈み込みによる海溝、陸地では衝突による山脈形成が見られる

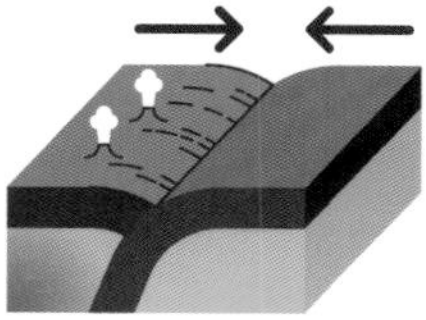

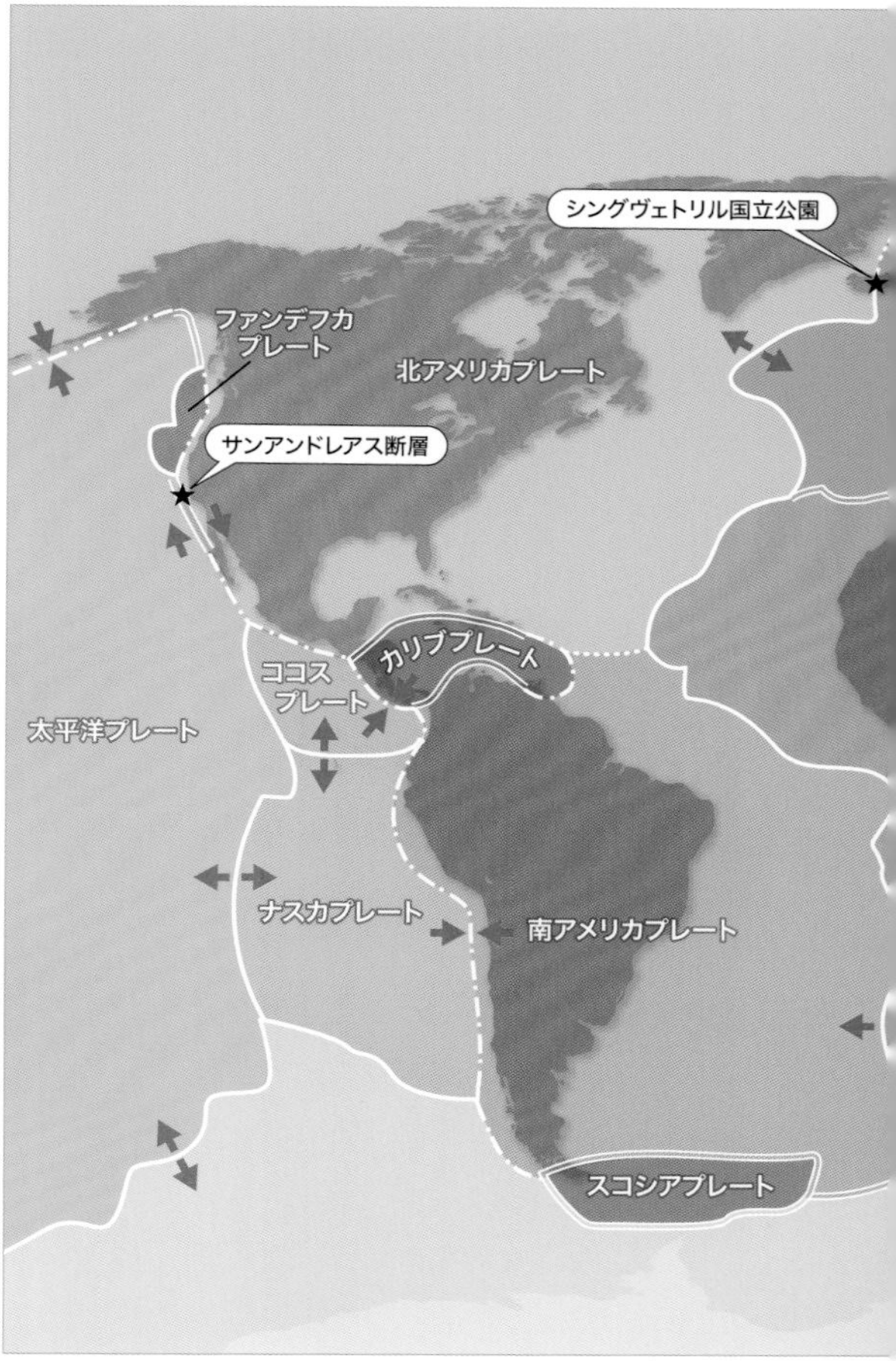

★移動する大陸

ウェゲナーは、アフリカと南アメリカの海岸線の形や地層の類似から、大陸移動説を提唱した。太古の地球には、北側のローラシア大陸と南側のゴンドワナ大陸からなる超大陸パンゲアがあり、約2億年前から南北の大陸が分裂して、現在の大陸配置になったとされる。

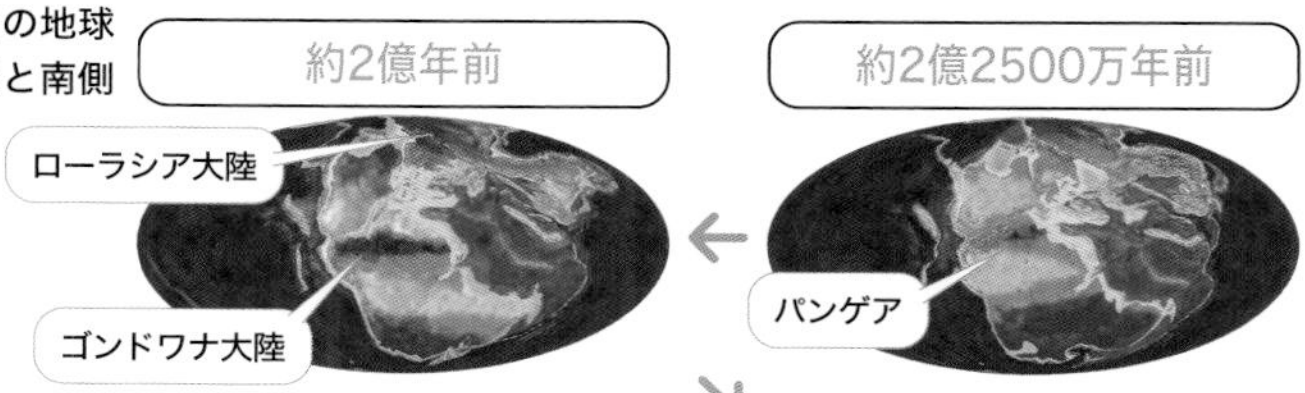

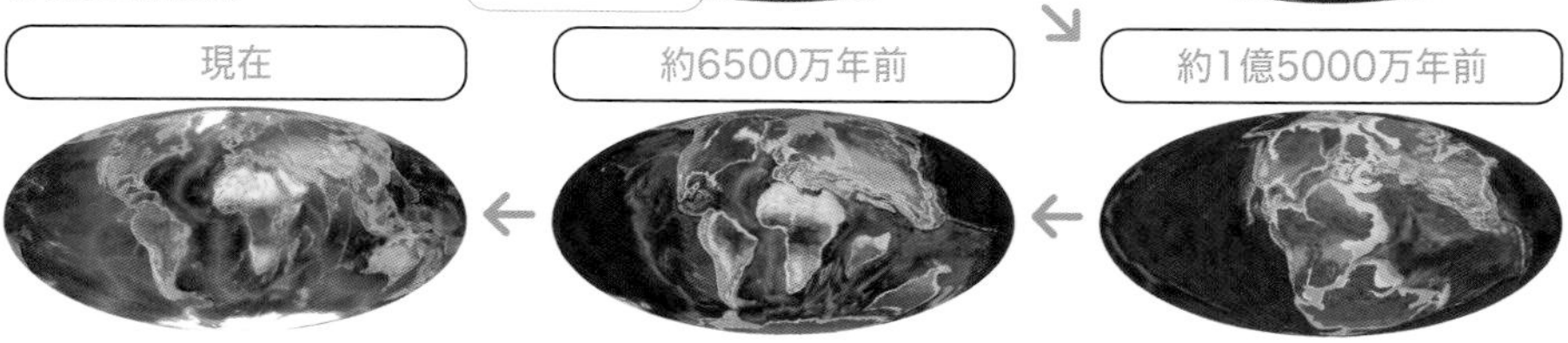

Notes　＊＊ずれる境界の代表例はアメリカ西海岸のサンアンドレアス断層。地震の多発地帯で、この断層のそばに位置するサンフランシスコでは、年間100回近い地震が発生している

アイスランド 登録基準→(iii)(vi)

シングヴェトリル国立公園

大西洋中央海嶺を地上で観察できる場所

アイスランドを貫く大西洋中央海嶺が地上に露出するシングヴェトリルでは、北アメリカプレートとユーラシアプレートが離れることで生まれた大地の裂け目「ギャオ」が見られる。また930年に世界最古の民主議会「アルシング」が開かれた場所でもある。

↑北アメリカ、ユーラシアの両プレートが年に2〜3㎝の割合で広がる

大地の裂け目ギャオ

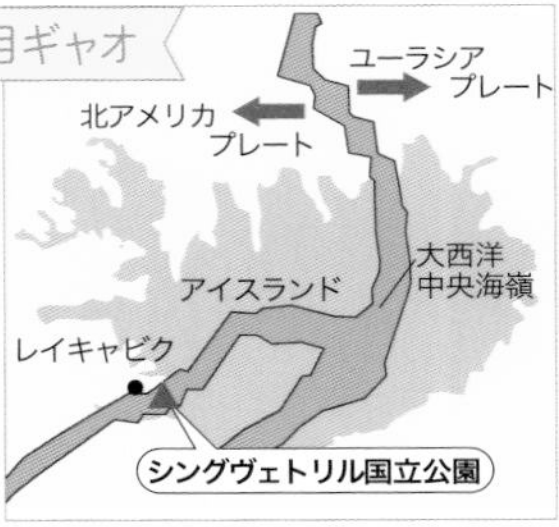

北アメリカプレートは西、ユーラシアプレートは東に移動している

←公園ではギャオの間を歩くことができる

ケニア 登録基準→(vii)(ix)(x)

ケニアグレート・リフト・バレー

小さな亀裂から始まった大地溝帯

大地溝帯*とも呼ばれるグレート・リフト・バレーは、アフリカ大陸の南北7000㎞にわたり、最大幅100㎞に及ぶ巨大な大地の裂け目。地殻変動により強アルカリ性の湖や土壌が形成され、多様性のある生態系が生み出された。

↑大地溝帯にあるナクル湖は有名なフラミンゴの飛来地

現在も広がる大地溝帯

断層がずれることで生まれたグレート・リフト・バレーは東リフト・バレー、西リフト・バレー、ニアサ・リフト・バレーの3つの地溝帯からなる

ムンディ's Eye アイスランドは、文字通り「氷の国」で、多くの氷河がありますが、海嶺上に位置するため温泉もたくさんあります。「ブルーラグーン」は世界最大の露天風呂と言われ、とても有名です。

Notes ＊大地溝帯の形成は約1000万〜500万年前に始まったとされ、地殻変動によってアフリカ最高峰のキリマンジャロ山や多くの湖が生まれた。現在も活発な地震活動と火山活動が続いている

スイス　登録基準↓(viii)

スイスのサルドーナ地殻変動地帯

プレートテクトニクス理論の発展に貢献

標高3000m以上の7峰を有する渓谷地帯。4000万～2000万年前のアルプス造山運動の際にできたと考えられるグラールス衝上断層が見られ、プレートテクトニクス理論を実証する場として重要視されている。

↑山肌のラインで地層が変わっているのがわかる

グラールス衝上断層

衝上断層とは、上盤が下盤の上にずり上がった「ナップ」と呼ばれる構造の断層のことで、傾斜が45度以下のものを指す。グラールス衝上断層は約5000万年前の新しい地層の上に、3億～2億5000万年前の古い地層が乗り上げて形成された

オーストラリア　登録基準↓(viii)(ix)(x)

オーストラリアのゴンドワナ雨林

大陸や植生の変動を教える太古から続く森林

総面積3664km²に及ぶ森林地帯で、亜熱帯、乾燥帯、温帯、寒帯に属する植物が植生する。世界最古のシダ類をはじめ、南半球の各大陸が地続きと考えられていた＊＊ゴンドワナ大陸の時代から生息している生物なども発見された。

↑豊かな自然の中で、太古の時代の動植物が今も生息する

スプリングブルック国立公園

登録エリアを構成する30以上の自然保護地域の一つで、樹齢2000年を超えるナンキョクブナなど太古の自然環境が残る。水の侵食と風化でできたナチュラル・ブリッジ、青白い光を放つ土ボタル、南半球最大のカルデラを見渡せる展望台などがある

Notes　＊＊ゴンドワナ大陸は約5億5000万年前に南半球にできた大陸。現在の南アメリカ、アフリカ、インド、南極、オーストラリアなどからなり、約3億年前にパンゲアの一部となった

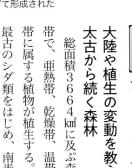

地球の随所で見られる造山活動の名残

つくられた時期で分かれる地球上の陸地

地球上にはさまざまな地形がある。このうち、大陸や山脈のように、地球内部からの巨大な力である**内的営力**によってできる大規模な地形を**大地形**、雨や風などの**外的営力**によってできる比較的小規模な地形を**小地形**と呼ぶ。

大地形である陸地は、地球の誕生以来、プレートの動きによる造山運動*など大規模な内的営力の影響を受けてきた。そして、形成時期によって、古い時代のものから**安定陸塊**、**古期造山帯**、**新期造山帯**の3種類に区分されている。

★外的営力と内的営力

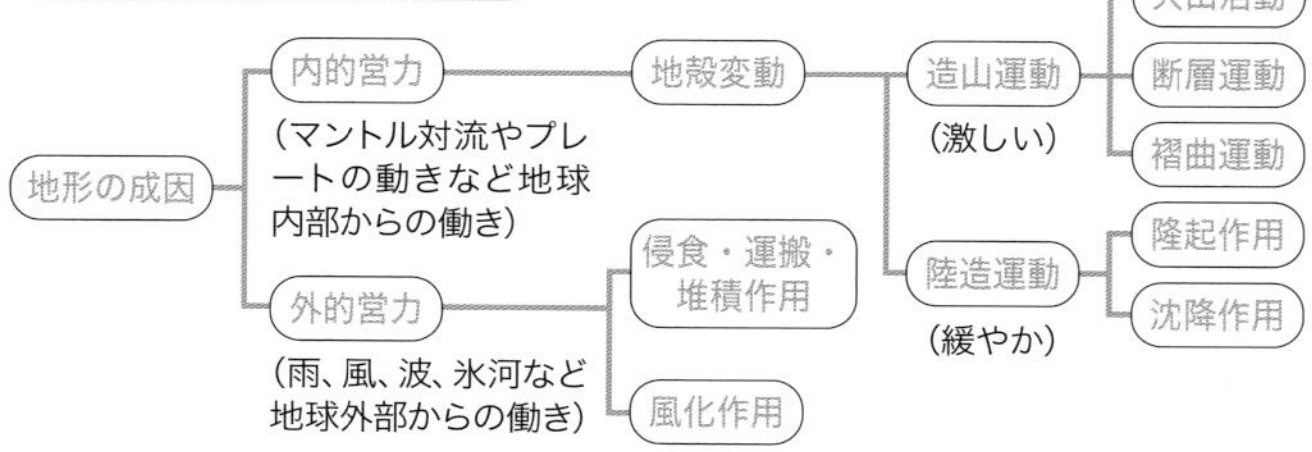

★世界の地体構造

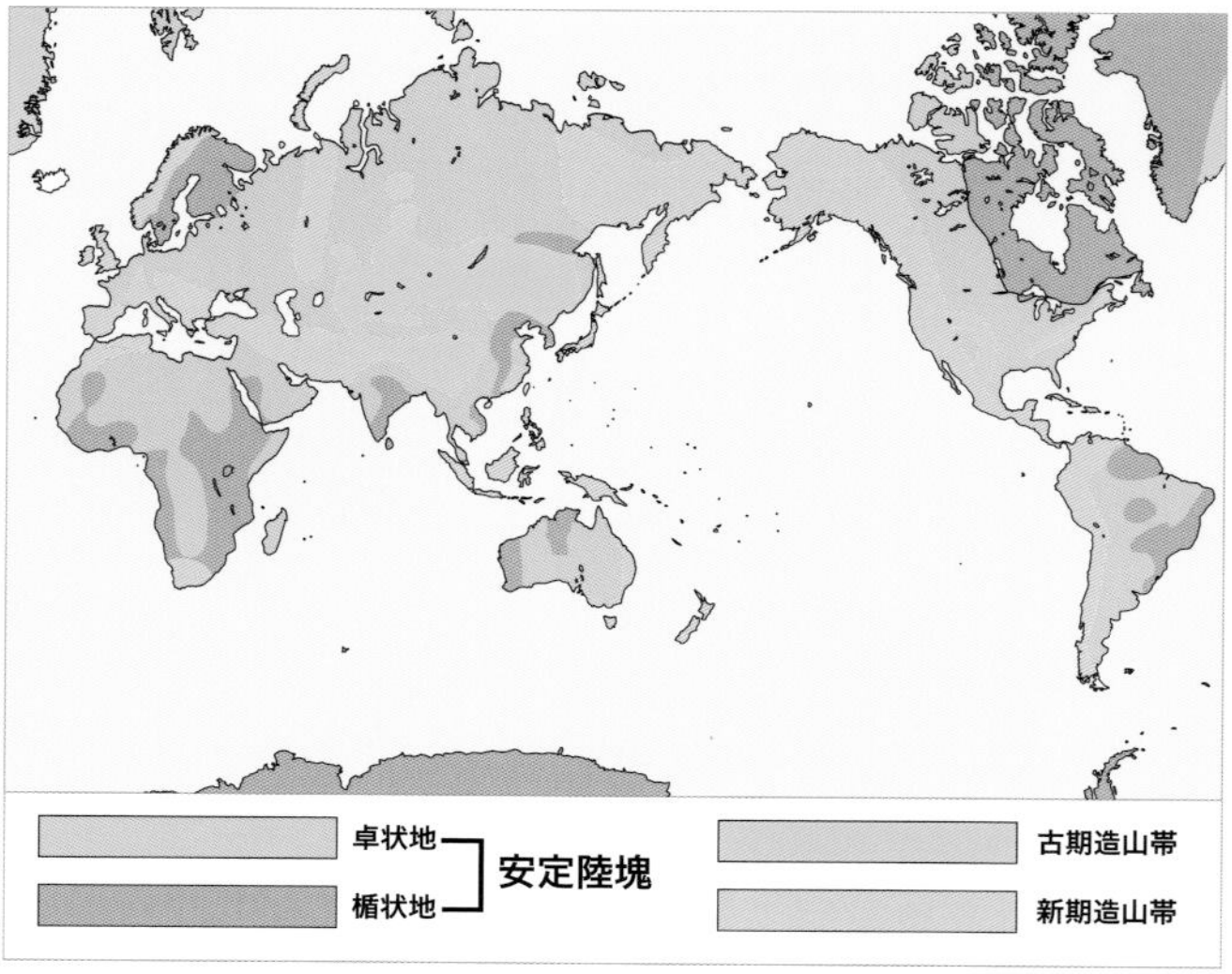

大陸の中心に安定陸塊が広がり、海からやや離れた内陸に古期造山帯が広がる。日本列島のように現在のプレートの境界にあたる地域には新期造山帯が分布する。

Keywords
★大地形　★小地形
★内的営力
★外的営力
★安定陸塊
★古期造山帯
★新期造山帯

日本で実感
日本列島
（環太平洋造山帯）

Notes ＊造山運動とは、地層が両側から押されることで曲がる褶曲や、地層がずれる断層を起こしながら、大規模な山脈、弧状列島などを形成する地殻変動を指す

大地形の3分類

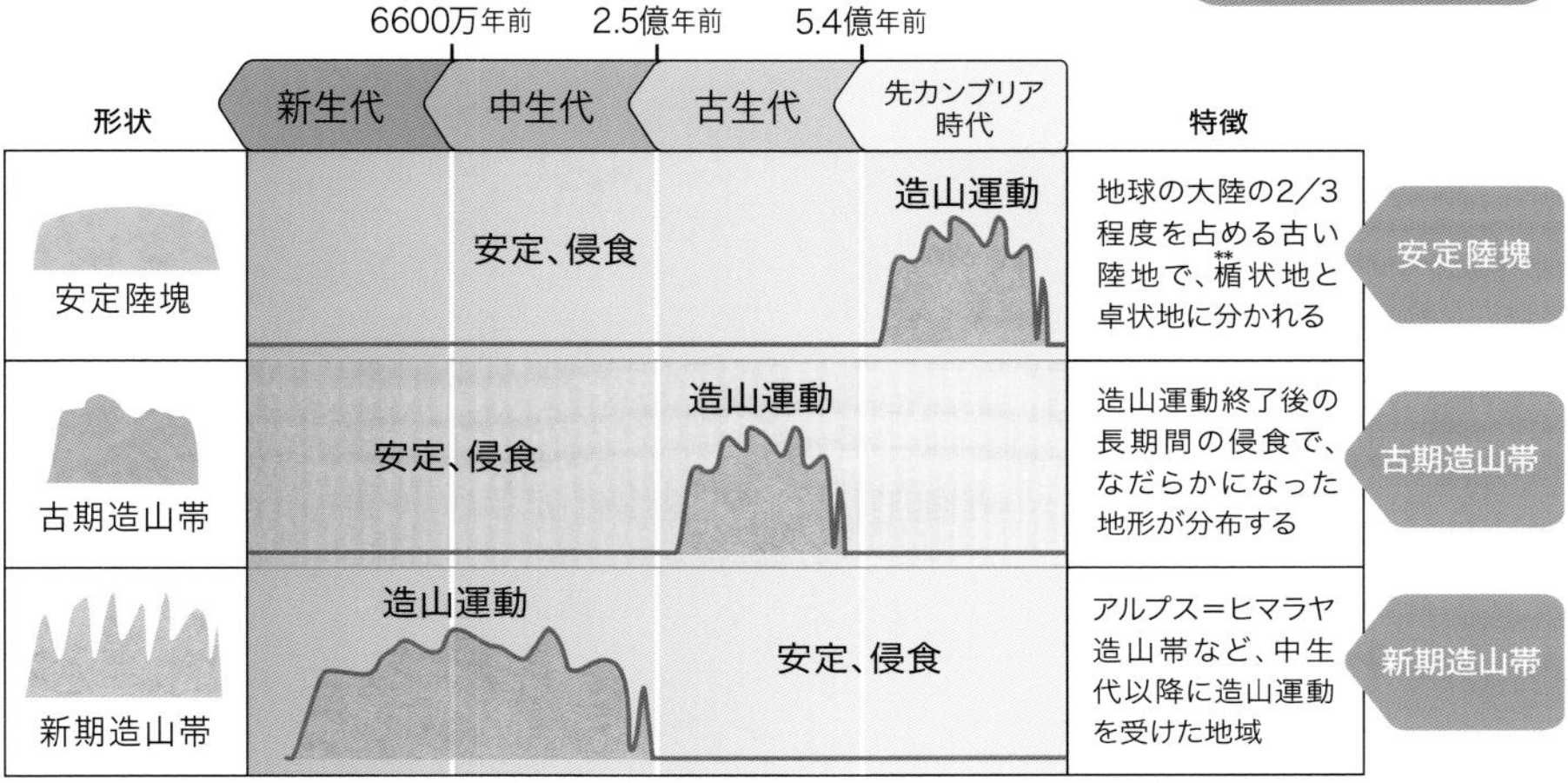

ヒマラヤ山脈はこうしてできた

❶ 大陸移動

かつては巨大大陸パンゲアの一部だったインド亜大陸は、パンゲアから分離を始め、南極の近くから北上を始めていった

約2億2000万年前

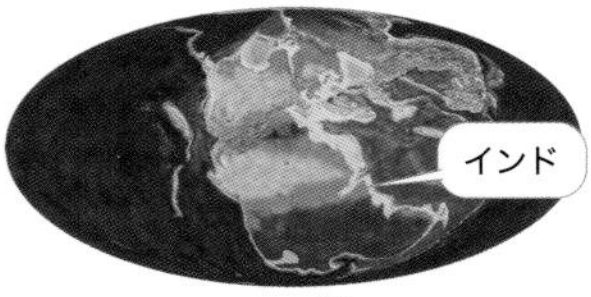

約7500万年前

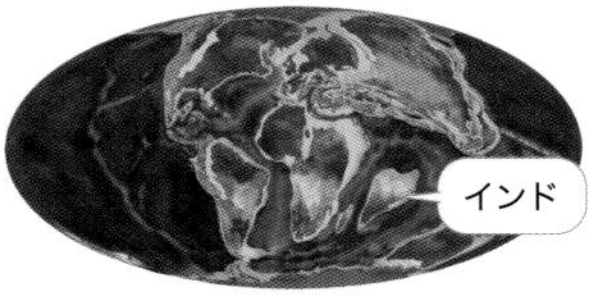

現在

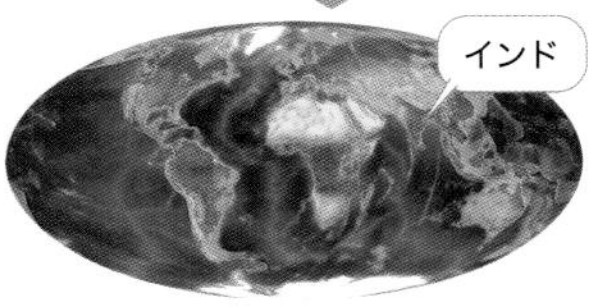

❷ インドの衝突

プレートの動きに乗って北上を続けたインド亜大陸は、赤道を超えて北半球へ移動し、やがてユーラシア大陸と衝突した

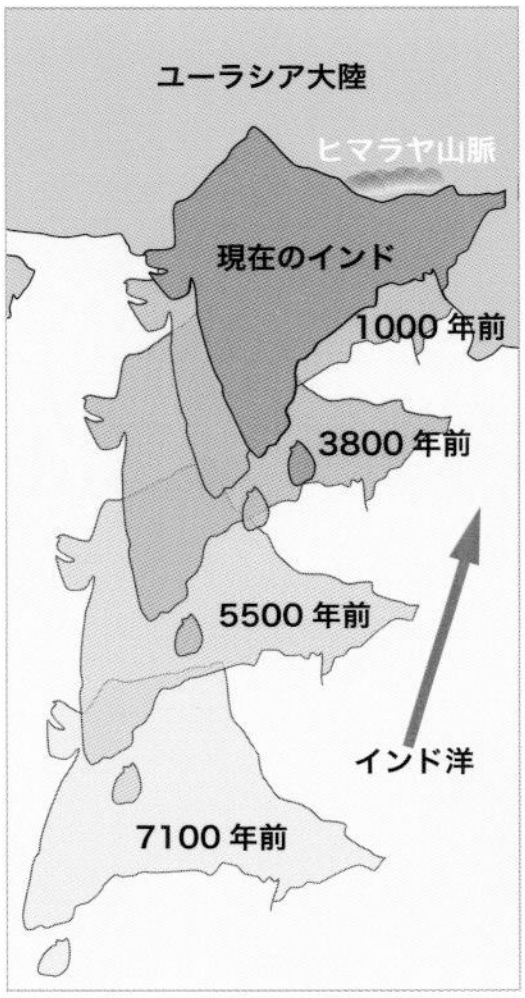

❸ 造山運動

インド亜大陸はユーラシア大陸と衝突してもなお北上を止めず、やがてユーラシア大陸を持ち上げることでヒマラヤ山脈を誕生させた

約6000万年前
プレートに合わせて大陸が移動

約5000〜4000万年前
インドと大陸が衝突

現在
海底が押し上げられ山脈に

Notes
**楯状地は先カンブリア時代の岩盤が地表に露出し、侵食された平坦な地形。卓状地は先カンブリア時代の岩盤の上に古生代以降の地層が水平に堆積し、平原や台地となった地形

ネパール

サガルマータ国立公園

登録基準→(vii)

造山活動により誕生した世界屈指の高峰

ネパール語で「世界の頂上」を意味するサガルマータは、エベレストやチョモランマの名で知られる標高８８４８ｍの世界最高峰。東西２４００㎞に及ぶヒマラヤ山脈のほぼ中央に位置するこの国立公園には、エベレストのほかローツェ、マカルー、チョ・オユーなど７０００～８０００ｍ級の山々が連なる。インドプレートとユーラシアプレートの衝突で誕生した山々では、アンモナイト*など、約１億年前の海洋生物の化石が発見されているほか、珍しい動植物も生息している。

↑山頂の下に黄色く見える帯状の層は、海洋生物の化石を含むイエロー・バンド

世界の屋根

サガルマータを含むヒマラヤ山脈は、地球上で最も標高の高い場所で、「世界の屋根」と呼ばれる

激しく褶曲した地層

ヒマラヤ山脈一帯では、山脈形成の際に地殻変動の圧力によってねじ曲げられた地層を見ることができる

ムンディ's Eye

「サガルマータ」はネパール語、「チョモランマ」はチベット語、そして「エベレスト」は測量にあたったイギリス人の名前です。山の名称にも様々な国の人々が仰ぎ見た歴史を感じさせます。

Notes ＊アンモナイトはサザエやイカなどと同じ軟体動物で、多くの種が巻き貝のような形の殻を持つ。約4億年前のデボン紀から、6600万年前の白亜紀末にかけて世界中の海で繁栄した

アメリカ 登録基準➔(vii)(viii)(ix)(x)

グレート・スモーキー山脈国立公園

古期造山帯であるアパラチア山脈の一部をなす、標高1800m以上の山が25を数える山岳地帯。土地の高低差は2000mあり、気温の差が大きい。降水量も多いため、4000種以上に及ぶ多彩な生物が生息する。

↓北米最古の山脈の一つといわれる景観

アメリカグマ

生息する動物の種類も50種類を超え、なかでもアメリカグマはアメリカ一の生息密度を誇る

ベネズエラ 登録基準➔(vii)(viii)(ix)(x)

カナイマ国立公園

先カンブリア時代の基盤岩からなる**ギアナ楯状地の中心に位置し、約3万㎢に及ぶ敷地の約65%が、テーブルマウンテンと呼ばれる台地で占められている。100を超えるテーブルマウンテンでは約20億年前の岩も見られる。

エンジェルフォール

テーブルマウンテンの一つアウヤンテプイから落下するエンジェルフォールは、落差が世界最高の979mの滝

←巨大なテーブルマウンテン

オーストラリア 登録基準➔(v)(vi)(vii)(viii)

ウルル-カタ・ジュタ国立公園

エアーズ・ロックの名で知られる巨大な一枚岩のウルル山と、36の巨岩が密集するカタ・ジュタからなる。約6億年前の造山活動で地表に現われ、いずれも硬い部分が侵食や風化に耐えて残った楯状地の残丘である。

↓「多くの頭」の意味のカタ・ジュタ

ウルル山

周囲約9㎞、高さ348mのウルル山は、海底にあった堆積層が垂直にねじれて地表に現れた

Notes ＊＊ギアナ楯状地はギアナ高地とも呼ばれる。コロンビア、ベネズエラ、ガイアナ、スリナム、仏領ギアナ、ブラジルにまたがり、中心のカナイマ国立公園だけで面積は日本の中国地方に匹敵する

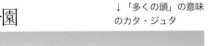

Column

世界遺産に登録された主な山の高さ比べ

世界遺産には多くの山が登録されている。主に標高1500m以上の山をピックアップし、その高さと分布を見てみよう。

地球の働きによって高くそびえる数々の名峰

プレートの衝突で誕生したヒマラヤ山脈のサガルマータ(エベレスト)、火山活動で生まれたハワイ島のマウナロア。形成要因は異なれど、高い山の存在は、地球のどの地域で大規模な造山運動があったかを教える。

世界遺産に登録されている山の中には、信仰の中心になるなど、文化遺産や複合遺産となっている山もある。

エベレストよりも高い山がある？

ハワイ島にあるマウナロアは海底火山であるため、海の底からそびえている。もし海底の麓から測るとしたら高さは1万203mとなり、最高峰のサガルマータをはるかに超える

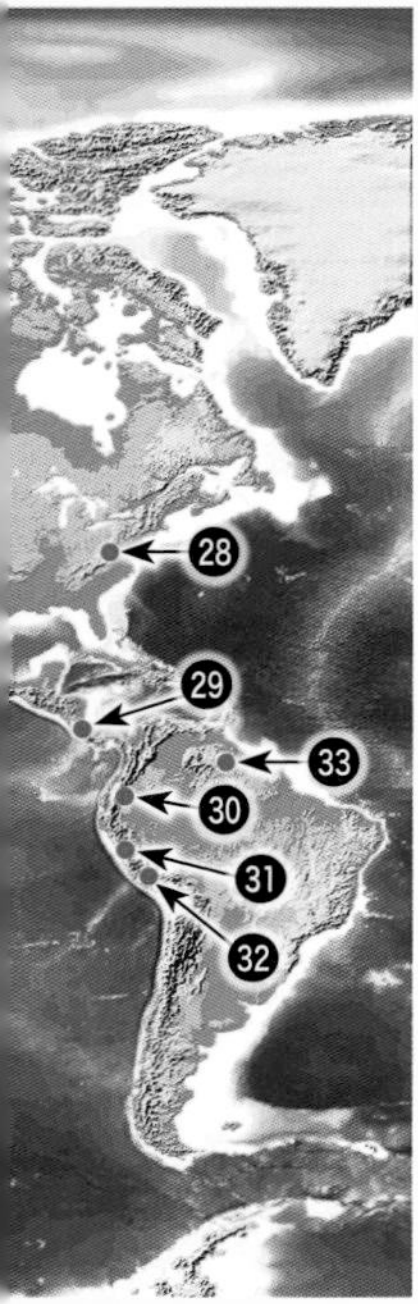

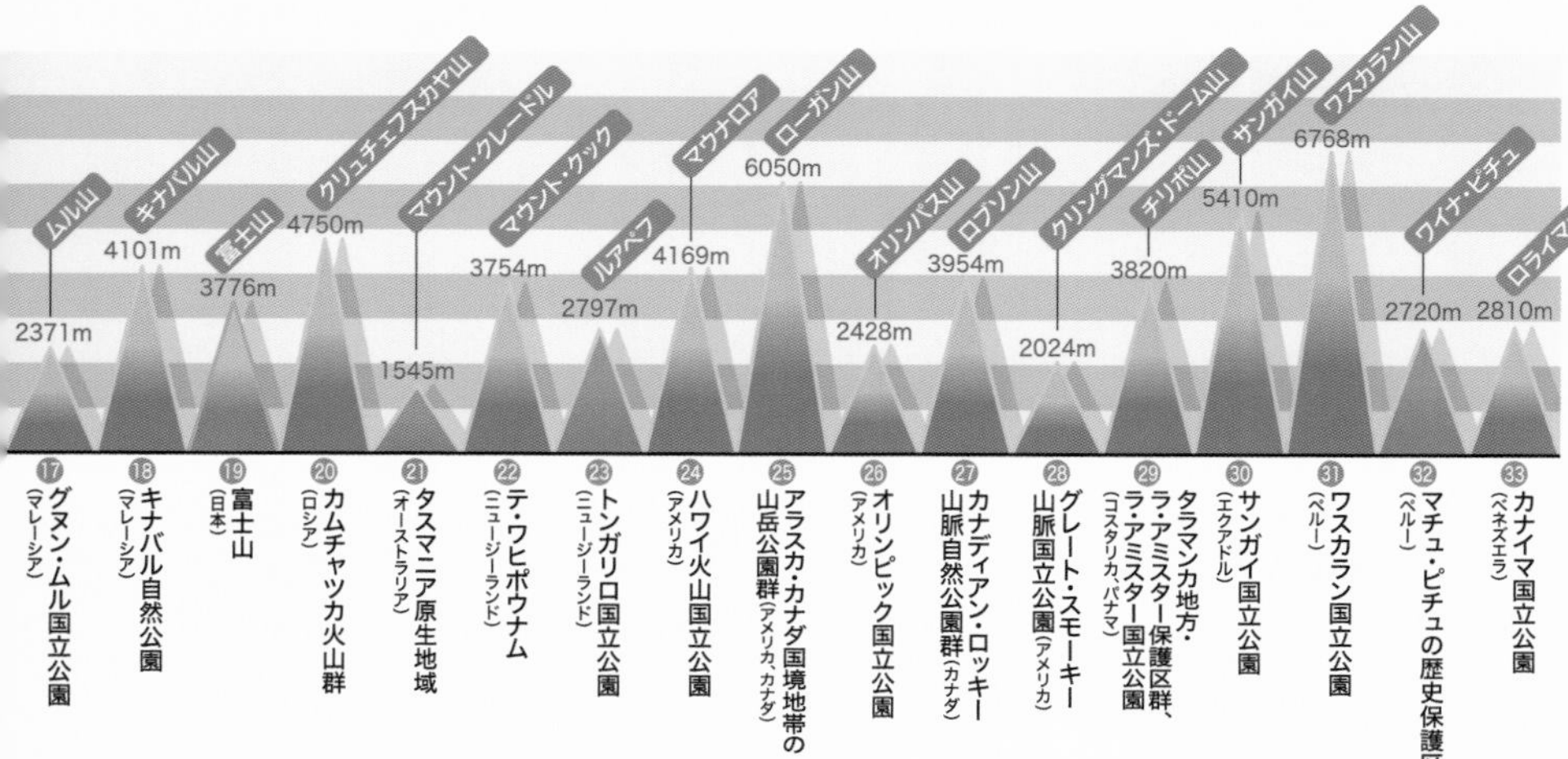

17 グヌン・ムル国立公園(マレーシア)
18 キナバル自然公園(マレーシア)
19 富士山(日本)
20 カムチャツカ火山群(ロシア)
21 タスマニア原生地域(オーストラリア)
22 テ・ワヒポウナム(ニュージーランド)
23 トンガリロ国立公園(ニュージーランド)
24 ハワイ火山国立公園(アメリカ)
25 アラスカ・カナダ国境地帯の山岳公園群(アメリカ、カナダ)
26 オリンピック国立公園(アメリカ)
27 カナディアン・ロッキー山脈自然公園群(カナダ)
28 グレート・スモーキー山脈国立公園(アメリカ)
29 タラマンカ地方・ラ・アミスター保護区群、ラ・アミスター国立公園(コスタリカ、パナマ)
30 サンガイ国立公園(エクアドル)
31 ワスカラン国立公園(ペルー)
32 マチュ・ピチュの歴史保護区(ペルー)
33 カナイマ国立公園(ベネズエラ)

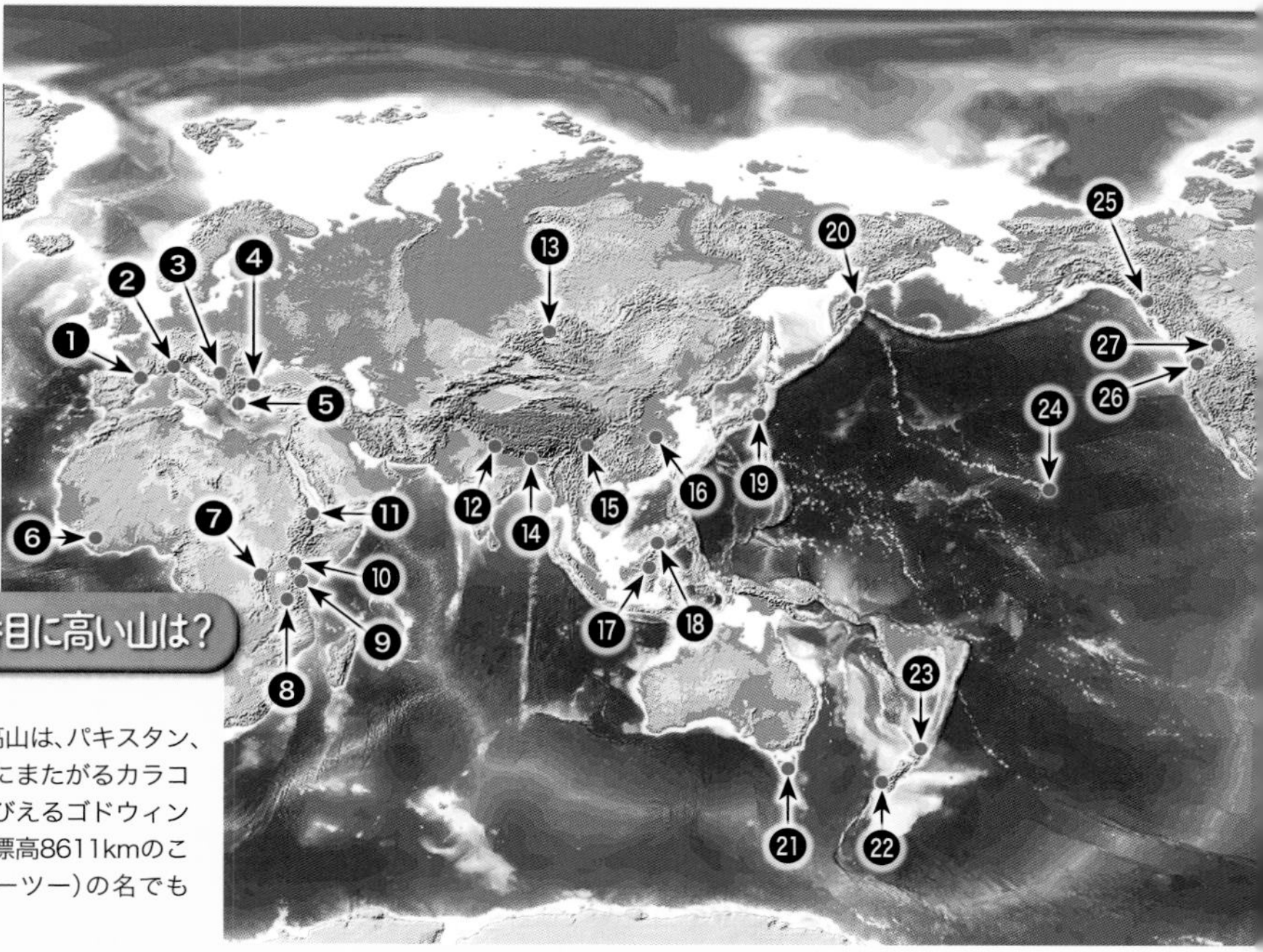

世界で2番目に高い山は？

標高第2位の高山は、パキスタン、インド、中国にまたがるカラコルム山脈にそびえるゴドウィンオースチン。標高8611kmのこの山はK2（ケーツー）の名でも知られる

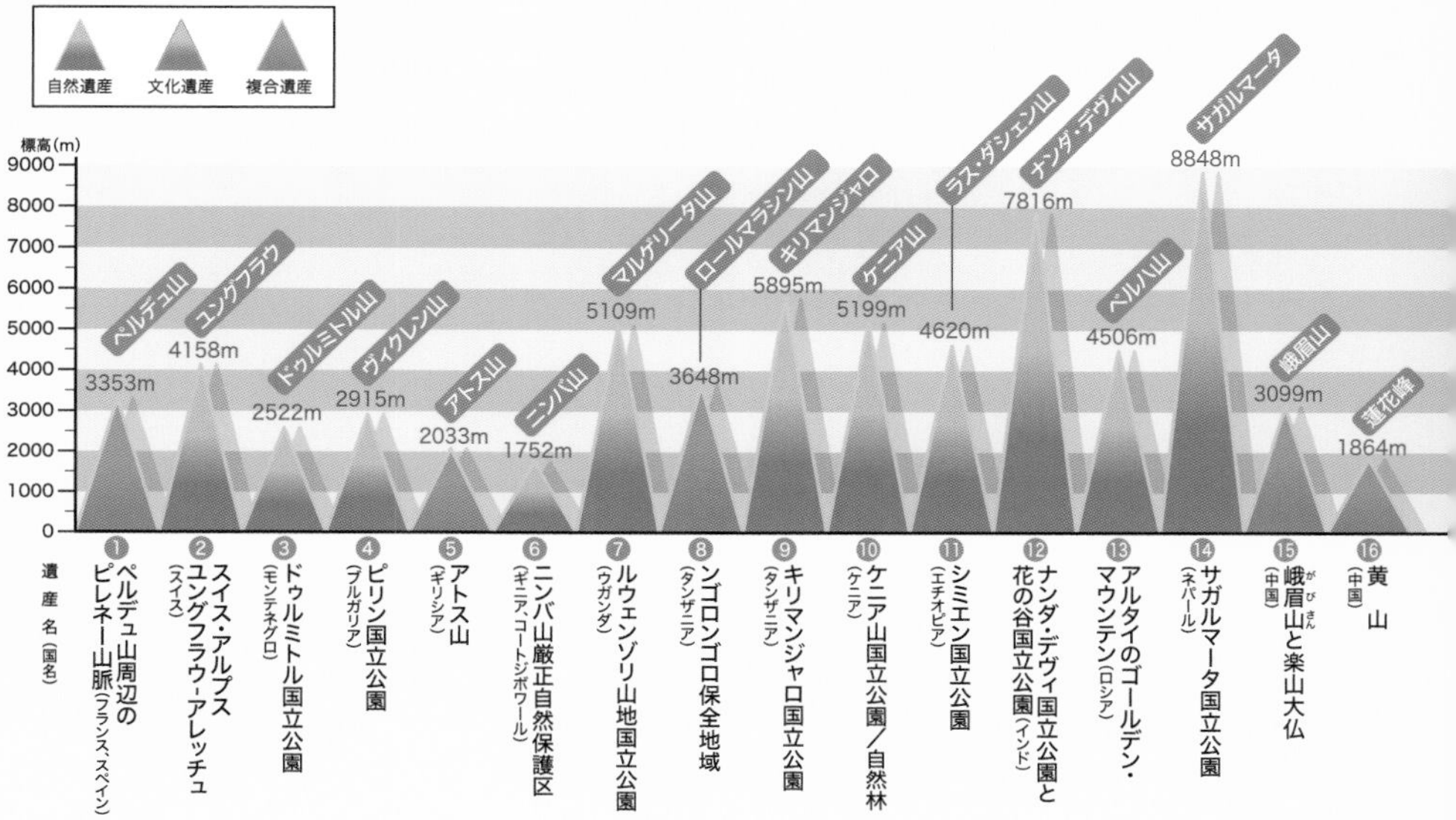

遺産名（国名）

1. ペルデュ山周辺のピレネー山脈（フランス、スペイン）
2. スイス・アルプス ユングフラウ-アレッチュ（スイス）
3. ドゥルミトル国立公園（モンテネグロ）
4. ピリン国立公園（ブルガリア）
5. アトス山（ギリシア）
6. ニンバ山厳正自然保護区（ギニア、コートジボワール）
7. ルウェンゾリ山地国立公園（ウガンダ）
8. ンゴロンゴロ保全地域（タンザニア）
9. キリマンジャロ国立公園（タンザニア）
10. ケニア山国立公園／自然林（ケニア）
11. シミエン国立公園（エチオピア）
12. ナンダ・デヴィ国立公園と花の谷国立公園（インド）
13. アルタイのゴールデン・マウンテン（ロシア）
14. サガルマータ国立公園（ネパール）
15. 峨眉山《がびさん》と楽山大仏（中国）
16. 黄　山（中国）

地球内部のマグマの働きで地表につくられる火山地形

火山の分布

図中のオレンジ部分が火山。火山は主に、海洋プレートが生成される海嶺と、海洋プレートが大陸プレートの下に潜り込む沈み込み帯部分に形成され、世界の主な火山の分布は、地震**の震源地の分布とほぼ重なっている。

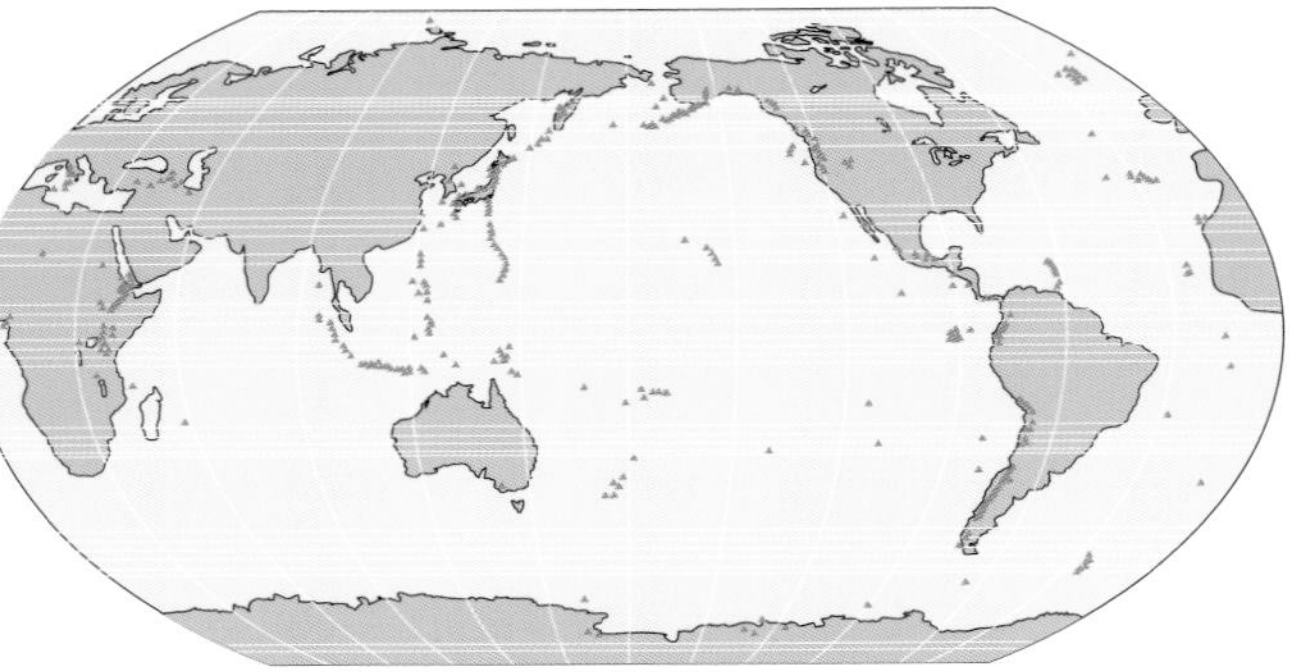

火山の分類

楯状火山

溶岩の粘性が小さく流れやすい火山では、溶岩流が広範囲に及ぶため、傾斜が緩やかで、楯のような形で盛り上がった楯状火山がつくられる

成層火山

同一の火口から度重なる噴火が起こると、溶岩流と火山砕屑物が何層にも積み重なり、円錐状の成層火山ができる。日本の富士山はこのタイプ

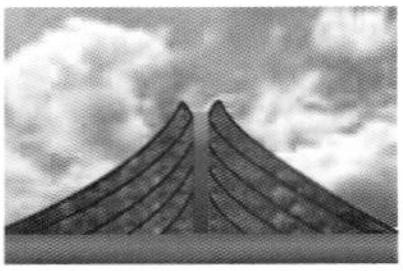

溶岩円頂丘

溶岩の粘性が高く流れにくい場合は、火口から溶岩の塊が押し出されて、溶岩ドームとよばれる地形が形成され、爆発的な噴火をすることもある

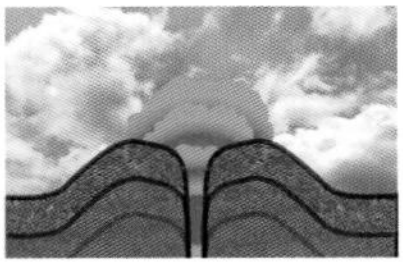

Keywords

★マグマ
★沈み込み帯
★火山フロント

日本で実感

富士山、桜島

マグマの上昇が火山をつくる

地形をつくる内的営力の一つが火山活動だ。火山活動は、地球内部の**マグマ***が地表付近まで上昇することで起こる。噴出したマグマによって形成されるのが火山地形であり、噴火の仕方や火山の形態はマグマの組成によって異なる。

火山ガスや溶岩など、火山の噴出時に地上に出てきたものを総称して火山噴出物と呼ぶ。火山地形は爆発や陥没などによるほか、火山噴出物の堆積によってもつくられ、自然の脅威を感じさせる荒々しい景色だけでなく、カルデラ湖や火口湖など風光明媚な景観もつくる。火山帯は主にプレートの**沈み込み帯**にあたる海溝付近に分布し、最も海溝側に位置する火山を結んだ線は**火山フロント**（火山前線）と呼ばれる。

Notes ＊地球内部で形成された、高温で溶融状態の岩石質物体で、火山の噴火の際に溶岩や火山ガスとして地表に放出される。マグマが冷却されて固結してできたのが火成岩

★火山の成因

海洋プレートの沈み込み帯では、プレートが深さ100㎞付近に達すると、プレートから放出された水によって融点が下がり、マントルの一部がとけてマグマが生じる。

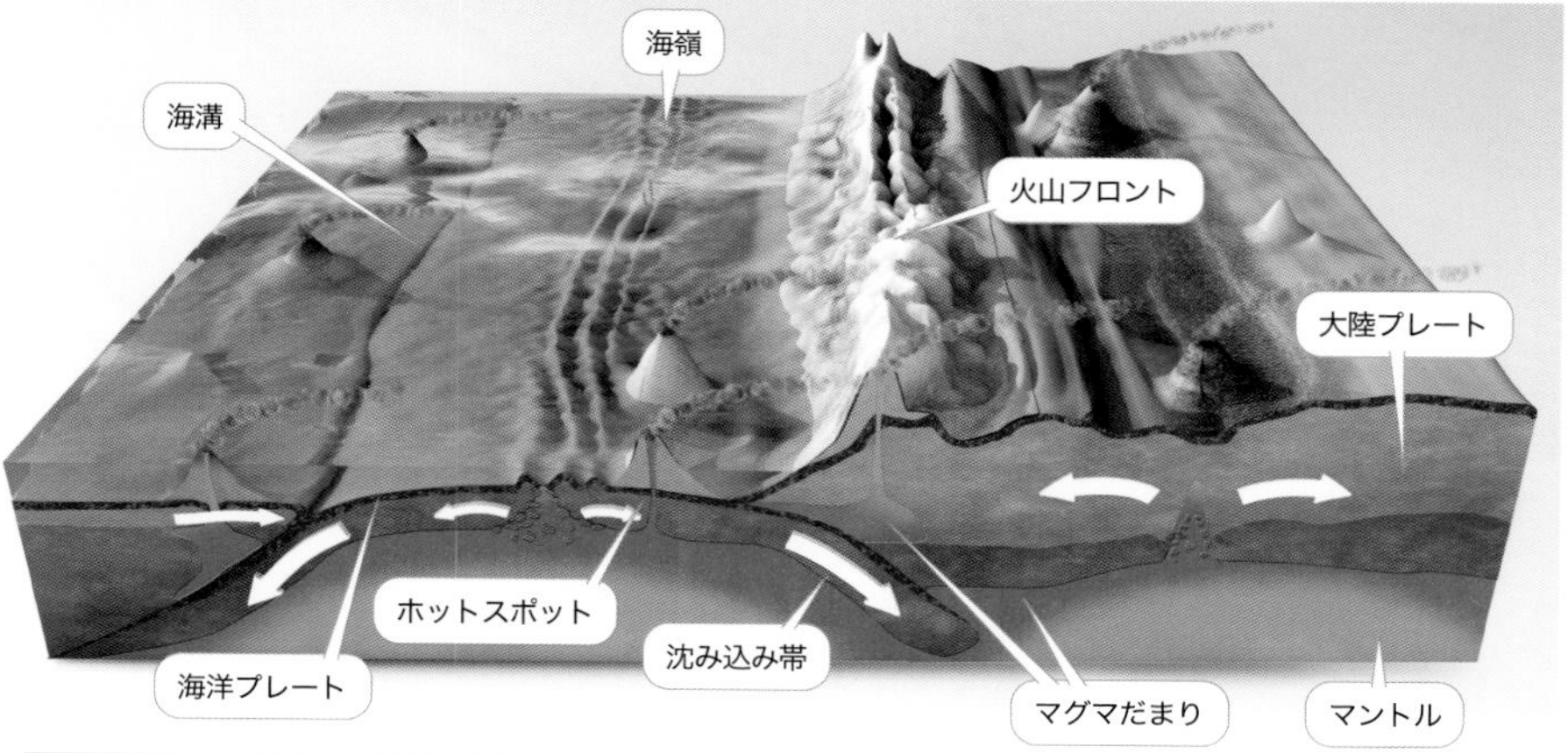

★火山がつくる地形と災害

火山地形

溶岩堰止《せきとめ》湖
溶岩の流れによって堰き止められてできた湖

溶岩台地
流れ出た溶岩が冷えて固まってできた平坦な台地

火口湖
噴火口に水がたまってできた湖。小規模なものは円形

マール
マグマ中のガスや水蒸気の爆発でできた円形の火口

カルデラ
火山性の火口状凹地で直径が2kmより大きいもの

カルデラ湖
カルデラ内にできた湖で、カルデラの全部ないし大半を占めるもの

火山の災害

噴石
噴火や水蒸気爆発で火口から吹き飛ばされる大きな岩石

火山灰
噴火によって放出される固形物のうち比較的小さいもの

溶岩流
噴火によって噴出したマグマが溶岩となって流れる現象

火砕流
火山噴出物の高速な流れ。ポンペイの街(右)を壊滅させた

Notes ＊＊プレートの境界では、プレートの衝突や分離、ずれなどで複雑な力が働く影響でプレートどうしにひずみが生じている。このひずみが限界に達して岩盤が破壊されると地震が発生する

イタリア 登録基準➔(viii)

エトナ山

エトナ山は世界で特に活発な成層火山の1つ。50万年以上前のアフリカプレートとユーラシアプレートの接触で火山活動が始まり、2700年前には活発な活動をしていたといわれる。

→見学可能な巨大クレーター

↑シチリア島のシンボルであるエトナ山は、ヨーロッパ最大の活火山

ロシア 登録基準➔(vii)(viii)(ix)(x)

カムチャツカ火山群

太平洋プレートが北米プレートに潜り込む位置にあるカムチャツカ半島は、約160の火山のうち、約30の火山が現在も活動する世界有数の火山密集地帯。噴火の種類も多彩で、「火山の博物館」とも呼ばれる。

↑カムチャツカ半島では間欠泉や火山ガスの噴出など、多彩な火山現象が見られる

→鮮やかなターコイズブルーの水をたたえた火口湖

フランス 登録基準➔(vii)(x)

レユニオン島の火山峰、圏谷と岩壁群

インド洋に浮かぶレユニオン島は、火山活動によって生まれた海洋島。活火山のピトン・ド・ラ・フルネーズと活動停止中のピトン・デ・ネージュの2つの火山を中心に、ダイナミックな火山地形が広がる。

↑活発なピトン・ド・ラ・フルネーズは、平均して9ヵ月ごとに噴火を繰り返す

→島では絶壁や尖峰など独特な地形が見られる

イタリア 登録基準➔(viii)

エオリア諸島

地中海に浮かぶ主要7島などからなる火山島群。*ブルカノ式噴火、ストロンボリ式噴火など、火山学や地質学の分野では、エオリア諸島の火山に由来する言葉が多く生まれている。

ストロンボリ式噴火のモデルとなったストロンボリ島

ムンディ's Eye エトナ山の水はけのよい斜面には、果樹園が広がっています。これが有名な「シチリアレモン」です。シチリアの都市、タオルミーナのギリシア劇場から眺めるエトナ山は格別です。

Notes ＊ブルカノ式噴火は爆発的な噴火を伴い、火山灰などとともに粘り気の強い溶岩が流出する。ストロンボリ式噴火は、間欠的で比較的穏やかな爆発を伴う噴火を指す

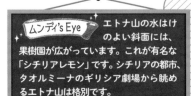

タンザニア 登録基準➔(iv)(vii)(viii)(ix)(x)

ンゴロンゴロ保全地域

「大きな穴」を意味するンゴロンゴロは、東西19㎞、南北16㎞の巨大なクレーター。クレーター内部は湖や沼、森林、サバンナなど多様な自然環境に恵まれ、多種多様な動物が生息している。

→クレーターを囲む外輪山

↑カルデラではライオンやチーター、フラミンゴなど、多様な動物がそれぞれに適した環境で暮らす

フランス 登録基準➔(viii)

ピュイ山脈とリマーニュ断層の地殻変動地域

ピュイ山脈はアルプス山脈の形成過程でできた山脈で、ピュイと呼ばれる円錐状の火山が南北に連なる火山密集地。さまざまな形状の約80の火山のほか、火口湖や堰止《せきとめ》湖など変化に富む火山地形が見られる。

↑中央の溶岩ドームは標高1886mでピュイ山脈最高峰のピュイ・ド・ドーム

→山並みが幾重にも重なる美しい景観

イギリス 登録基準➔(vii)(viii)

ジャイアンツ・コーズウェーとコーズウェー海岸

4万本を数える直径40〜50㎝の正六角形の石柱が、約8㎞にわたって連なる景勝地。この石柱は、6000万〜5000万年前の火山の噴火で流れ出た溶岩が冷えて固まってできたもので、柱状節理と呼ばれる。

↑ジャイアンツ・コーズウェーの名の通り、「巨人が造った石の道」という伝説もある驚異の景観

→六角形の石柱が規則的に並ぶ

韓国 登録基準➔(vii)(viii)

済州《さいしゅう》(チェジュ)火山島と溶岩洞窟群

済州島は韓国最南端の火山島。世界遺産に登録された漢拏山《ハルラサン》自然保護区、城山日出峰《ソンサンイルチュルボン》、拒文岳《コムノルム》溶岩洞窟群の3地域では、火山活動で生まれた滝や奇岩怪石、火山湖、洞窟群などが見られる。

→洞窟群は長くて複雑

↑島東端の城山日出峰は海底噴火により誕生したもので、海面上に盛り上がり、山頂に巨大な噴火口を残す

Notes ＊＊柱状節理は、溶岩流が冷えて固まる際に岩石の体積が収縮してできる角柱状の割れ目。角柱の断面は六角形のものがほとんどで、時間をかけて冷えるほど太くなる

海底にある火山の源 ホットスポット

Keywords
★ホットスポット
★マントル
★マグマ

★世界の主なホットスポット

図中の緑がホットスポット。ホットスポットは広がる境界同様にマントルが上昇する場所にあたり、これにより火山活動が起こるが、プレート境界線にある広がる境界に対し、ホットスポットはプレートの境界とは無関係な場所に出現する。

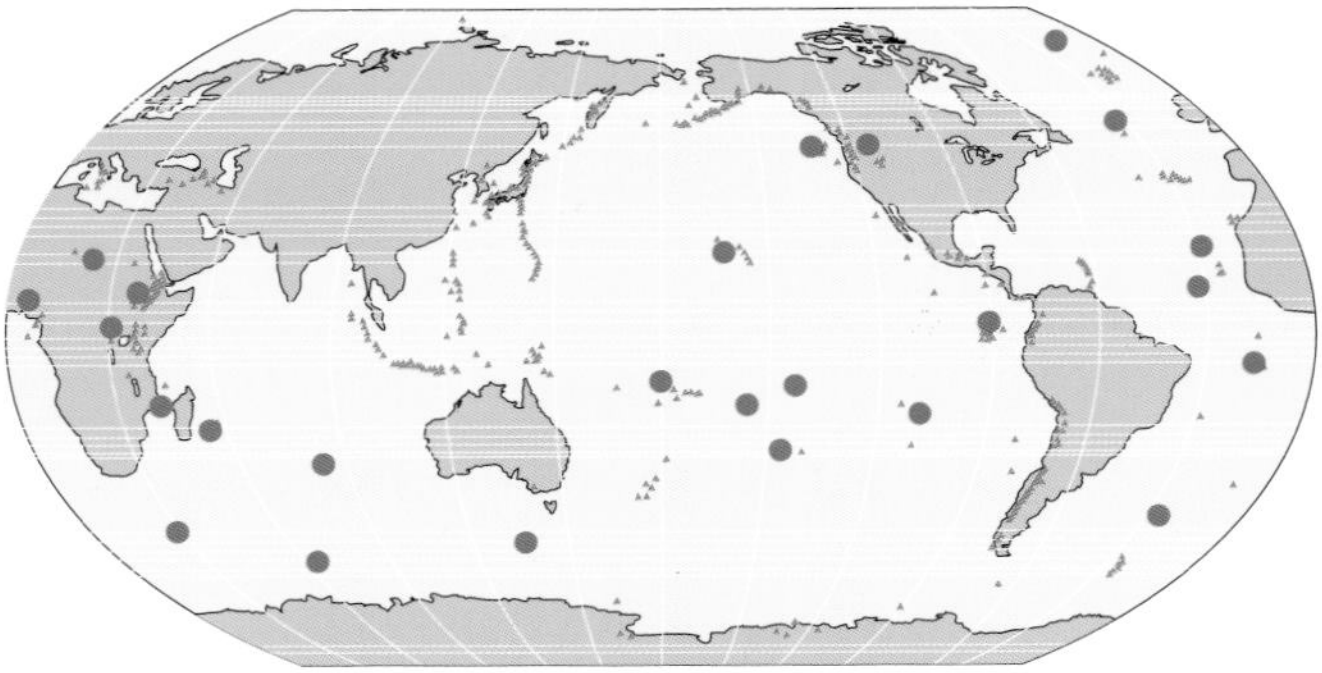

★アイスランドのホットスポット

アイスランド島は大西洋中央海嶺とホットスポットが重複した地域と考えられている。写真のファグラダルスフィヤルをはじめ、多くの火山の活発な火山活動が見られる。

マグマの上昇が火山をつくる

一般的に火山は境界が狭まるプレート境界の沈み込み帯や、境界が広がる海嶺付近に多く分布する。いずれもプレートの動きに関係して形成されるが、火山の形成場所には、プレートの動きとは無関係なものもある。それが**ホットスポット**と呼ばれるものだ。

ホットスポットは、地球内部の**マントル**の深部にある**マグマ**の供給源のこと。ここからマグマがプレートを突き抜けて上昇し、海底や地表に火山ができる。ホットスポットは基本的には動かないが、それを覆うプレートは一定の方向で移動するため、プレート上の火山も移動し、ホットスポットから離れて火山活動を終える。そしてホットスポットは、プレート上に、また新しい火山をつくる。

Notes ＊ハワイ諸島のある太平洋プレートは南東（図の右）から北西（同左）へ移動しており、図の右から左へ行くにつれて島は古くなる。古い島はやがて侵食され、海面から姿を消す

★ハワイ諸島の形成

太平洋上に一列に並ぶハワイ諸島は、ホットスポット上にできた火山がプレートに載って、ベルトコンベアで運ばれるようなプロセスで形成*された。

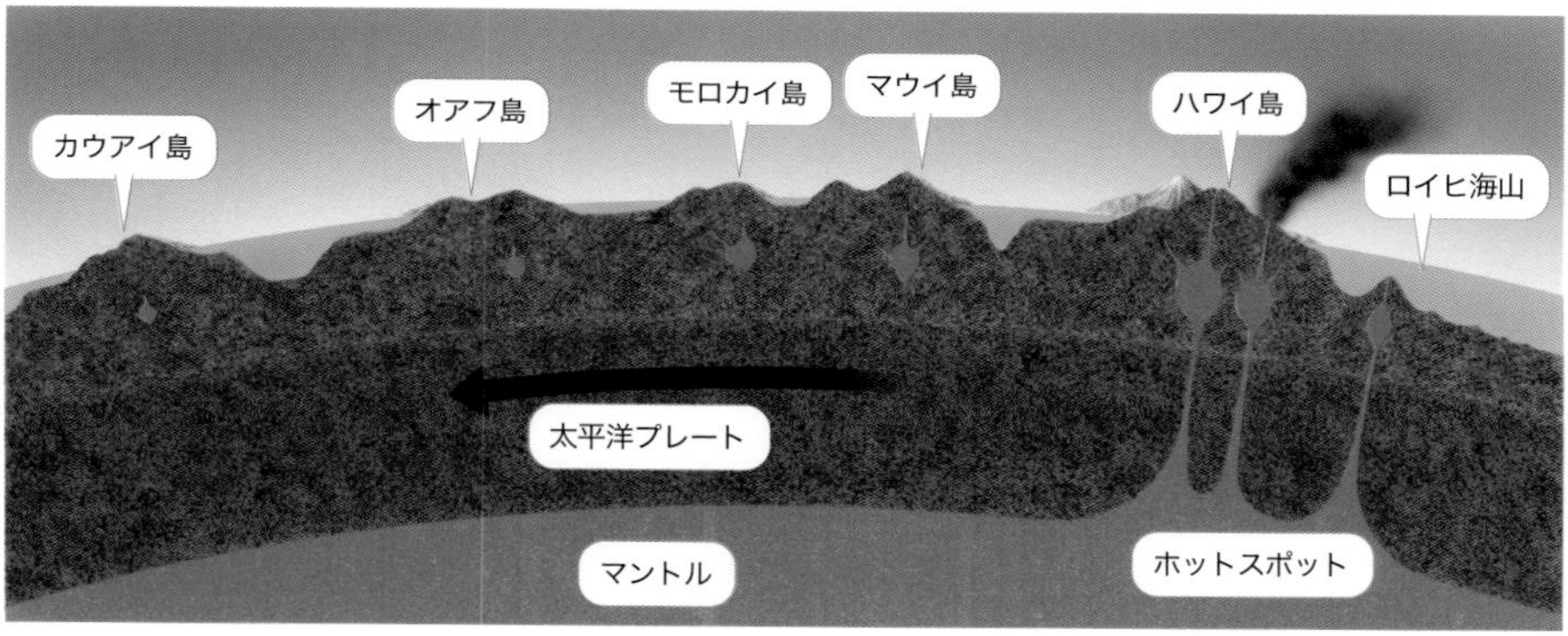

★ハワイ諸島と天皇海山列

北太平洋の海底地形図。ハワイ諸島の北西には、ホットスポットで形成された海底火山(海山)が連なり、一部が天皇海山列**と呼ばれる。

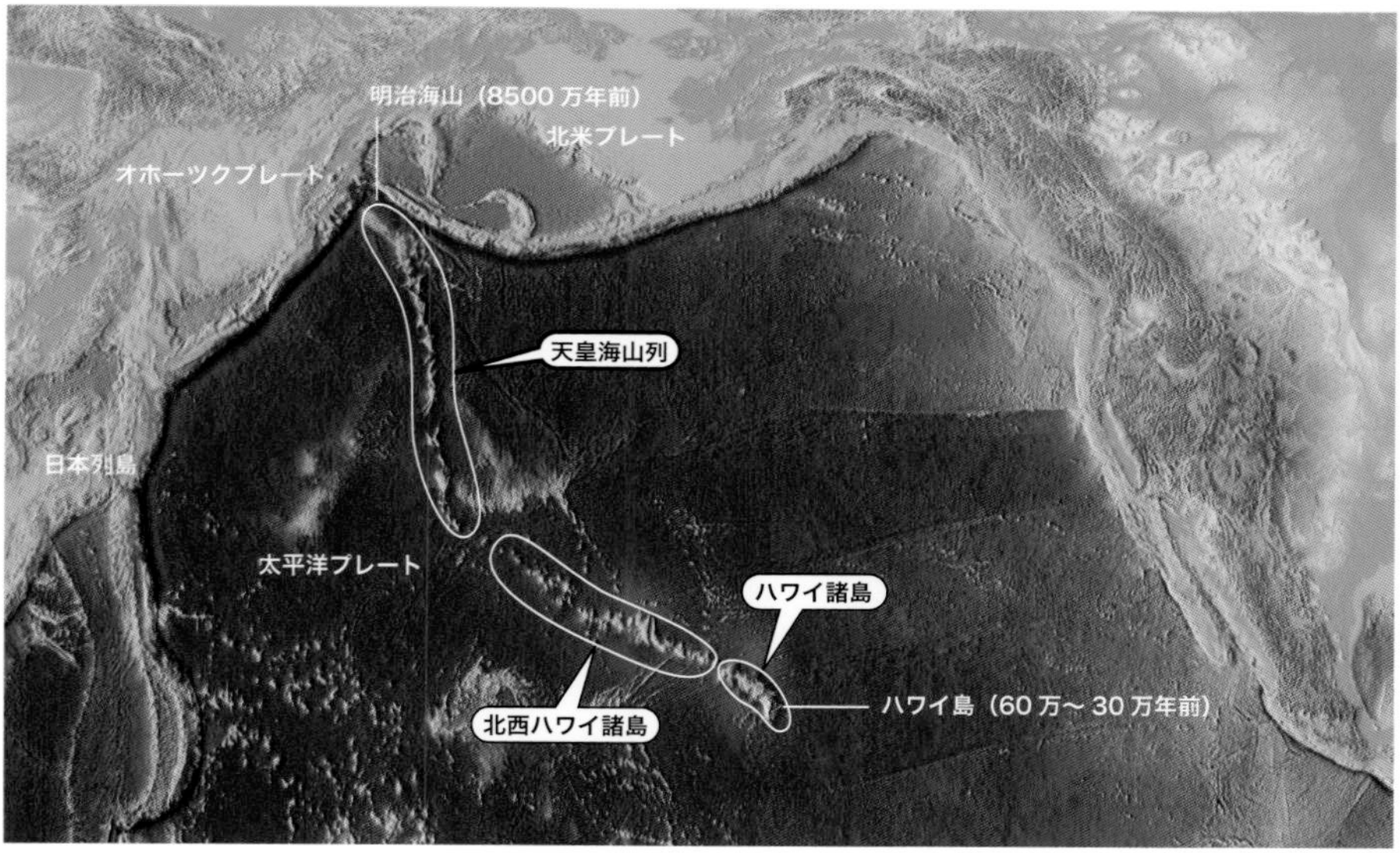

Column

マントルの流動運動の仮説　プルームテクトニクス

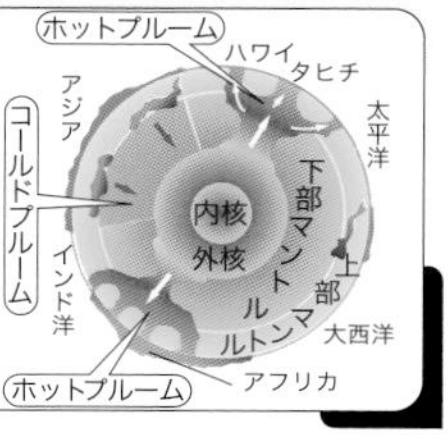

地殻変動の原因について、主にプレートの水平方向の動きで説明するプレートテクトニクスに対し、マントル内の上下方向の動きをもとに説明するのがプルームテクトニクスだ。プレートの境界で沈み込んだ海洋プレートは、低温のプルームとなってマントル底部へ降下し、その対流運動として高温のプルームが上昇。この上昇・下降流によって生まれたマントル対流が、プレートを移動させるという説だ。マントルの対流の動きを明らかにするための理論だが、現在ではあくまでも仮説とされている。

Notes

＊＊ハワイ諸島から天皇海山列の並びが屈曲している理由に、ホットスポットが移動したため、あるいは、プレートの運動の向きが変わったため、などの説もある

アメリカ

ハワイ火山国立公園

登録基準→(viii)

現在もハワイ島を広げる活発な２つの活火山

ホットスポット上のハワイ島にあるハワイ火山国立公園。ここには、１９８３年以来ほぼ継続的に噴火し続けるキラウエア*、１９８４年の活動休止以来２０２２年に38年ぶりに噴火したマウナロアの、世界でも最も活発といわれる２つの活火山がある。ハワイ島の火山は、ハワイ式噴火と呼ばれる比較的穏やかな噴火形式で、激しい爆発は起こらず、液状の溶岩が流れ出る。溶岩は海に流れ込んで急激に冷やされ、やがて陸となる。面積を広げつつあるハワイ島は、現在も生成過程にあるといえる。

ハワイ島の火山

ハワイ島には5つの火山があり、このうち活火山であるキラウエアとマウナロアの一部がハワイ火山国立公園に含まれる

マウナロア

標高4169mの楯状火山。山頂に周囲8㎞、深さ150～180mのモクアウェオウェオ・カルデラがある

マウナケア

標高4205mのハワイ諸島の最高峰

ムンディ's Eye

ハワイの火山は溶岩の粘性が低く、噴出したそばから広く流れ、平たい火山となります。火山から吹き飛んだ溶岩が、髪の毛状に細く固まったものは火山の女神、ペレの髪の毛と言われます。

Notes　＊キラウエアは、ハワイ島のホットスポットで生まれた火山の中で、海面上に現われたものとしては最も新しい。溶岩流を間近で観察できるため、世界で最も安全な火山と呼ばれている

アメリカ　登録基準➔(vii)(viii)(ix)(x)

イエローストーン国立公園

世界で最初の国立公園で、約1万ヵ所で間欠泉や温泉、噴気孔、熱泥泉などの多様な熱水現象を見られる。これらは約60万年前に始まった火山活動によるもので、現在でも地下4800mの場所で高温のマグマが活動している。

↓温泉の七色の輝きはバクテリアの働き

間欠泉

定期的に熱水を空中に噴出する間欠泉の数は200～250。これは地球上の4分の1にあたるといわれる

カナダ　登録基準➔(vii)(viii)

グロス・モーン国立公園

ニューファンドランド島のグロス・モーン山を中心に広がる公園。5億年前の地殻変動によりマントルが地上に露出してできたテーブルランドや、先カンブリア時代の岩石、氷河の侵食によるフィヨルドや断崖など、多彩でダイナミックな地形が特徴。

マントルでできた山

地質の酸化で褐色となったテーブルランドでは植物は育たない←荒涼とした砂漠のような景観

ロシア　登録基準➔(vii)(ix)

プトラナ高原

プトラナ高原は、中央シベリア高原の山岳地帯に広がる溶岩台地。2億5000万年前頃から200万年以上続いた火山活動で、地下3000㎞から流出した溶岩に由来する[**]シベリア・トラップで形成された。北極圏の手つかずの自然を残す。

↓高原では標高1000m前後の山が連なる

ナコミャケン湖

プトラナとは「険しい湖岸を持つ湖沼群の地方」の意味。その名の通り2万5000以上の湖がある

Notes　＊＊シベリア・トラップは、大量の玄武岩の噴出によって形成され、中央シベリア高原を中心に、西ヨーロッパとほぼ同じ面積で広がる。この火山活動で、90%に及ぶ生命が絶滅したといわれる

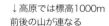

山から海へ流れる過程で河川がつくる地形

河川の流れがもつ3つの大きな作用

大陸のような、地球内部からの働きでつくられる地球規模の地形である大地形と異なり、外的営力による、目で見てわかるような小規模な地形を小地形*と呼ぶ。その一つが、河川の働きでできる地形だ。山地に降った雨は、周囲よりも低い場所を筋のように流れ、やがて河川となる。河川には、岩を**侵食**し、土砂を**運搬**し、**堆積**させるという大きな3つの作用があり、この作用によって、山地から海や湖まで流れる過程で、河川はさまざまな地形をつくる。

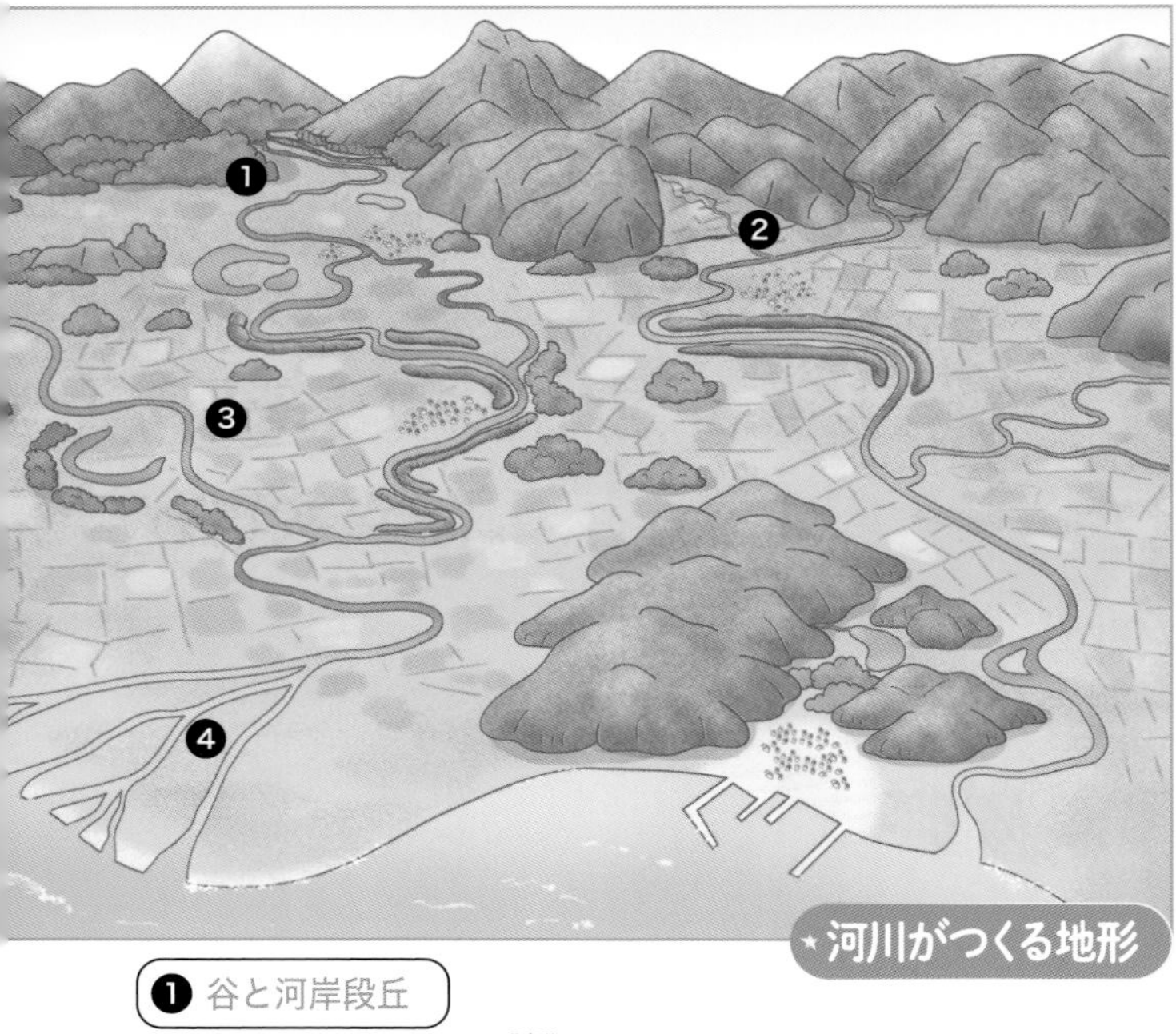

★河川がつくる地形

❶ 谷と河岸段丘

V字谷
V字型の深い谷で、傾斜が急で侵食作用が強い山地に形成される

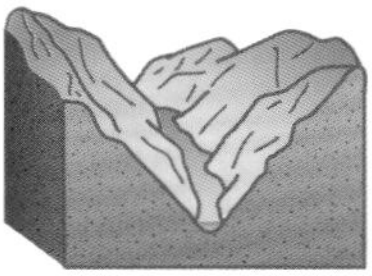

谷底《こくてい》平野
谷底に、侵食された両側の斜面の土砂が堆積して形成される

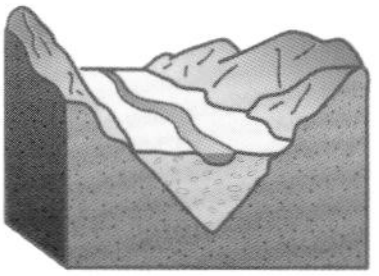

河岸段丘
谷底平野が隆起し、更に河床が侵食されて河川両側にできる階段状の地形

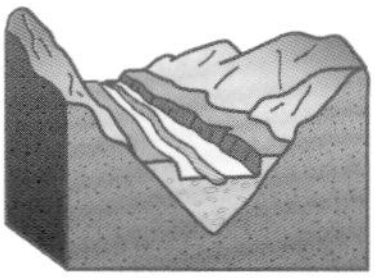

Keywords

★侵食　★運搬
★堆積　★谷
★扇状地　★氾濫原
★三角州　★沖積平野

日本で実感

黒部川上流(V字谷／富山県)、甲府盆地(扇状地／山梨県)、石狩川流域(氾濫原／北海道)

Notes ＊小地形は河川、雨水、地下水、氷河、海、波、風、乾燥などによる侵食、堆積、風化作用のような外的営力を受けて形成される、比較的スケールの小さい地形のこと

上流と平野で形成される いくつもの地形

勾配が急な上流の山地では、河川は勢いよく流れて両岸や川底を侵食し、**谷**をつくる。

川幅が広がって流速も緩やかになる平地では、土砂を運ぶ力も弱まり、比較的重い土砂から堆積し、**扇状地**が形成される。

さらに下流では河川が蛇行するようになり、平坦な低地である**氾濫原**や後背湿地、堆積物による自然堤防などが形成される。

河川が海や湖に注ぐ河口部では静水域に細かい砂や泥が堆積し、低平な**三角州**がつくられる。

このように、一般的には河川の上流部では谷、平野部では扇状地、氾濫原、三角州の順に地形が形成され、河川によって運ばれた土砂が堆積してできた平野は**沖積平野**＊＊と呼ばれる。

★河川の傾きと営力

河川は岩を侵食して土砂を運搬し、最終的には堆積させる。勾配や流量によって、河川の侵食や運搬の力は異なる。比較的大きな土砂の砂礫は上流～中流に堆積し、細かい砂や泥は中流～下流に堆積する。

山地　川の上流　谷　川の下流

作用	侵食の力が強い	下流に行くほど堆積作用が強くなる		
地形	V字谷・河岸段丘・谷底平野	扇状地	氾濫原	三角州
堆積物	砂礫		砂泥	
土地利用	森林	果樹園・畑・集落	畑・水田・集落	水田・湿地・都市

❷ 扇状地

上流から平野にかけての谷口にできる扇状または半円状の地形。谷口の扇頂、中央部の扇央、末端部の扇端に分かれる

❸ 氾濫原

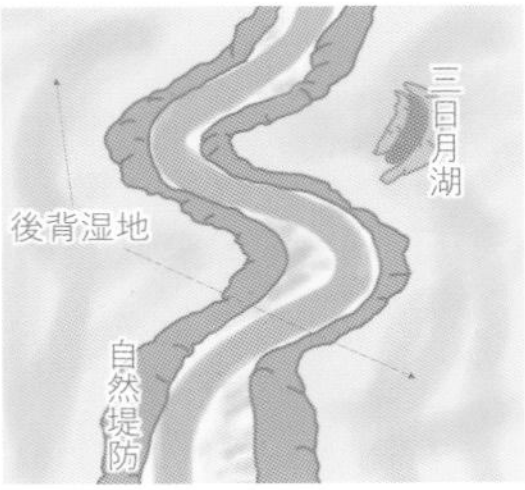

河川がS字に蛇行する場所。洪水時の土砂が堆積した自然堤防、その背後に広がる後背湿地、氾濫によるかつての流路の名残である三日月湖などが見られる

❹ 三角州

円弧状三角州
河川の運搬力と海の力のつり合いがとれると、三角州の先端部分が削り取られた円弧状の三角州ができる

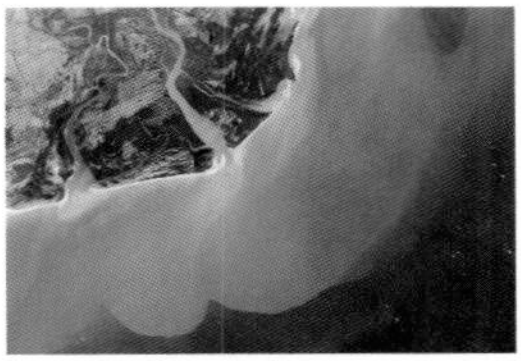

鳥趾状三角州
海の侵食作用よりも川の運搬力が強く、遠くまで土砂を堆積させ、鳥の足のような三角州となる

カスプ状三角州
海の侵食作用が強いと、堆積した土砂が海岸から削られ、河口がとがった形の三角州となる

Notes　＊＊平野の中で、約1万2000年前に始まった最も新しい地質時代である完新世の間に、河川や海などによって運ばれた土砂によってできたもの。現在も形成が続く平野でもある

アメリカ

グランド・キャニオン国立公園

登録基準↓(vii)(viii)(ix)(x)

20億年分の歴史を刻む川がつくった大峡谷

グランド・キャニオンは、東西約450㎞にわたる世界最大規模の峡谷。大地の隆起、コロラド川による侵食、風化作用などにより、およそ120万年前に現在の姿になったと考えられている。コロラド高原一帯は地殻変動により陸と海の時代を繰り返し、そのたびに堆積層が造られた。水平の地層が岩肌に幾重にも重なって見られるのは、その名残りだ。谷底の地層はおよそ20億年前、崖の最上部はおよそ2億5000万年前のものとされ、谷底と断崖上*の標高差は最大で1700mにもなる。

グランド・キャニオンはこうやってできた

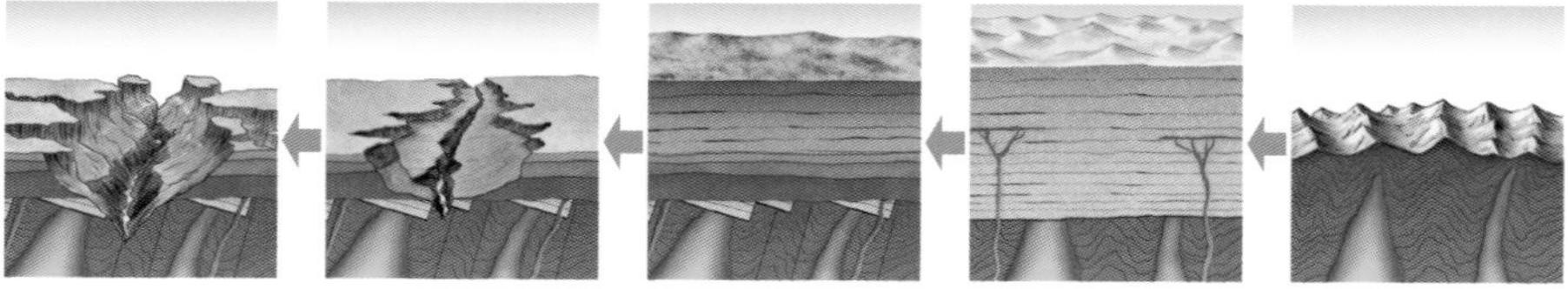

17億年前、地殻変動で海底の地層が圧縮され隆起

陸地は再び海に沈んだ後、海底の堆積層が陸地となった

陸地と海底の時代を繰り返した末に陸地になった

隆起した土地をコロラド川が侵食し始めた

川の侵食の過程で支流ができ峡谷は複雑になった

宇宙から見た大峡谷

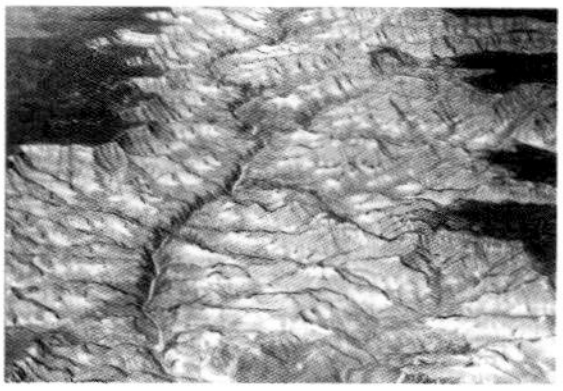

全長2330㎞のコロラド川は、源流のロッキー山脈から河口のカリフォルニア湾までの間で約3100mの標高差があり、それが峡谷を侵食する大きな力を生み出した

ムンディ's Eye グランド・キャニオンはラスベガスから日帰り観光が可能です。バスで行くこともできますが、お勧めは遊覧飛行です。言葉には表せない雄大な光景を見ることができます。

Notes ＊グランド・キャニオンは一見不毛だが、標高差によって異なる4つの気候帯を持つ。乾燥した谷底では砂漠帯のサボテン、崖の上では冷帯特有のアスペンなど、植物の垂直分布が見られる

中国　登録基準➔(ii)(iv)(vi)

青城山《せいじょうさん》と都江堰《とこうえん》の水利(灌漑)施設

都江堰は、紀元前3世紀より建設が始まった水利灌漑施設。岷江《びんこう》の氾濫**を防ぎ、成都平原へ水を引き入れるため、岷江が龍門山脈を抜けて平原に出る扇状地の扇頂部に建設された。

→堰は岷江中流に建設された

↑古代中国の高度な土木技術に基づく都江堰は成都の発展に寄与した

ルーマニア　登録基準➔(vii)(x)

ドナウ・デルタ

全長2858㎞のドナウ川が黒海に流れ込む河口に広がる、ヨーロッパ最大級の三角州。大河ドナウが運んだ大量の土砂が堆積し、1万1000年の歳月をかけて、砂地の森、大小の湖や沼などが形成された。

↑ドナウ・デルタは300種以上の鳥類が生息し、100万羽の渡り鳥が飛来する

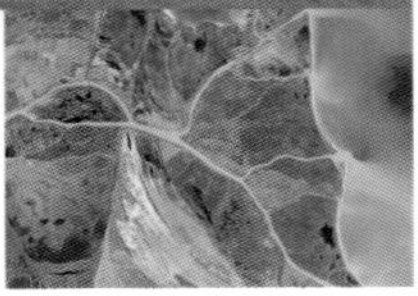

→宇宙から見たドナウ・デルタ北部

アルゼンチン／ブラジル　登録基準➔(vii)(x)

イグアス国立公園

ブラジルとアルゼンチンの国境であるイグアス川の屈曲部に広がるイグアスの滝は、世界3大瀑布の一つ。周辺一帯に点在する大小275の滝からなり、滝全体の横幅は2700m以上、最大落差は80mにも及ぶ。

↑「悪魔ののど笛」と呼ばれる最奥の滝は、落下する水の侵食で後退を続ける

→流れ落ちる水量は毎秒6万5000tに達する

ブラジル　登録基準➔(vii)(ix)(x)

パンタナル保全地域

南米大陸ほぼ中央の4つの保護区からなるパンタナルは、総面積23万㎢にも及ぶ世界最大の氾濫原。雨季には土地の80%以上が水没し、地球上で最も水量の多い平原となる。

→カピバラなど動物も多彩

↑パンタナルの一部はボリビアとパラグアイにまたがるが、ブラジル部分が世界遺産に登録されている

Notes　＊＊岷江は毎春、大量の雪解け水で氾濫したが、軍事上の理由からダムがつくれなかった。そこで川に中州をつくって流れの西側を本流とし、東側を成都盆地へ流して農業用水とした

海の力でつくられた海岸で見られるさまざまな地形

★さまざまな海岸地形

波や沿岸流で形成される地形

陸地と海が接する海岸付近では、波浪や沿岸流、潮流、潮の干満などに、主に水の力によって陸地や土砂の侵食、運搬、堆積が起こり、さまざまな地形が形成される。こうした海の営力によって形成される地形を、海岸地形と呼ぶ。

山地や台地が海岸に迫っている場所では、波の侵食によって、海食崖と呼ばれる崖や、海食洞と呼ばれる洞窟ができる。波や風に運ばれた土砂が堆積した砂浜海岸では、砂丘や**砂州**、**砂嘴**《さし》、陸繋島《りくけいとう》、潟湖《せきこ》などができる。

陸と海面の関係で形成される地形

海岸地形は、海面の上昇・低下や地殻の隆起・沈降など、海面と陸地の相対的な変化にも大きな影響を受け、陸地側が隆起(または海面が低下)してできた**離水海岸***と、海面が上昇(または陸地側が沈降)してできた**沈水海岸**に分類される。陸地が海面に対して上昇すると、海面下にあった海食台や堆積台が海岸段丘となり、砂浜では海岸平野ができる。また、陸地が沈降すると、おぼれ谷や**リアス海岸****、多島海、三角江、**フィヨルド**などができる。

Keywords

★砂州　★砂嘴
★離水海岸
★沈水海岸
★リアス海岸
★フィヨルド

日本で実感

三保松原(静岡県)、
函館(北海道)、
天橋立(京都府)

Notes　＊陸地の隆起や海面の低下により、海底が海上に現れることを離水、逆に陸地の沈降や海面の上昇により陸地が海面下に沈むことを沈水と呼ぶ

★沈水海岸

リアス海岸

山地や丘陵などの起伏の激しい陸地が沈降し、谷の部分に海水が浸入してできた複雑な海岸線。おぼれ谷の一種

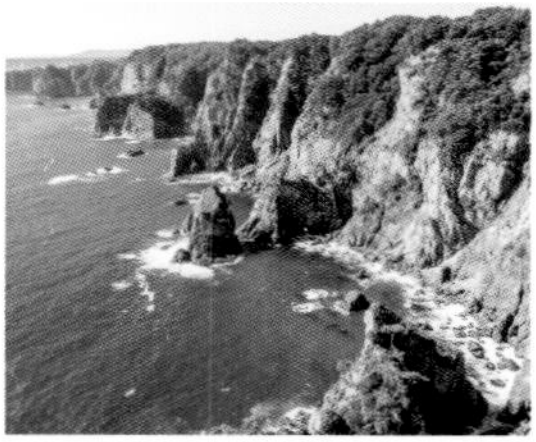

フィヨルド

谷の底や壁を侵食した氷河がとけて消失すると、U字谷ができる。そこに海水が浸入してできた地形をフィヨルドと呼ぶ

多島海

起伏の多い陸地が沈水すると、かつての山頂や尾根が海上に出て島となり、多くの島が散在する海域ができる

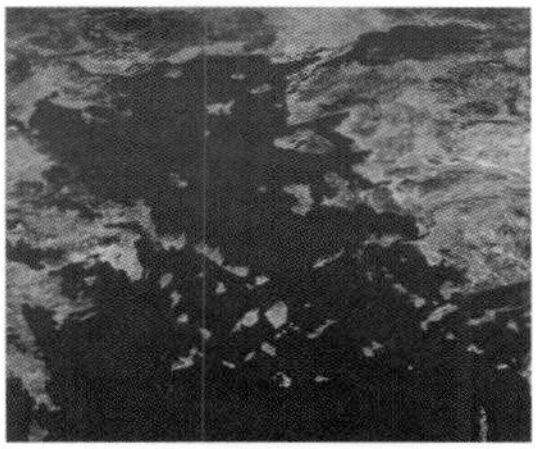

三角江

土砂の堆積が少ない河口部の低地に海水が浸入して沈降し、ラッパ状の入り江となったもの。エスチュアリとも呼ぶ

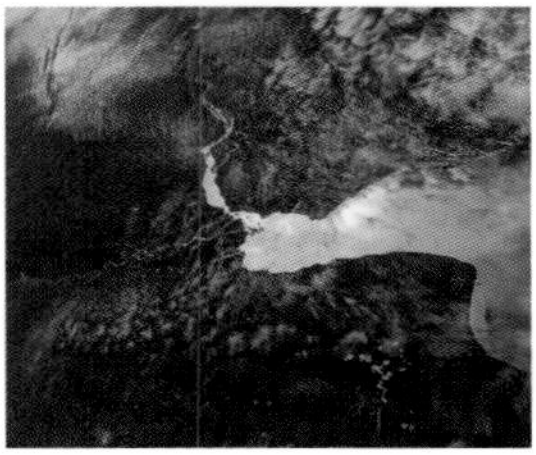

★干潟

有明海のように、潮の干満に伴い、海面下から陸への露出を繰り返す砂泥底の地形。河口部や内湾に分布する

★離水海岸

海岸平野

陸地に面した砂礫や泥からなる浅い海底堆積面が、隆起または海面低下によって地表に現れ、平坦な海岸となったもの

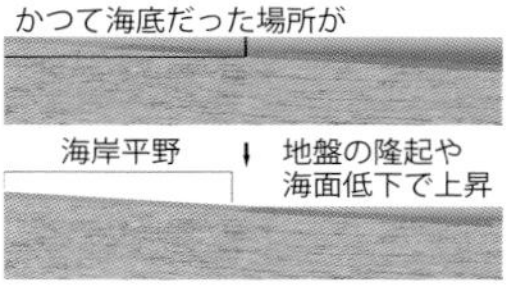

海岸段丘

波の侵食でできた海食崖や海食台が、隆起による複数回の離水を繰り返した末に陸上に現れ、階段状の地形となったもの

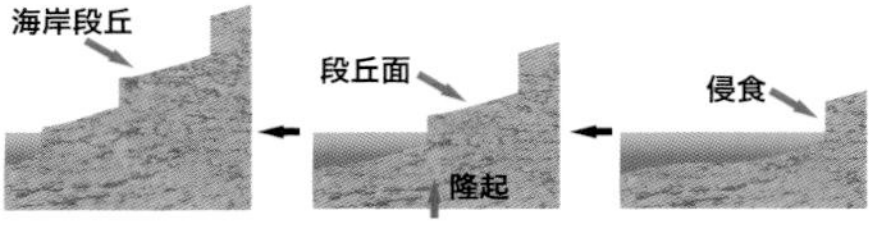

★砂州がつくる地形

砂州と潟湖

入江をふさぐように土砂が細長く堆積したもの。砂州にふさがれた入江を潟湖（ラグーン）という。写真は天橋立

砂嘴

三保松原のように、河口や岬の先端に砂礫が堆積してできた砂州が陸地から海に延び、鳥の嘴のような形になったもの

陸繋砂州

陸と沖合の島を結ぶほど発達した砂州で、トンボロとも呼ばれる。つながれた島は陸繋島と呼ばれる。函館が代表例

Notes ＊＊リアスは、スペイン語で入り江を意味するリアの複数形。日本では長年「リアス式海岸」と表記されてきたが、リアス自体が入り江の地形を表すため近年では「リアス海岸」と表記される

ノルウェー　登録基準→(vii)(viii)

西ノルウェーのフィヨルド群

氷河によってつくられた壮大な大自然の神秘

世界有数のフィヨルド地形の密*集地であるノルウェー南西部。そのなかでも、典型とされる2つのフィヨルドからなる世界遺産。海岸線から約60km内陸に切り込んだガイランゲルフィヨルド(写真)は全長約16km、水深は最深部で約500m。両岸には標高1400m級の山々が連なる。一方のネーロイフィヨルドは、幅が約250mの狭いフィヨルドだ。どちらのフィヨルドでも海底には氷河で運ばれた氷堆石が見られ、多くの海生哺乳類が生息するなど、貴重な自然環境が残されている。

フィヨルドのでき方

寒い地域で降り積もった雪が、万年雪となって固まり、氷へと変化。さらに圧縮されて氷河になる

山から流れる氷河は、山肌を侵食しながら下り、谷底も深く削り、断面がU字形をした深いU字谷が形成される

氷河期が終わって温暖化が進むとU字谷の氷が溶け、海面が上昇する。谷に海水が流れ込み、フィヨルドとなる

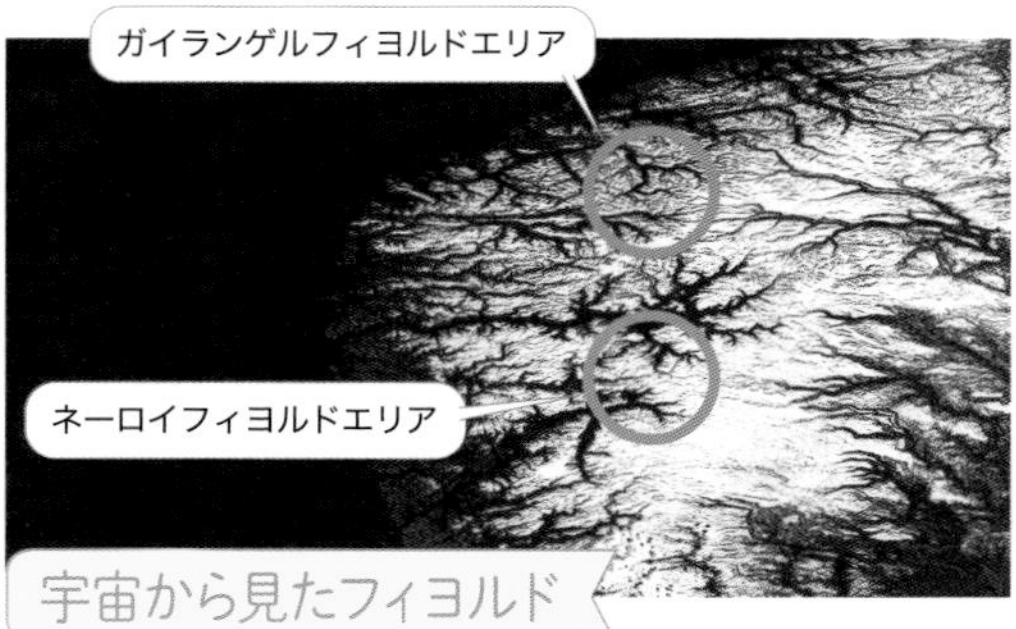

宇宙から見たフィヨルド

スカンジナビア半島の広い範囲が雪に覆われており、厚い氷河の侵食作用により大地が削られ、複雑に入り組んだ地形や湾が形成されている

ムンディ's Eye

ネーロイフィヨルドは、世界最長と言われるソグネフィヨルドの支流です。フィヨルド観光の拠点となるベルゲンも世界遺産に指定されている中世の街。世界遺産の競演が楽しめます。

Notes ＊氷河時代に大きな氷河が発達したスカンジナビア半島にはフィヨルドが多く、ノルウェーには1700以上のフィヨルドがあるといわれる。フィヨルドという言葉もノルウェー語である

リトアニア／ロシア　登録基準➔(v)

クルシュー砂州

バルト海沿岸のリトアニアとロシアの国境をまたぐ、全長98㎞、幅0.4～3.8㎞の細長い砂地。風や波によって運ばれた砂が堆積して、紀元前3000年頃に形成されたといわれる。

→砂州の大半は森林

↑クルシュー砂州は天橋立の20倍以上の規模。この砂州では先史時代から人類の営みが続けられている

キューバ　登録基準➔(vii)(viii)

グランマ号上陸記念国立公園

シエラ・マエストラ山脈の西側に広がる公園で、標高360mから水深180mに及ぶ、急勾配の石灰岩の海岸段丘が見られる。独特の生態系が生まれ、多様な植物や希少生物が生息する。

↑海からそびえる海岸段丘。シエラ・マエストラ山脈の西側にあり、石灰岩の海岸段丘としては世界最大級

→公園内では独自のカルスト地形が見られる

オランダ／デンマーク／ドイツ
登録基準➔(viii)(ix)(x)

ワッデン海

オランダ、ドイツ、デンマークをまたぐ遠浅の湿地帯**。北海の潮流と沿岸の複雑な地形によって、干潟や砂州、浅瀬など、多様な自然景観が生み出され、多彩な動植物が生息する貴重な湿地生態系が見られる。

↑塩性湿地帯や海藻の繁茂地など豊かな自然が残る

→ゼニガタアザラシやハイイロアザラシが生息する

フランス　登録基準➔(vii)(viii)(x)

ポルト湾：ピアナのカランケ、ジロラッタ湾、スカンドラ保護区

地中海に浮かぶコルシカ島のポルト湾の海岸には、高さ1200mの赤い花崗岩の断崖が連なる。その北側のジロラッタ湾やスカンドラ半島も、断崖や海食洞、入り江などの複雑な地形が特徴。

→独特な形状の奇岩群

↑複雑なリアス海岸や奇岩をつくる赤い花崗岩と、紺碧の海のコントラストが映える

Notes　**ワッデン海は全長約500kmにわたって広がる世界最大規模の湿地帯で、面積は約1万㎢。湿地帯の保護をうたったラムサール条約にも登録されている

生物がつくる海岸地形
サンゴ礁

サンゴ礁の分布

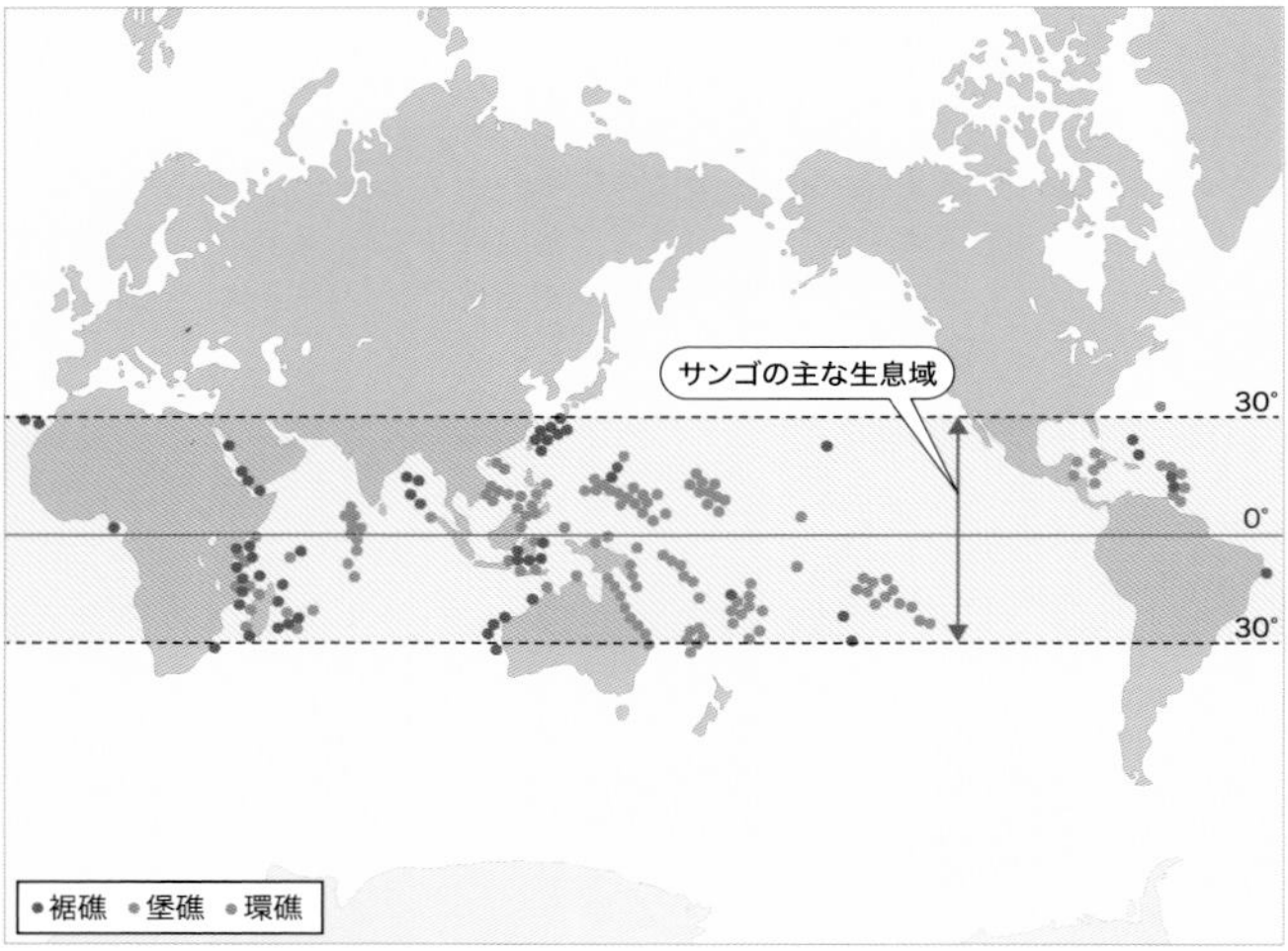

白化したサンゴ

サンゴは体内に共生する褐虫藻が光合成を行うため、サンゴに高水温などのストレスがかかると褐虫藻が失われ白化する

豊かな水中世界

プランクトンが豊富で複雑な形状のサンゴ礁は、食と住が確保できることから、海域でも特に多彩な海生生物が集まる

Keywords

★サンゴ礁　★裾礁
★堡礁　★環礁

日本で実感

南西諸島（沖縄県）、
伊豆諸島（静岡県）、
小笠原諸島（東京都）

多くの条件が必要なサンゴ礁の形成

海岸地形の中で、生物の成育によってつくられるものが**サンゴ礁**だ。サンゴ礁は、サンゴの一種である造礁サンゴ*をはじめ、有孔虫や石灰藻など、石灰質の骨格や殻をもつ造礁生物の遺骸が積み重なってできたもの。発達過程によって、**裾礁**、**堡礁**、**環礁**に大きく分かれる。光合成を行うサンゴの生育には、十分な太陽光が差し込む、水深50m以下の、透明度の高い海域が必要だ。また、年間を通じて海水温が平均20℃以上であることも必要条件となる。そのため、サンゴ礁は北緯30度から南緯30度の熱帯から亜熱帯にかけての浅い海域に分布が限られ、特に、酸素や栄養となる有機物の豊富な、海水の流れの大きな外洋に面した海域で著しく発達する。

Notes　＊サンゴには、体内に褐虫藻を共生させて浅瀬に生息する造礁サンゴと、深海に生息して宝石などの装飾品に使用される非造礁サンゴに分かれる。サンゴ礁をつくるのは前者

★サンゴ礁の種類

サンゴ礁は基本的に上方へ成長する。進化論で有名なイギリスの博物学者ダーウィンは、サンゴ礁は、海底の沈降速度（または海面の上昇速度）に応じて裾礁→堡礁→環礁の順に発達するという説を唱えた。

裾礁

大陸や島などに接し、周囲の海岸を縁取るように発達したサンゴ礁。平坦な礁原が続き、干潮時にはサンゴ礁の一部が海面に露出する場合もある。サンゴ礁の発達段階の初期に相当する

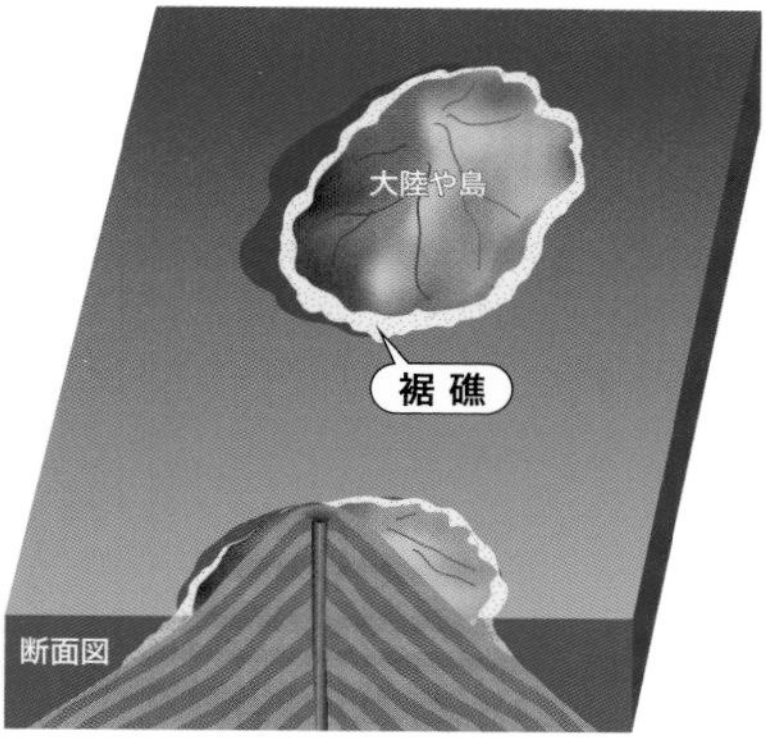

堡礁

「堡」は「バリア（防壁の意）」の訳。中央の島や大陸が沈降してサンゴ礁との間に礁湖（ラグーン）ができるなど、陸地から数百m～数km離れて平行に発達したサンゴ礁

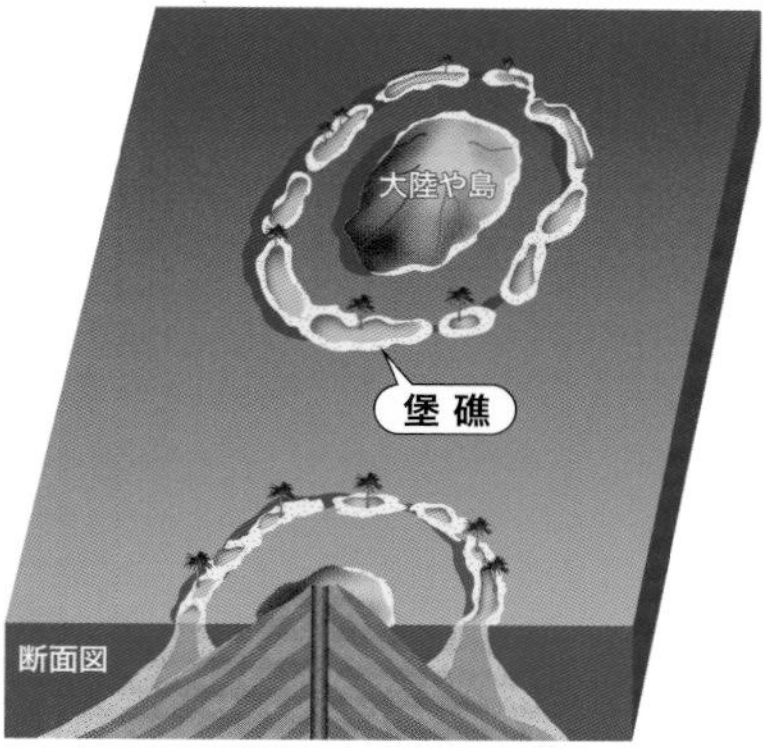

環礁

サンゴ礁が縁取っていた島や大陸が完全に沈降し、取り残されたサンゴ礁だけが環状または楕円状に発達したもの。礁湖にはところどころに水道があり、外洋に通じている

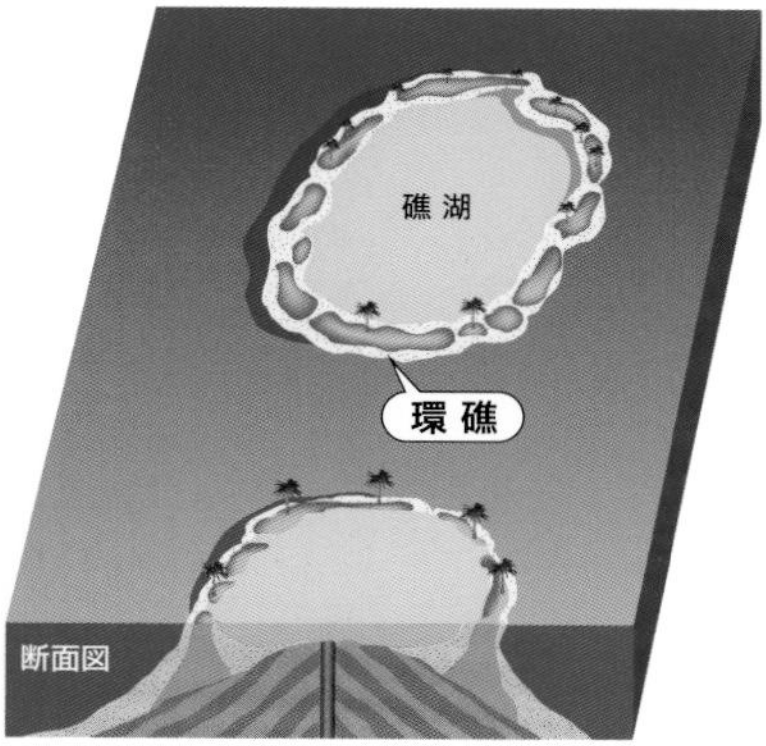

Notes　＊＊世界のサンゴ礁の総面積は 約28万4300㎢で、地球の海洋面積のわずか 0.2%に過ぎないが、サンゴ礁で確認されている生物種は全海洋生物の 25%にもなるといわれる

オーストラリア

グレート・バリア・リーフ

登録基準↓（vii）（viii）（ix）（x）

微小生物が築き上げた世界最大のサンゴ礁

オーストラリアの東海岸沿いに、全長約2600kmにわたって続く*サンゴ礁。400種のサンゴからなる、裾礁などのサンゴ礁が2500以上も連なる。海洋生物の宝庫で、1500種以上の魚類、約4000種の軟体動物のほか、ジュゴンやウミガメ、ザトウクジラなどの生息地でもある。

グレート・バリア・リーフとして世界遺産に登録されている面積は約34万8000㎢。日本の領土の総面積が約37万8000㎢であることを考えると、スケールの大きさがわかる

宇宙から見たサンゴ礁

宇宙から見ると、大陸とやや距離を置いた浅い海域に、たくさんの堡礁があることがわかる

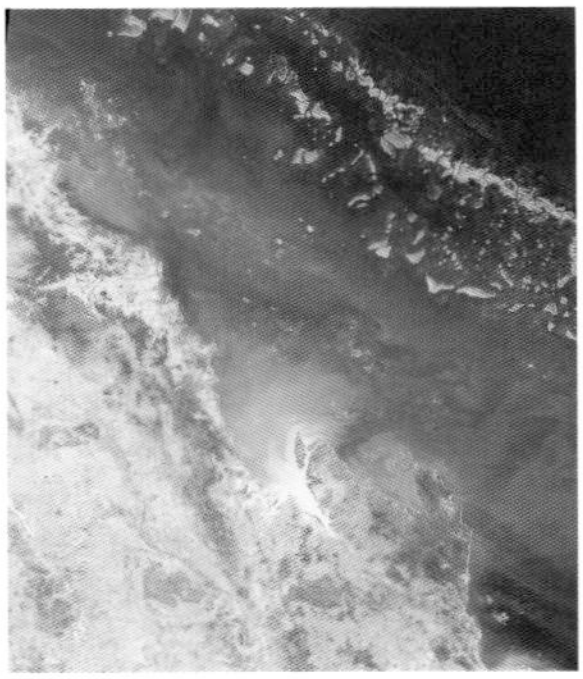

ウィットサンデー諸島

ウィットサンデー島では、砕けたサンゴの欠片が波に運ばれ、ホワイト・ヘブン・ビーチが誕生した

ハート・リーフ

自然に形成されたハート形のサンゴ礁。1975年にパイロットが発見した

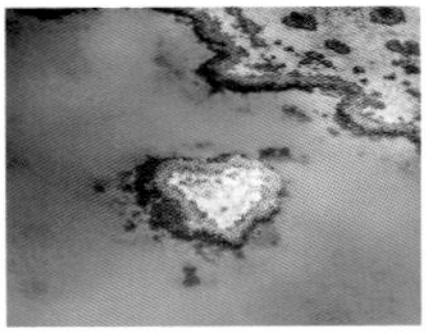

ムンディ's Eye　グレートバリアリーフの玄関口、グリーン島にはオーストラリア東部の町、ケアンズから船で１時間ほどで行くことができます。シュノーケリングなどのアクティビティも充実しています。

Notes ＊1770年、イギリスのキャプテン・クックはサンゴ礁が複雑な水路を織りなすグレート・バリア・リーフに入り込み、座礁した。船が離礁できるまで23時間かかったといわれる

ベリーズ

登録基準→(vii)(ix)(x)

ベリーズのバリア・リーフ保護区

世界第2位の規模を誇るカリブ海のサンゴ礁

南北に延びる堡礁のターネフ諸島、ライトハウス・リーフ、グラバーズ・リーフの3つの大環礁と、サンゴでできた「キー」と呼ばれる島々を含む7つの海域。65種ものサンゴが見られる一帯には、アメリカマナティなども生息する。

↑洞窟のような地形が海中に水没したといわれるブルーホール＊＊

キー

グレート・バリア・リーフに次ぐ規模で北半球最大のサンゴ礁であるベリーズ・バリア・リーフには、150以上のキーがあるといわれる。その中にはリゾートとなっているものもある

セーシェル

登録基準→(vii)(ix)(x)

アルダブラ環礁

生物相と固有種に恵まれた大陸から離れた絶海の孤島

インド洋に浮かぶ4つのサンゴ島に囲まれた環礁。180種以上の魚類が生息し、アオウミガメの産卵場所でもある。絶海の孤島ゆえ豊かな生態系が維持され、イギリスの生物学者ダーウィンが、政府に保護を進言したといわれる。

↑アルダブラ環礁は長さ34km、幅14.5m、海面からの標高は8m。ラグーンの面積は224㎢

アルダブラゾウガメ

ガラパゴスゾウガメと並ぶ世界最大のリクガメ。体重が300kgに達するセーシェルの固有種で、現在は15万頭が生息する

Notes ＊＊ブルーホールは直径約318m、深さ約125mの竪穴。現在より海面が100m低かった約6500年前に陸地に形成された鍾乳洞の天井が抜け落ち、その後海中に沈むことでできた

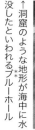

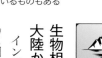

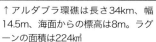

氷の力でつくられたダイナミックな氷河地形

★氷河のつくる地形

ホーン

山岳氷河の侵食によってつくられた山頂の尖った地形。ホルン、尖峰とも呼ばれる

U字谷

山岳氷河の侵食でU字型に削られた地形。河川地形であるV字谷よりも谷底の幅が広い

氷原

雪が蓄積し、大地が氷で覆われた広い地域のこと。一般的に氷河は氷原から流れ出す

カール

氷河の侵食で山頂付近にできる、斜面をスプーンでえぐり取ったような地形。圏谷とも呼ぶ

Keywords
★U字谷　★ホーン
★カール　★大陸氷河
★山岳氷河

日本で実感

日本アルプス(新潟県、富山県、山梨県、長野県、岐阜県、静岡県)

自身の重さで流れる巨大な氷の塊

雪の降る量がとける量を上回る高山や高緯度地方など、雪線*を超える場所では、残った雪が万年雪となり、圧縮されて氷になる。この氷はみずからの重みで低い方へ徐々に流れ**出す。この流動する氷の巨大な塊が氷河と呼ばれる。氷河は形成される地形によって、**大陸氷河**(氷床)と**山岳氷河**(谷氷河)に大別される。

氷河は流動する過程で山などの岩盤を侵食し、岩屑を運搬し、堆積する。これらの作用によって形成される地形が氷河地形だ。氷河が流れる速さは年間数mから数百mで、河川など流水の数万分の1程度といわれるが、質量が大きいためにその作用が強い。各地に残る壮大な氷河地形は、かつての氷河の分布や流動方向を教える。

Notes ＊雪線は雪が一年中とけない地域の下限を連ねた線で、とけない地域と、とける地域との境界線。赤道付近では海抜約5000m、極地では海面の高さまで下がる

★氷河の分布

北極や南極をはじめ、氷河のある国は世界各地に分布しているが、全氷河の面積は、陸地面積の10%強と考えられている。氷河の中でも規模が大きな南極とグリーンランドの氷河は、大陸氷河(氷床)と呼ばれ、全氷河の99%を占めており、それ以外の山岳氷河の割合はごくわずかである。長年、日本には氷河は存在しないと考えられてきたが、2012年に富山県の立山連峰で確認され、2022年までに7カ所が認定されている。

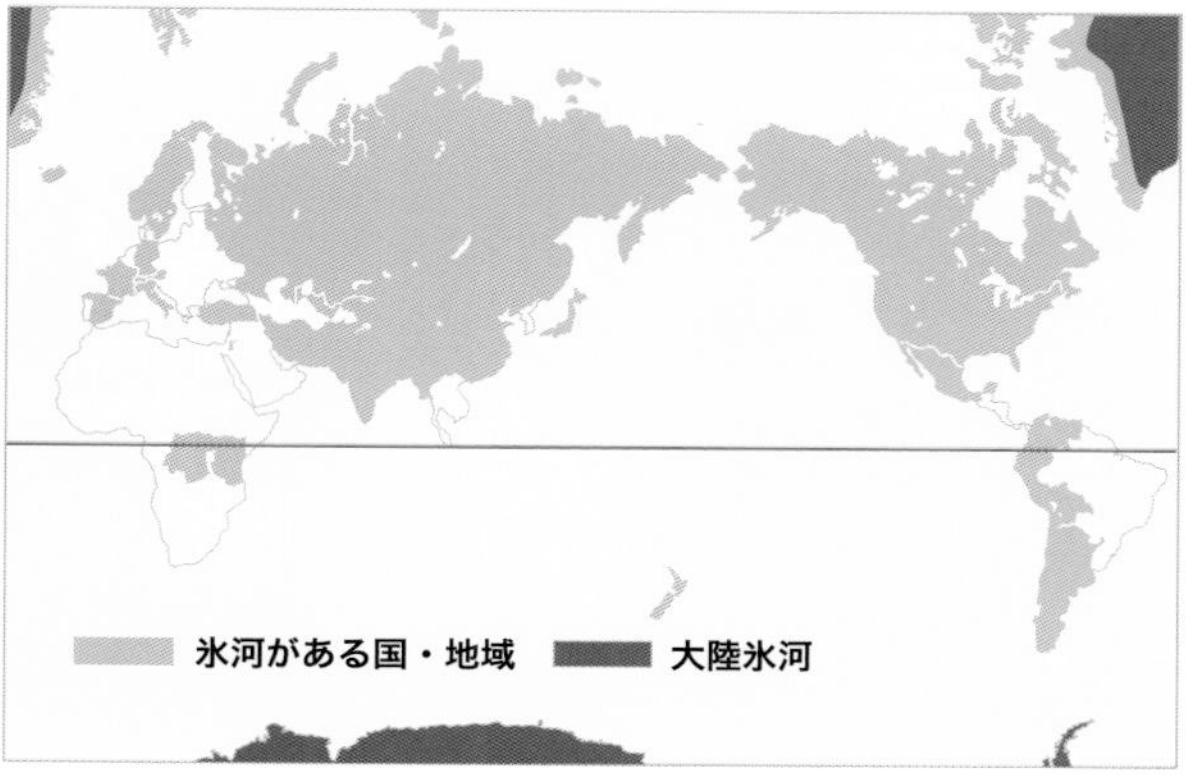

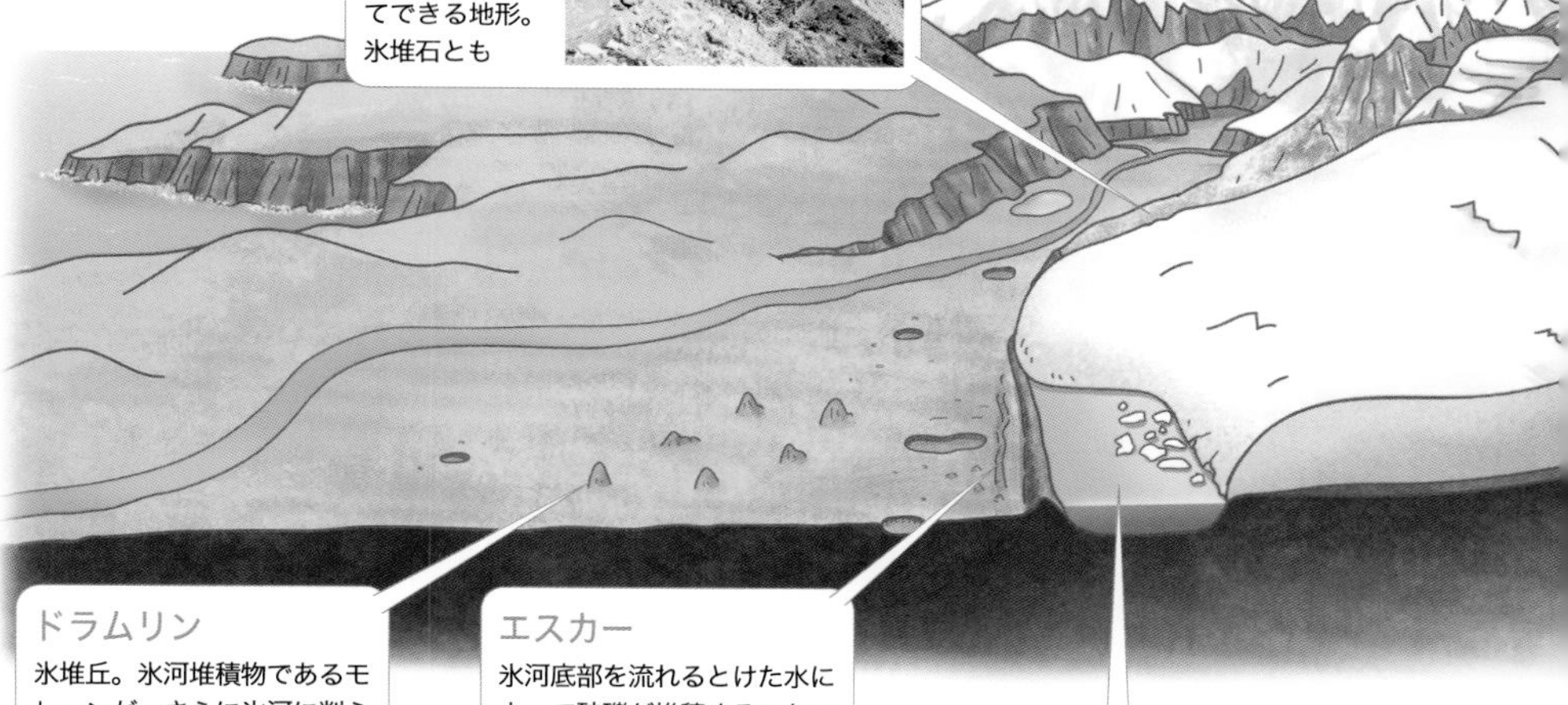

モレーン

氷河が運搬、堆積した岩屑からなる堆積物、およびそれによってできる地形。氷堆石とも

ドラムリン

氷堆丘。氷河堆積物であるモレーンが、さらに氷河に削られてできた丘のような地形

エスカー

氷河底部を流れるとけた水によって砂礫が堆積することで形成された、堤防状の地形

氷河湖

氷河の侵食や堆積でできた凹地や盆地のような場所に、融雪水が溜まって形成された湖

大陸氷河

大陸の広い陸面を覆って発達する大陸氷河は氷床とも呼ばれ、内陸の高所から海岸へ向かって流動する

Notes　＊＊氷河は固体だが、底部の氷は圧力によって徐々に変形し、標高の低い方に向かって液体のようにゆっくりと流れ始める

カナダ 登録基準→(vii)(viii)

カナディアン・ロッキー山脈自然公園群

6000万年前の造山活動で誕生したロッキー山脈のうち、カナダ国内に延びる2200kmの連峰が*カナディアン・ロッキー。100万年前の氷期に氷河に覆われた一帯には、氷原や氷河湖など、氷河地形の典型が数多く見られる。

↓バンフ国立公園内のモレーン湖

アサバスカ氷河

ジャスパー国立公園にある、ロッキー山脈最大の氷原であるコロンビア大氷原から流れ出す氷河

スイス 登録基準→(vii)(viii)(ix)

スイス・アルプス ユングフラウ-アレッチュ

スイスが誇るユングフラウ、メンヒ、アイガーの3名山を中心に、標高3000〜4000mの名峰が連なるアルプス有数の氷河地帯。ヨーロッパ最大級の氷河群やU字谷、圏谷などが見られ、雄大な景観が多くの人々を魅了する。

アレッチュ氷河

長さ23kmにおよぶアルプス山脈最大の氷河

←標高3466mのユングフラウ

アイスランド 登録基準→(viii)

ヴァトナヨークトル国立公園

10座の火山がつくりだした荒野で、そのうち8座は氷河で覆われている。ヴァトナ氷河をはじめ、30ほどの氷河が流れ出し、モレーンなどの氷河地形や、氷河と火山の相互作用で生まれた氷洞なども見られる。

←アイスケーブとも呼ばれる氷洞は氷の密度が高いため青く見える

ムンディ's Eye スイス中部の町、トゥーンにはトゥーン湖という大きな湖があり、湖越しにスイスアルプスを見ることができます。2つの古城と、湖越しのアルプスの景観は、絵のような風景と言われます。

Notes ＊世界遺産登録エリアは、バンフ、ジャスパー、ヨーホー、クートネーの4つの国立公園、ハンバー、アシニボイン、ロブソン山の3つの州立公園からなる

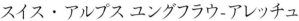

アメリカ 登録基準→(vii)(viii)

ヨセミテ国立公園

シエラ・ネヴァダ山脈中央部に位置し、園内には70万〜1万年前の氷河の活動で生まれたU字谷、モレーン、氷河湖などが点在する。全長13㎞、最大幅1.5㎞のヨセミテ渓谷は、氷河の侵食で造られた深さ900mの窪地。

ハーフドーム

ハーフドームの半球を斧で2つに割ったような形状は、氷河の侵食がいかに強大だったかを物語る

↓氷河の通り道を示す巨大なU字谷

ブルガリア 登録基準→(vii)(viii)(ix)

ピリン国立公園

ブルガリア最大の自然公園で、標高2915mのヴィクレン山をはじめ、2500m級の山々が60ほど連なる。変化に富んだ景観は、太古の昔、サンゴの死骸などが積もってできた石灰岩の層が大理石へと変化し、氷河に削られて形成された。

ヴィクレン山

ヴィクレン山は、世界でも珍しい大理石の一枚岩

←園内には多くの湖や滝が点在する

ニュージーランド 登録基準→(vii)(viii)(ix)(x)

テ・ワヒポウナム

テ・ワヒポウナムとはマオリ語で「翡翠の山地」の意味。タスマン氷河を筆頭に72の氷河を擁するマウント・クック国立公園、14のフィヨルドが見られるフィヨードランド国立公園など、＊＊4つの国立公園からなる。

クック山とフッカー湖

標高3754mでニュージーランド最高峰のクック山。ふもとに氷河湖のフッカー湖が広がる

↓フィヨードランド国立公園の断崖

Notes ＊＊マウント・クック、フィヨードランドのほか、ウェストランド、マウント・アスパイアリングの2つの国立公園がある。マウント・クック国立公園内のタスマン氷河は南半球最大の氷河

乾燥と、一日の気温の差が生む荒涼とした地形

緑のない土地で見られる独特の乾いた地形

砂漠地帯のように、日中の気温が高く、かつ気温の日較差が大きく、年間の降水量が蒸発量よりも少ない地域で見られる地形が乾燥地形だ。乾燥地形では植生を維持できるだけの雨量がなく、岩石が露出するが、昼夜の温度変化によって岩石が膨張・収縮を繰り返し、**風化***などの激しい**破砕作用**が起こる。これによってつくられた砂や礫《れき》が風に運ばれ、大規模な砂丘が発達する。また、風による岩石に対する**侵食**作用も大きく、奇岩が目立つなど特徴的な地形が見られる。

★乾燥地形

乾燥地帯の代表的な土地が、下図のような砂漠である。砂漠は世界の陸地の約4分の1を占める。

砂丘

風に運ばれた砂が堆積してできた丘状の地形。砂漠に限らず、砂が多く風が強く、乾燥した場所に形成される

★砂漠の種類

砂漠は多くの指標によって分類されるが、地表を覆っている土の違いに着目すると、以下の3つに分類できる。

砂砂漠

エルグとも呼ばれ、多くの人がイメージするであろう、砂で覆われた砂漠。しかし実際には、世界の砂漠面積に占める割合は非常に小さい

礫砂漠

岩石砂漠のうち、石粒や岩石の破片である礫に覆われた砂漠で、レグとも呼ばれる。岩石砂漠に次いで多く、サハラ砂漠の70％は礫砂漠である

岩石砂漠

ところどころに砂や礫が薄く存在するだけで、主に基盤の岩石が露出した砂漠。世界の砂漠の大部分はこのタイプ。ハマダとも呼ばれる

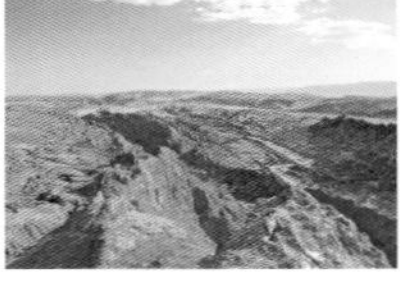

Keywords
★砂漠　★風化
★侵食　★破砕作用
★ビュート　★メサ
★オアシス　★ワジ

Notes ＊風化とは地表の岩石が分解や変質する作用。温度変化などで岩石が破壊される機械的風化と、水や空気の影響による成分変化で岩石が変質する化学的風化がある

ビュート

侵食に強い硬い層が取り残されてできた孤立丘の一つ。メサよりも小規模で、上面が狭いタワー状のもの

メサ

ビュートと同じ原理でできた孤立丘。ビュートよりも大規模で、テーブルマウンテンのような形状のものを指す

塩湖

湖のうち、水分の蒸発で土壌や岩石中の塩分が濃縮され、湖水中の塩分濃度が0.5%以上になったものを塩湖**と呼ぶ

ワジ

乾燥地域で、降雨があった時のみ一時的に川の流れができる場所。普段は水無川で、涸れ川とも呼ばれる

外来河川

ナイル川(写真)のように、気候の異なる上流の降水量の多い地域から、下流の乾燥地域まで流れてくる河川

オアシス

乾燥地域において、地下水や伏流水などから局地的に淡水が得られ、植樹や人類の生活が可能な場所。都市がつくられる場合もある

Notes　**絶景として名高い塩湖にボリビアのウユニ塩湖があるが、ウユニ塩湖は海水の蒸発によって塩やミネラルが堆積したもので、学術的には塩原と呼ばれる地形である

イラン

登録基準↓(vii)(viii)

ルート砂漠

過酷な砂漠に築かれたアートのような奇岩群

イラン高原の中央部を占めるルート砂漠は、生物の生息がほぼ不可能といわれるほど水がほとんどなく、世界でもっとも気温が上がる場所の一つといわれる。ヤルダン*と呼ばれる地形や砂城、多彩な形の砂丘などが見られる。

↑ルート砂漠では高さ300mに達する砂丘も見られる

独特の地形

ところどころに見える突起状の地形がヤルダン。ルート砂漠ではそのほか、さまざまな地形の砂丘や、植物の周囲に形成された丘であるネブカなど、地質学的にも貴重な地形が見られる

アルジェリア

登録基準↓(i)(iii)(vii)(viii)

タッシリ・ナジェール

かつては水にあふれた灼熱のサハラ砂漠

サハラ砂漠南部の山脈地帯で、山脈のほとんどが砂岩で形成され、風雨に侵食された奇岩が連なる。タッシリ・ナジェールが現地語で「川が流れる大地」を意味することから、太古は湿潤**な土地だったといわれている。

↑山脈付近は砂漠の中でも雨が降りやすく植物も見られる

林立する奇岩

タッシリ・ナジェールでは、砂岩が侵食されてできた尖塔状の岩が立ち並ぶ、異世界のような光景が広がる

ムンディ's Eye

砂漠にも雨が降ることがあります。降るときには一気に上昇気流が発生して激しい雨が降り、涸れ川の「ワジ」に凄い量の水が流れます。砂漠で溺れる、というのも笑い話ではありません。

Notes

＊ヤルダンは中央アジアやアフリカの砂漠などで見られる地形。岩や大地の柔らかい部分が風化や侵食で削られ、硬い部分がニワトリの頭のような形になった突起状の岩が多く見られる

ヨルダン　登録基準➡(iii)(v)(vii)

ワディ・ラム保護地域

奇岩の森が広がる壮大な乾いた川

「月の谷」と呼ばれるワディ・ラムは、砂岩と花崗岩でできた谷で、ヨルダン最大の涸れ川。狭い渓谷や石のアーチ、切り立った崖や傾斜地、大規模な地すべり地形や大きな洞窟など、変化に富んだ砂漠の景観が見られる。

↑ワジ一帯は約5000年前の気候変動で干上がったとされる

ジャバル・ウンム・フルス岩橋

自然に形成された巨大な岩の橋で、砂を巻き込んだ風で岩が削られ、長い年月をかけて築かれた。地上からの高さは15mで、橋の上を歩くこともできる。ほかにも珍しい形の奇岩が点在する

ウズベキスタン　登録基準➡(i)(ii)(iv)

サマルカンド－文化交差路

東西の文化が出合うシルクロードの「青の都」

紀元前10世紀頃から栄えていたシルクロードのオアシス都市。チンギス・ハーンの侵攻によって壊滅したが、14～15世紀にはティムール朝の首都として再び繁栄。現在もティムール朝時代の歴史的建造物が数多く残る。

↑青のタイル装飾が美しいシャーヒ・ズィンダ廟群

レギスタン広場

ティムール朝時代の政治・経済・文化の中心地で、「砂の場所」という意味をもつ。広場を囲むように、精緻なタイル装飾が施された3つのマドラサ(→P119)が建っている

Notes　＊＊タッシリ・ナジェールからは、紀元前8000年前後～紀元前後に描かれた約2万点の岩面画が発見されている。カバやワニを描いたものなど、水があった時代を示す絵もある

水にとけやすい石灰岩がつくるカルスト地形

化学反応によって起こる溶食作用が成因

カルスト地形とは、主に*石灰岩でできた岩石の層が溶解し、表面が侵食されて形成される地形のこと。こうした現象を**溶食**と呼ぶ。石灰岩の主成分である炭酸カルシウムは、雨水や河川、地下水などに含まれる二酸化炭素に触れると化学反応を起こし、炭酸水素カルシウムとなる。炭酸カルシウムは水にとけないが、炭酸水素カルシウムが水溶性であるために石灰岩はとかされ、地表には窪みや不規則な起伏、地下には洞窟などの特殊な地形がつくられる。

★カルスト地形

タワーカルスト

厚く堆積した石灰岩台地が雨水による溶食を受け、周囲より硬い部分が塔(タワー)状に残ったもの。多量の雨水が必要なため、雨が多い地域に多く見られる

★カルスト地方

カルストの語源は、スロベニア西部、アドリア海に臨む**カルスト地方に由来する。カルスト地方では中生代の石灰岩層が厚く堆積しており、典型的で多彩な石灰岩地形が発達している。そのため、他の石灰岩地域の地形を表現する場合にも、カルスト地形という言葉が用いられるようになった。

Keywords
★カルスト　★石灰岩
★溶食　★カレン
★タワーカルスト
★鍾乳洞

日本で実感

秋吉台(山口県)、平尾台(福岡県)、四国カルスト(愛媛県/高知県)

Notes
*石灰岩とは炭酸カルシウムを50%以上含んだ堆積岩をいう。サンゴや貝殻、海洋生物の骨など生物起源によるものと、炭酸カルシウムが沈殿した科学的沈殿によるものがある

ドリーネ

溶食や陥没などで石灰岩地域に発達する、円形や楕円形のすり鉢状の窪地。大きさは直径1m～100m以上とさまざま

カレンフェルト

カレンの溶食が進み、石灰岩体が個々の石灰岩柱（ピナクル）に分離し、ある規則性をもって配列するようになった地形

カレン

溶食により、石灰岩台地の表面に刻まれる溝のような地形

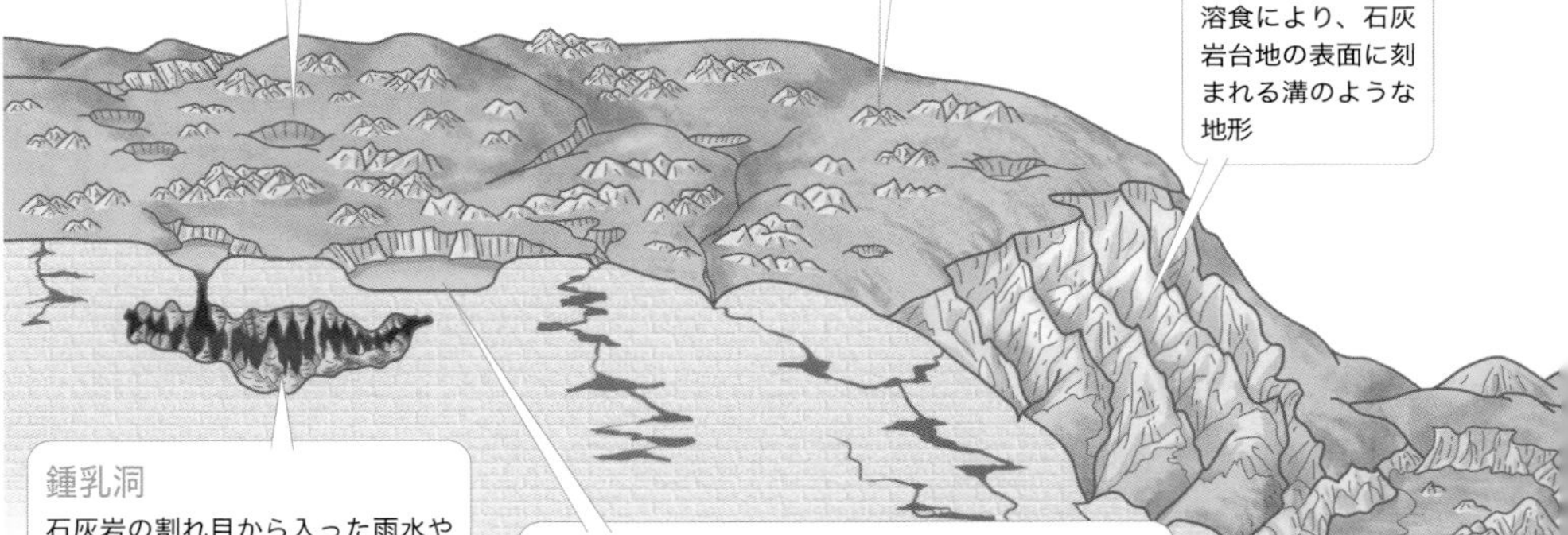

鍾乳洞

石灰岩の割れ目から入った雨水や地下水の溶食でできた洞穴。ドリーネの地下にできることが多い

ウバーレ

隣接するドリーネが連結するなどして、直径数百m～1㎞ぐらいの大きさになった窪地。さらに大きくなるとポリエと呼ばれる

日本三大カルスト

四国カルスト（愛媛県／高知県）

標高約1000～1400mの山地に東西約1.5㎞にわたって断続的に分布する石灰岩台地で、日本三大カルストの中では最も高所に位置する

平尾台（福岡県）

3億4000年前のサンゴ礁が起源の、東西約2㎞、南北約7㎞の石灰岩台地。羊群原《ようぐんばる》一帯の草原では羊の群れのようなカレンフェルトが見られる

秋吉台（山口県）

3億5000年前のサンゴ礁が起源で、カルスト台地としては日本最大。地表にはカレンフェルトが発達し、地下には400を超える鍾乳洞がある

Notes　＊＊カルスト地方は、現地語ではクラス地方と言った。クラスは「岩石だらけの土地」という意味だが、ドイツ語でカルストと紹介され、その名が定着した

中国 登録基準→(vii)(viii)

中国南方カルスト

中国南方カルストは、観光名所としても名高い石林《せきりん》を含む、中国南部に点在する*7エリアのカルスト台地からなる。これらのエリアでは、巨大なタワーカルストや複雑な峡谷、大鍾乳洞など多彩で雄大なカルスト地形が見られる。

↓巨大なタワーカルストが連なる桂林

石林

「天下一の奇観」と呼ばれる雲南省石林の景観。30mにもなる槍のような無数の岩がそびえる

ベトナム 登録基準→(vii)(viii)

ハロン湾

大小3000の島々が点在する湾内にタワーカルストが林立する。この景観は、最終氷期の約11万5000年前、中国南部の桂林と同じ石灰岩台地の一部が沈み、海上に残った大地が海水や風雨の侵食を受けてできた。そのため「海の桂林」とも称される。

無数の洞窟

ハロン湾には60近い鍾乳洞を含む無数の洞窟がある

←ハロン湾ではクルーズが大人気

マダガスカル 登録基準→(vii)(x)

チンギ・デ・ベマラ厳正自然保護区

チンギとは現地語で「先端の尖った」の意味。その名の通り、槍のように鋭く尖った高さ30mの石灰岩が連なり、地下には鍾乳洞が広がる。雨が石灰岩台地を侵食したもので、1億6000万年かけて形成された。

←針山のような石灰岩台地のほか、手つかずの森や湿地が広がる

ムンディ's Eye トルコ付近は新期造山帯に位置し、温泉が多いため、パムッカレのような景観もできるのですが、その反面、地震の多発地帯でもあります。2023年2月6日の大地震は記憶に新しいところです。

Notes ＊中国南方カルストは雲南省石林、貴州省の茘波《れいは》と施秉《しへい》、重慶市の武隆《ぶりゅう》と金佛《こんぶ》山、広西チワン族自治区の桂林《けいりん》と環江《かんこう》の7ヵ所からなり、総面積は約980㎢

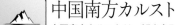

イタリア　登録基準➜(vii)(viii)

ドロミーティ

イタリア北部の、標高3000m以上の山々が連なる山岳地帯。石灰岩や、石灰岩が圧力によって変質したドロマイトと呼ばれる地層が主で、尖峰や断崖、カルスト地形や氷河地形など多様な景観が見られる。

カレッツァ湖

時間によって色を変える湖面に針葉樹を映すカレッツア湖は、「ドロミーティの宝石」と呼ばれている

↓トレ・チーメはドロマイトの岩山群

クロアチア　登録基準➜(vii)(viii)(ix)

プリトヴィッチェ湖群国立公園

標高500～650mの渓谷沿いに連なる大小16の湖が92の滝でつながれた、珍しい階段状の湖群。公園一帯は1億3500万～6600万年前に造られたカルスト地形で、＊＊石灰華によって川の水がせき止められ、高透明度のエメラルドグリーンの湖が形成された。

無数の滝

段々畑のような湖の間を92の滝がつないでいる

←水の色は日照角度などで変化する

トルコ　登録基準➜(iii)(vi)(vii)

ヒエラポリスとパムッカレ

ヒエラポリスはローマ帝国時代に栄えた温泉保養地。その下には、パムッカレと呼ばれる真っ白な棚田のような景観が広がる。これは、温泉に含まれる石灰分が長い年月をかけて白く結晶し、高さ100mに及ぶ石灰棚となったもの。

綿のような石灰華

トルコ語で「綿の華」を意味するパムッカレの呼称は、綿に覆われたような段丘の奇観に由来する

↓段丘の水深は20～30㎝ほど

Notes　＊＊石灰華とは炭酸カルシウムの科学的沈殿物。石灰岩地域や地熱地帯で、河川水や噴泉水が多量の炭酸カルシウムを含む場合、水の蒸発によって炭酸カルシウムが沈殿してできる

カルスト台地の地下に広がる 魅惑的な迷宮、鍾乳洞

長い年月をかけてできた石灰岩の洞窟

カルスト台地では窪地や尖塔状、タワー状などさまざまなカルスト地形が見られるが、なかでも印象的なのが石灰岩台地の地下にできる**鍾乳洞**だ。石灰岩台地にしみ込んだ雨水は**溶食**によって洞窟をつくるだけでなく、石灰岩からとけた**炭酸カルシウム**が**晶出***することで、**鍾乳石****や**石筍**、石柱など、芸術作品のような造形をつくりあげる。鍾乳石は1cm成長するのに100年以上かかるともいわれ、鍾乳石ができるまでには数千年から数万年の年月がかかる。

★鍾乳洞のでき方

二酸化炭素を含んで酸性になった雨水が石灰岩台地の割れ目や隙間から入り込み、岩の弱い部分をとかして導管（水路）をつくる

石灰岩をとかす力は水の量に比例するため、次から次へと台地中に入り込んでくる雨水によって、導管が拡張・成長していく

台地中に流れ込んだ水は高所から低所へと流れていくため、導管が地底へ延びていくにつれて、上部の導管から徐々に空洞の洞窟になっていく

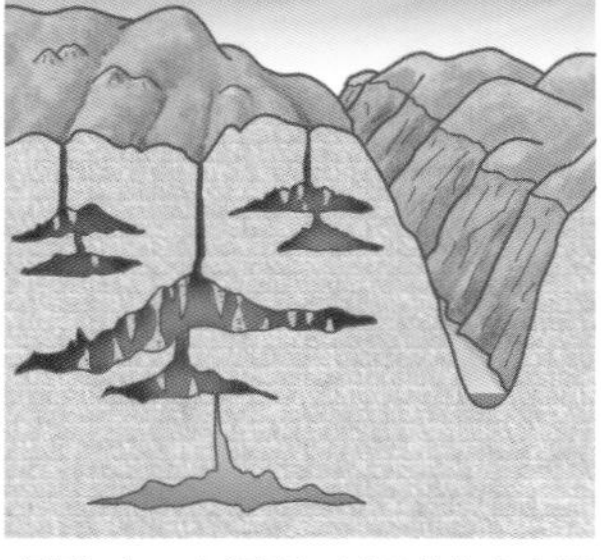

空洞になった洞窟では天井から水滴が落ちてくる。水滴に含まれる炭酸カルシウムが結晶して、さまざまな鍾乳石をつくる

Keywords

★鍾乳洞　★溶食
★炭酸カルシウム
★晶出　★鍾乳石
★石筍

日本で実感

龍泉洞（岩手県）、秋芳洞（山口県）、龍河洞（高知県）

Notes

＊晶出とは液状の物質から結晶が形成されること。マグマが冷却することによって鉱物がつくられるのも晶出の一種である

★鍾乳石の種類

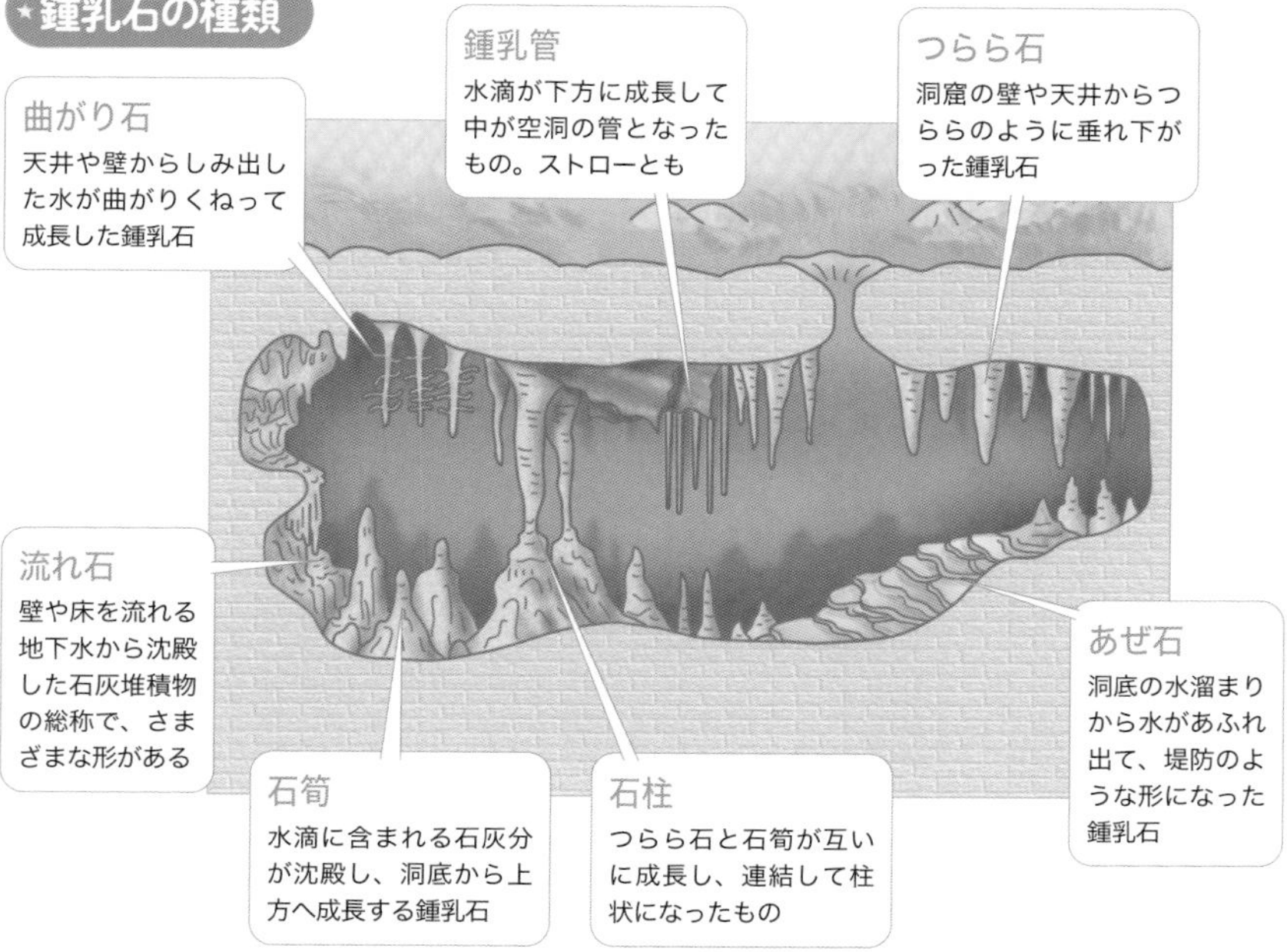
曲がり石
天井や壁からしみ出した水が曲がりくねって成長した鍾乳石
鍾乳管
水滴が下方に成長して中が空洞の管となったもの。ストローとも
つらら石
洞窟の壁や天井からつららのように垂れ下がった鍾乳石
流れ石
壁や床を流れる地下水から沈殿した石灰堆積物の総称で、さまざまな形がある
石筍
水滴に含まれる石灰分が沈殿し、洞底から上方へ成長する鍾乳石
石柱
つらら石と石筍が互いに成長し、連結して柱状になったもの
あぜ石
洞底の水溜まりから水があふれ出て、堤防のような形になった鍾乳石

★鍾乳洞の中の生物

洞窟を主な棲みかとする洞穴生物の代表格であるコウモリには、鍾乳洞内で繁殖する種もいる

ヨーロッパの一部の鍾乳洞で見られるホライモリ。ドラゴンの幼体という伝承がある洞穴生物だ

★人間と鍾乳洞

温度と湿度が一定に保たれた鍾乳洞は、ワインや日本酒などの貯蔵庫として利用される例も見られる

神秘的な鍾乳洞は観光スポットとしても人気だ。洞窟内を観光列車が運行する鍾乳洞も多い

鍾乳石や石筍を男性器や乳房、観音像（写真）などに見立て、信仰の対象とする場所もある

洞内に神社や祠が設けられ、神が祀られているのは、鍾乳洞を神聖な場所ととらえたためだ

Notes　＊＊鍾乳石は基本的に空気中で発達する。鍾乳洞の中には、水中で鍾乳石が見られるものもあるが、これは鍾乳石の形成後に地殻変動などで水中に沈んだものと考えられている

スロベニア

シュコツィアン洞窟群

登録基準↓（vii）（viii）

カルストの語源となった鍾乳石の織り成す地底世界

国土の約半分が石灰岩層で覆われ、6000以上の鍾乳洞があるスロベニアで、シュコツィアンの洞窟群はカルスト地形の名前の由来となったクラス地方を代表するもの。地下には約3億年前に形成された地下峡谷が広がる。

↑洞窟内には石灰段丘の「ルドルフ大聖堂」、石筍が連なる「大広間」などと呼ばれる場所がある

巨大なドリーネを流れるレカ川

地表を流れるレカ川がすり鉢状のくぼ地であるドリーネから地下に潜り込み、全長2.5km、深さ130mの地下峡谷をつくった

アメリカ

カールズバッド洞窟群国立公園

登録基準↓（vii）（viii）

全米最深を誇るものもある幻想的な鍾乳洞群

グアダルーペ山脈の東麓に位置する平原の地下に広がる、世界有数の鍾乳洞群。園内にある83の洞窟群の総延長は45kmで、洞窟の一つのレチギュア・ケイブは全米でもっとも深い、地下489mに広がる。

↑カールズバッドの鍾乳洞は地下空間の巨大さが特徴

洞窟の入口

ナチュラル・エントランスから地下約230mまで下っていく。夕刻にはここから*コウモリの群れが飛び立つ

ムンディ's Eye

ギリシアやアドリア海などの地中海沿岸には、白い壁の家が多くあります。これは石灰岩からできた漆喰を使っているからです。石灰岩は洞窟も作りますが、地中海の景観も作っています。

Notes

＊カールズバッドの洞窟群はメキシコオヒキコウモリの一大生息地。洞窟群の中には約100万匹のコウモリがおり、群れが洞窟から飛び立つのには2時間以上かかることもある

フィリピン 登録基準➔(vii)(x)

プエルト・プリンセサ地下河川国立公園

パラワン島にある、航行可能なものとしては世界最長の全長8.2kmの地下河川と、鍾乳洞からなる。鍾乳洞は海とつながっているために潮の干満の影響を受け、独特の生態系が見られる。

→海に注ぎ込む地下河川

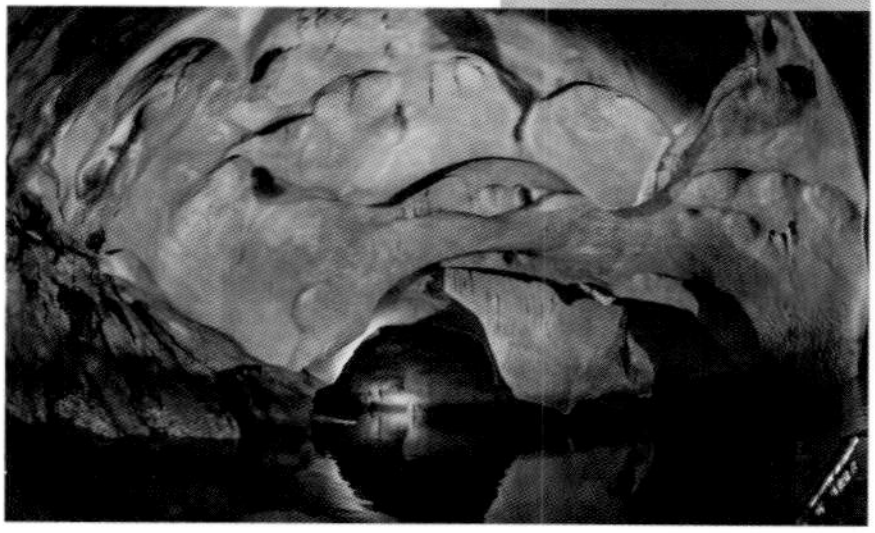

↑地下河川の天井の高さ6.5m。水深は潮の干満によって変わり、最も深くて14mにもなる

スロバキア／ハンガリー 登録基準➔(viii)

アグテレク・カルストとスロバキア・カルストの洞窟群

ハンガリーとスロバキアの2国にまたがるカルスト地形と700以上の鍾乳洞群。高さ約25m、重さ約1000tの世界最大の石筍のほか、ヨーロッパ最大の鍾乳洞である＊＊バラドラ・ドミツァ洞窟が見られる。

↑真夏でも氷がとけない氷穴や、高さ13mの滝が凍ったままの洞窟もある

→国境をまたぐバラドラ・ドミツァ洞窟は全長25km

アメリカ 登録基準➔(vii)(viii)(x)

マンモス・ケーヴ国立公園

広大な地下空間と複雑さからマンモスと名付けられた、地下60～100mに広がる世界最大級の鍾乳洞を含む国立公園。発見されている鍾乳洞は全長約640kmだが、現在も調査が続き、その距離は延びている。

↑鍾乳石や石筍が滝のように連なる洞窟「フローズン・ナイアガラ」

→森林や草原が覆う大地の下に、鍾乳洞が広がる

ベトナム 登録基準➔(viii)(ix)(x)

フォンニャ-ケバン国立公園

約4億年前から成長を続ける、アジア最古といわれるカルスト地帯。ラオス国境までの約65kmにわたって鍾乳洞や地下湖、地下河川などが続き、その規模はアジア最大といわれる。

→公園の94%は原生林

↑園内には長さ約7800mでベトナム最大の鍾乳洞であるフォンニャ洞窟ほか、大小300以上の鍾乳洞がある

Notes ＊＊バラドラ・ドミツァ洞窟は26kmの全長のうち、18kmがハンガリーのアグテレク・カルストにあり、8kmがスロバキアのスロバキア・カルストにある

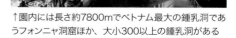

地域ごとに特色のある気候と、気候と密接に関わる植生・土壌

気候の違いをもたらす「要素」と「因子」

毎日の天気予報番組で話題にのぼる短期間の大気の状態を示す気象とは異なり、1年を周期として繰り返す大気の状態を気候と呼ぶ。気候は地域によって差があり、その差をつくるのが**気候要素**である。特に気温・風・降水量を三大気候要素といい、これらの気候要素に影響を与えるものを**気候因子**という。気温や降水量などの違いで特徴付けられる各地域の気候は、植生や土壌にも大きな影響を与え、特に植生は世界の気候分布をもっとも良く反映している。

★気候要素と気候因子

気候因子(原因)
気候要素に影響を与えるもの
例：緯度、海抜高度、地形、海流、海陸分布など

↓

気候要素(結果)
観測によって測定され、個々の気候を特徴づけるもの
例：気温、降水量、風、湿度、日照時間など

★天気、天候、気候、気象

天気	ある地点での数時間から数日間における気圧や気温、湿度などを含めた大気の状態や空の様子などの気象状態
天候	ある地点での5日頃から1ヵ月程度における気圧や気温、湿度などを含めた大気の状態や空の様子などの気象状態
気候	それぞれの土地での年単位における気圧や気温、湿度などを含めた大気の状態や空の様子などの気象状態
気象	気温・気圧や大気現象などの大気の状態

★気候要素1　気温

緯度

一般に、太陽光を正面から受ける赤道付近は気温が高く、太陽光を斜めに受ける高緯度地域は気温が低い。気温の年較差は高緯度地域ほど大きく、低緯度地域では小さくなる

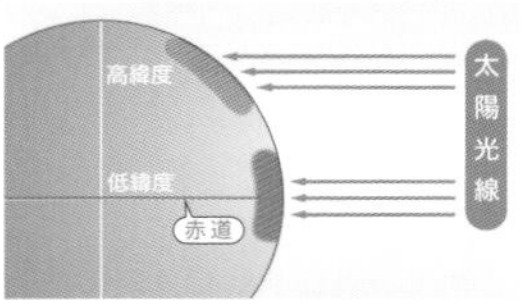

高度

山頂など、海抜高度が高いほど気温は低くなる。高度の上昇につれて気温が低下する割合を気温逓減率と呼び、地球上では高度が100 m上がると、気温はおよそ0.6℃低下する

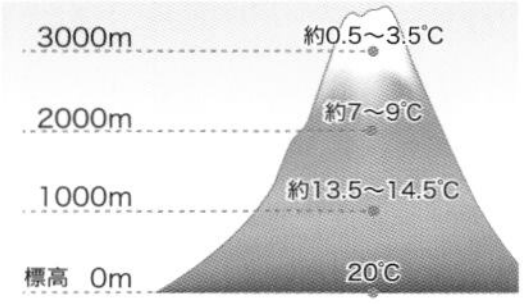

隔海度

海からどのくらい離れているかの度合いを隔海度と呼び、海から離れるほど隔海度は大きくなる。隔海度が小さい、つまり海から近いと、比熱*の大きい海水の影響を受けるために温度変化は小さい

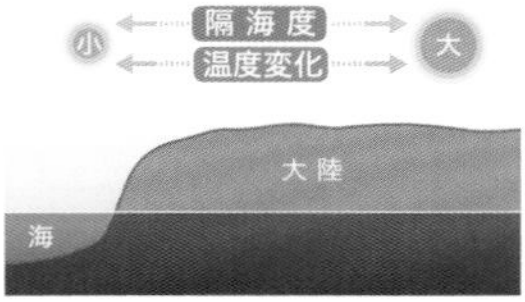

Keywords
★気候要素
★気候因子
★ケッペンの気候区分

日本で実感
日本の四季

Notes
＊比熱とは物質1g当たりの温度を1℃上げるのに必要な熱量で、比熱が大きいほど物質は温まりにくく、冷めにくい。大陸と海洋では、海のほうが比熱が大きい

気候要素2　風

大気大循環

大気の地球規模の循環運動を大気大循環と呼び、この循環に伴って、低緯度の貿易風、中緯度の偏西風、高緯度の極偏東風などの風**が吹く

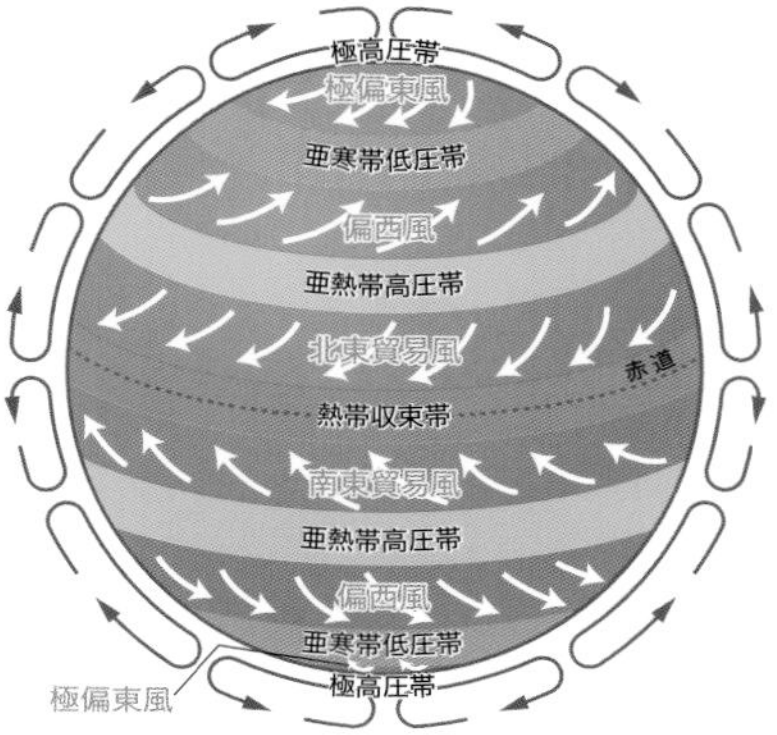

海流

海流は風などによって生じる海水の流れ。低緯度から高緯度へ向かう大陸東岸の暖流、高緯度から低緯度へ向かう大陸西岸の寒流で構成され、暖流付近は温暖、寒流付近は涼しくなり、降水量が少なくなりやすい

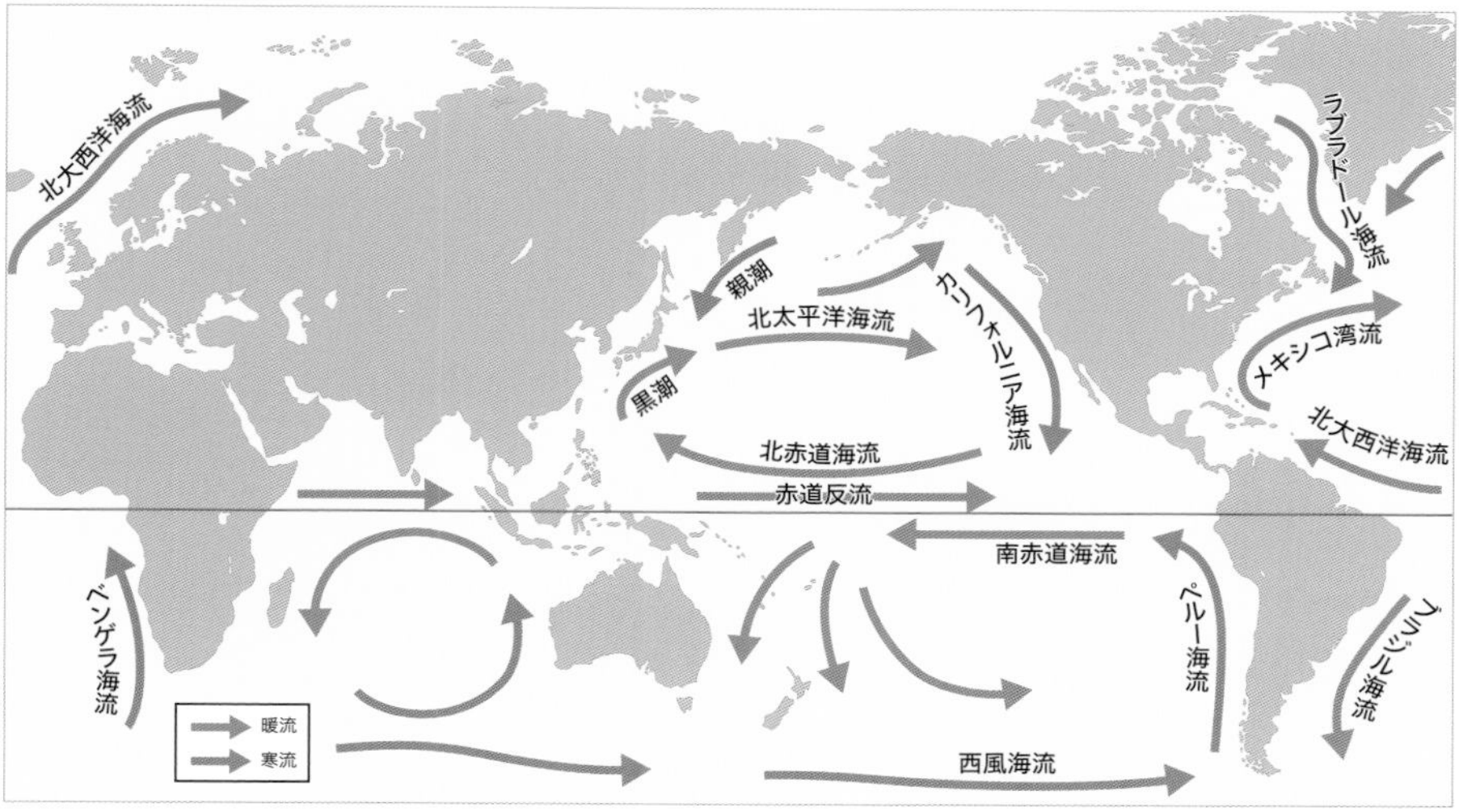

気候要素3　降水量

降雨の種類

①**地形性降雨**…水蒸気を含む湿った空気が山地の斜面に沿って上昇し、冷やされて降る雨

②**低気圧性降雨**…熱帯低気圧や温帯低気圧に伴う上昇気流によってできた雨雲から降る雨。収束性降雨とも呼ばれる

③**対流性降雨**…地表の暖かい空気が上昇気流で上昇し、上空の冷たい空気とぶつかって雲ができて降る雨

④**前線性降雨**…温暖前線や寒冷前線、停滞前線など暖かい空気と冷たい空気がぶつかってできる前線の影響で降る雨

多雨地域

赤道付近は強い日射のために高温多湿な空気が上昇し、上空で冷却された水蒸気が多量の雨となる。緯度50～60度付近の亜寒帯低圧帯は、湿気を含んだ偏西風と寒冷な極東風とが接するところで雨が多い

少雨地域

亜熱帯高圧帯では、下降してきた乾燥した空気が地表面で暖められ付近の水蒸気を吸収するため、雨はほとんど降らない。また、両極地方は乾燥した寒冷な空気が下降して寒冷な極東風が吹き出すため、雨が少ない

Notes | **風は基本的に、地表面付近では高気圧側から低気圧側に向かって吹く。貿易風や偏西風のように一定期間を通じて一定方向に吹く卓越風と、狭い地域に吹く局地風がある

ケッペンの気候区分

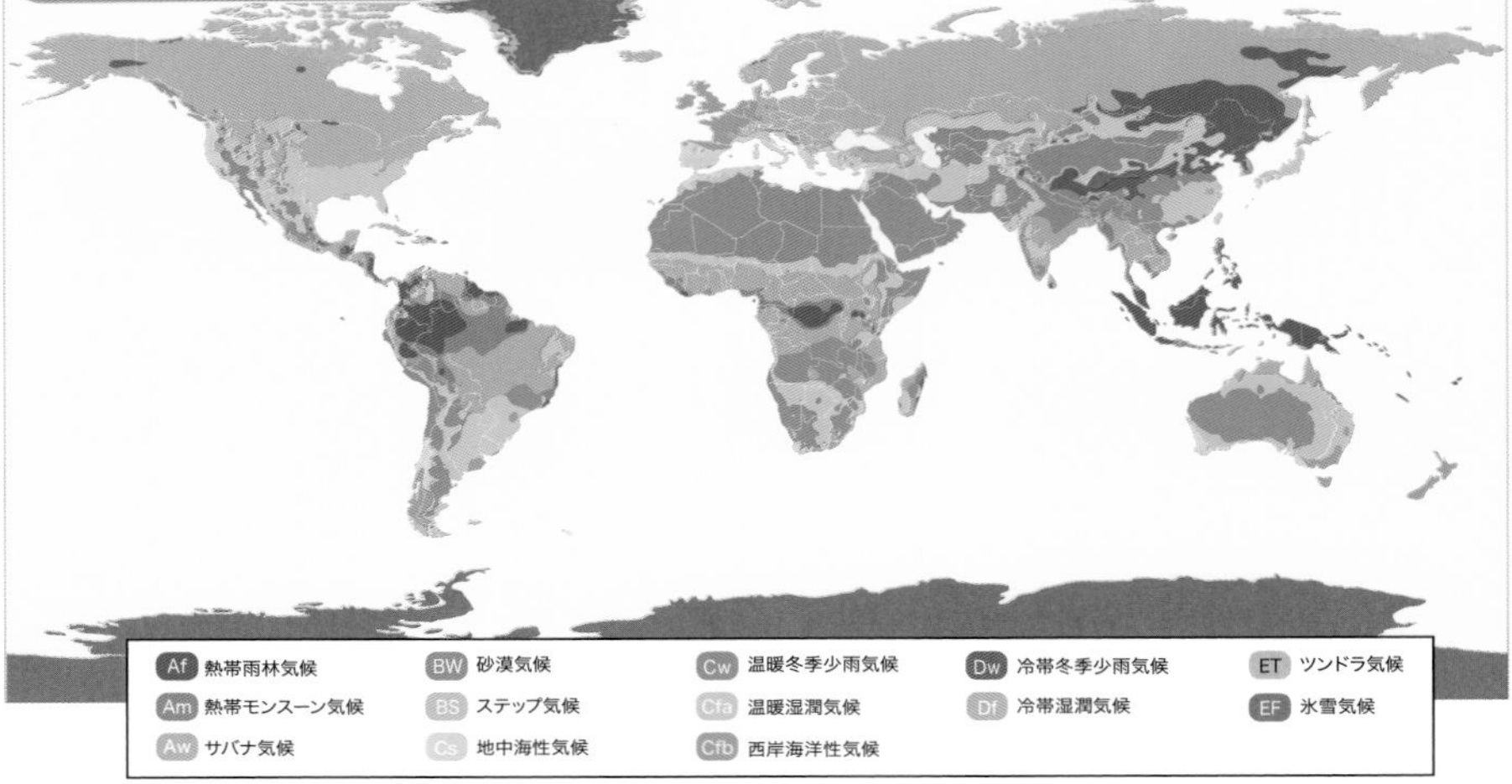

地球の気圧帯と5つの気候区分

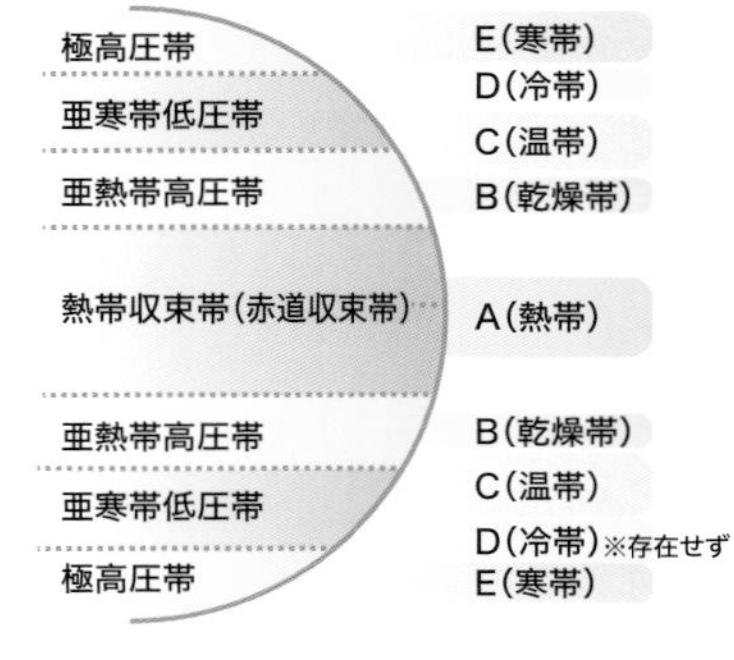

世界の気候が一目瞭然
ケッペンの気候区分

気候は地形などとともに自然環境を構成する主要な要素の一つ。研究上、地球上の異なる気候をある基準によって類型区分することを気候区分という。多くの気候学者による区分が行われてきたが、特に有名なのがドイツの気候学者である**ケッペンの気候区分**だ。

ケッペンは気候を区分するための基準として、植物のあり方である植生に注目した。まず、植生を樹林*の有無で大別し、入手しやすいデータである気温と降水量を植生と照合。A～Eの簡単な記号を用い、低緯度側からA(熱帯)、B(乾燥帯)、C(温帯)、D(冷帯)、E(寒帯)の5つに大きく分類し、さらに小文字のアルファベットを組み合わせて、より詳細な分類ができるようにした。

Column

ウラジミール・ペーター・ケッペン

ロシア生まれのドイツの気候学者、気象学者、植物学者。ドイツ海軍気象台の研究主任を務め、気象学や地球物理学、生物学など多くの分野で活躍し、1918年に現在知られている気候区分を公表した。

Notes ＊樹林が生育できる地域の気候(A、C、D気候)を樹林気候、樹木が基本的に存在しない気候(B、E気候)を無樹林気候と呼ぶ

気候区分			気候の特徴	植生および土壌	
A（熱帯）	Af	熱帯雨林気候	年間を通じて高温多雨で、顕著な乾季がない	多種類の常緑広葉樹を中心とした多層構造の熱帯雨林（ジャングル）。土壌は酸性の赤色でやせたラトソル（赤色土）が広く分布する	
	Am	熱帯モンスーン気候	年間を通じて高温多雨だが、弱い乾季がある	乾季に落葉する広葉樹林を中心とした熱帯雨林。土壌は熱帯雨林気候同様のラトソル	
	Aw	サバナ気候	年中高温だが、雨季と乾季が明確にある	まばらに生えた木（疎林）や丈の長い草原（長草草原）からなるサバナが中心。土壌はラトソルや、水分量の違いで土の色が黄色くなった赤黄色土	
B（乾燥帯）	BW	砂漠気候	降水が少なく、植物がほとんど育たない	植生は乏しいが、乾燥に強いサボテン類や、水分が豊富なオアシス周辺ではヤシなどが見られる。土壌は褐色・強アルカリ性の砂漠土	
	BS	ステップ気候	降水が少なく樹木は育たないが、草は生える	草丈の短い草原（ステップ）が中心。土壌は乾燥が強い地域は半砂漠土、湿潤に近い地域は比較的肥沃な栗色土やきわめて肥沃な黒土	
C（温帯）	Cs	地中海性気候	温暖で、夏は乾燥し、冬は雨が降りやすい	オリーブやコルクガシなど、保水性に富み夏の乾燥に耐えられる硬葉樹林が中心。土壌は栗色土および、水はけのよい赤褐色土	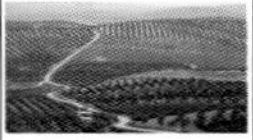
	Cw	温暖冬季少雨気候	温暖で、冬は乾燥し、夏は多くの雨が降る	シイやカシ、クスなどの照葉樹林が中心で、高緯度地域では落葉樹や針葉樹も見られる。土壌は栗色土および黒土	
	Cfa	温暖湿潤気候	温暖で年中湿潤。夏は高温多雨で、冬は寒冷	常緑広葉樹、落葉広葉樹、常緑針葉樹の混交林。南部では照葉樹林も見られる。土壌は栗色土、黒土、肥沃度の高い褐色森林土	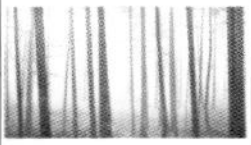
	Cfb	西岸海洋性気候	温暖で適度に雨が降る。夏は涼しく冬は暖かい	落葉広葉樹、常緑針葉樹の混交林。土壌は温暖湿潤気候と同様に栗色土、黒土、褐色森林土	
D（冷帯）	Df	冷帯湿潤気候	冬は厳しい寒さだが、夏は温暖で年中湿潤	南部はシラカバなどの落葉広葉樹と針葉樹の混交林。北部はモミやトウヒ、ツガなどを中心とする針葉樹林のタイガ。土壌は黒土および強酸性土壌のポドゾル	
	Dw	冷帯冬季少雨気候	冬は乾燥して厳しい寒さだが、夏はやや暖かい	タイガが発達。土壌はポドゾルが主体で、北部の一部では、水分が多く分解が進まずにやせたツンドラ土、永久凍土も見られる	
E（寒帯）	ET	ツンドラ気候	寒冷で樹木は育たないがコケ類や地衣類は生育	短期間の夏のみ永久凍土の表面がとけ、蘚苔類や地衣類が生育。土壌はツンドラ土で、地中には永久凍土の層が見られる	
	EF	氷雪気候	年中氷雪に覆われて寒冷で、植物は育たない	低温のために積もった雪がとけず、一年を通じて氷雪原のため植生は見られない。土壌は大陸氷河や雪の下に隠れ、ほとんど地表に現れない	

Notes ＊＊ケッペンは気候を5つに分けたが、熱帯や温帯の標高が高い地域は同緯度の低地と比べて気温が低いため、後に設けられた高山気候（H）を含めて6つに分類することもある

ブラジル 中央アマゾン保全地域群

登録基準↓(ix)(x)

Af

独特な生態系を形成する世界最大の熱帯雨林

腐敗した植物を含む強酸性の黒褐色の水が流れ、「黒い水」と呼ばれるジャウー川全流域を含む、アマゾン盆地最大の保護区。熱帯雨林気候(Ａｆ)に属し、アマゾン川流域でも特に熱帯雨林が良好に保存されている動植物の宝庫だ。

↑黒い水が特徴のジャウー川。モザイク状に広がる沼や湖は、デンキウナギの世界最大の生息地でもある

熱帯雨林

アマゾン地域の熱帯雨林は世界最大面積を誇り、地球上で最も豊かな生態系を持つ地域の一つといわれる

タンザニア セレンゲティ国立公園

登録基準↓(vii)(x)

Aw

野生のドラマが見られる広大なサバンナ

セレンゲティが現地語で「果てしない平原」を意味する通り、疎林や低木林とともに川や湖沼が点在する草原で、典型的なサバナ気候(Ａｗ)。地球上最多の３００種の野生動物が生息し、弱肉強食のドラマを繰り広げている。

↑広大な平原の面積は、日本の四国の約8割に相当する

ヌーの大移動

生息地が乾季を迎えると、*オグロヌーやシマウマなどの草食動物は、水と草を求めて大移動を始める

ムンディ's Eye

ナミブ砂海は、南アメリカのアタカマ砂漠と並んで世界で最も雨が降らない砂漠のひとつです。ここに生息するウェルウィッチアという植物は、1000年以上枯れない植物として知られます。

Notes ＊オグロヌーはウシ科で、セレンゲティに生息する動物の3割を占める。大移動の際は群れの長さが10kmにも及び、総移動距離が1500kmを超えることもある

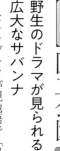

ナミビア

登録基準↓(vii)(viii)(ix)(x)

ナミブ砂海 BW

海流の影響で形成された世界最古の砂漠

約8000万年前に誕生した世界最古の砂漠。太西洋を北上する寒流のベンゲラ海流の影響で、砂漠気候(BW)で雨がほとんど降らない海岸砂漠**の典型。堆積した砂は数千kmも離れた土地から運ばれてきた。

↑高さ数百mの砂丘が連なり、海岸から内陸へ移るにつれ、砂の色が白から鉄分を含む赤に変化する

宇宙から見たナミブ砂海

海岸に発達したナミブ砂海では、寒流の影響で上昇気流が発生せず雨は降りにくいが、湿った空気が運ばれ霧が発生する

アルゼンチン

登録基準↓(vii)(viii)

ロス・グラシアレス国立公園 BS

アンデス山脈の気候が育む氷河と大草原

アンデス山脈南部のパタゴニア地域に広がる国立公園で、山間部は世界第3位の広さの氷河地帯。大小合わせて約250の氷河が見られるが、山脈東側の低地には、ステップ気候(BS)で見られる平坦な草原の乾燥パンパが広がる。

↑公園内ではパタゴニアの名峰として名高い、標高3405mのフィッツロイ山がそびえる

乾燥パンパ

乾燥したパンパでは灌木しか育たないが、パンパウサギやラクダ科のグアナコ、アルマジロなどの動物が生息する

Notes

**海岸砂漠は中緯度の寒流の東側、大陸西岸にできる砂漠で、西岸砂漠とも呼ばれる。ナミブ砂海のほか、ペルー海流の影響でできるチリのアタカマ砂漠が知られる

南アフリカ

登録基準↓(ix)(x)

ケープ植物区保護地域群

Cs

8つの保護区からなる植物の王国

西ケープ州にある、8つの保護区からなる植物区*。一帯は地中海性気候(Cs)で、フィンボスと呼ばれる灌木地帯が植物区の約半分を占める。植物区の総面積はアフリカ大陸の0・5%に満たないが、約20%の植物が集中する。

↑フィンボスには植物区全体の植物の約80%、約5000種の固有種を含む8000種の植物が見られる

アロエ・フェリックス

ケープ原産の大型のアロエで、丈が3m以上のものもある。1本の幹が上に伸びながら生育し、赤やオレンジ色の花が咲く

インド

登録基準↓(ix)(x)

カジランガ国立公園

Cw

小さな湖沼が点在するインドサイの楽園

密猟により絶滅が危惧されたインドサイの保護のために設立された国立公園。温暖冬季少雨気候(Cw)に位置し、雨季には川の氾濫で多くの小湖沼ができ、インドサイなど厚皮動物の絶好の生息地となっている。

↑ジールスと呼ばれる小湖沼を渡るスイギュウの群れ

インドサイ

一時は約200頭まで激減したインドサイ。現在は回復傾向にあり、公園内では全生息数の70%が暮らす

ムンディ's Eye

地中海性気候(Cs)は主な気候の中では唯一、夏に降雨が少ないという気候です。そのため、地中海沿岸やアフリカのケープ、オーストラリアのパースなどは有数の保養地になっています。

Notes

*ケープ植物区は全北、旧熱帯、新熱帯、オーストラリア、南極、ケープからなる世界6大植物区の一つ。6植物区のうちケープの面積は最小だが、植生の多様さは他を凌ぐといわれる

オーストラリア

グレーター・ブルー・マウンテンズ地域

登録基準↓(ix)(x)

Cfa

ユーカリが生い茂る青く輝く神秘の樹海

ブルー・マウンテンズ国立公園をはじめ8つの国立公園からなり、標高1300m級の峰々が連なる山岳地帯。温暖湿潤気候(Cfa)に属し、温帯の原生林が広がり、全世界の13%にあたる90種類以上のユーカリが自生する。

↑「青い山脈」の名は、ユーカリの木に含まれる油分が気化し、一帯が青みがかって見えることに由来する

ウェントワース滝

地域内には、ブルー・マウンテンズ国立公園内のウェントワース滝をはじめ、多くの滝や絶壁渓谷などが点在する

イギリス

登録基準↓(ii)(v)(vi)

イギリス湖水地方

Cfb

大小の湖が織り成す絵画のような牧歌風景

氷河地形や草原が広がるイングランド北西部の湖水地方は、英国で最も自然が美しいといわれるエリア。西岸海洋性気候(Cfb)に属し、古くから農業や放牧が営まれ、牧歌的な景観が多くの芸術家**たちの創作欲をかき立ててきた。

↑湖水地方の玄関口となるウィンダミアにあるウィンダミア湖は、多くの湖が点在するこの地で最大の湖

牧羊の風景

湖水地方の主要産業はローマ時代から現在まで続く羊の牧畜。羊のいる風景がこの地のイメージとして定着している

Notes　＊＊湖水地方で活躍した芸術家では、ピーターラビットの生みの親であるビアトリクス・ポターや、英国ロマン主義六大詩人の一人であるウィリアム・ワーズワースが有名

ロシア

登録基準→(vii)(ix)

コミ原生林

Df

永久凍土と針葉樹林が覆う自然豊かな原生林

ロシア中北部、＊コミ共和国内の北ウラル山脈の西麓に広がる、ヨーロッパ最大の亜寒帯林。ペコラ=イリチ自然保護区とユグド=ヴァ国立公園からなり、冷帯湿潤気候(Ｄｆ)に属し、タイガと呼ばれる針葉樹林の原生林が広がる。エリア内には永久凍土に覆われたツンドラも存在し、冷帯から寒帯にかけての多様な植生が見られる。

エリア内には２０４種の鳥類、43種の哺乳類、16種の魚類の生息が確認されており、その中には、絶滅危惧種とされるオオヤマネコなどの希少種も含まれる。

雪景色

雪景色の原生林。1年のうちの大半が雪に閉ざされる厳しい環境だが、ヘラジカやトナカイ、ユキウサギなど、寒冷地に適応した動物が多く生息する

ペコラ=イリチ自然保護区

ペコラ=イリチ自然保護区内にあるマンププニョル巨石群。高さ30m以上の7本の巨大な石柱が立つ

紅葉

針葉樹の中には紅葉し、落葉するものもあり、秋には違った表情を見せる

ムンディ's Eye 冷帯気候は、最も寒い月の平均気温が−3℃未満の地域、ツンドラ気候は最も暖かい月でも10℃を超えない地域です。この、微妙な気温の違いが樹木の有無を分けるのです。

Notes ＊コミ共和国は天然資源が豊富で、古くから原生林がある地域でも違法な伐採や採掘が問題となっていた。コミ原生林の世界遺産登録は、この問題の解決策の一つとして行われた

デンマーク　登録基準↓(v)

グリーンランドのグヤダー

ET

ノース人とイヌイットの歴史と文化を伝える地

グヤダーとは、グリーンランドにおける入植地のこと。ツンドラ気候(ET)のグリーンランド南部に位置するグヤダーは、「赤毛**のエイリーク」が率いるアイスランドのノース人(ヴァイキング)が10世紀に開拓したと伝わる。彼らが最初に入植したカッシアースクには、住宅や教会などの遺跡や農場跡が残る。また、先住民族イヌイットの遺跡も点在し、10世紀後半から15世紀半ばにかけてのノース人と、18世紀後半から現在に至るイヌイットの、農業景観を含めた文化の変遷を見ることができる。

イガリクの田園風景

登録地域の一つであるイガリクは、主に羊の放牧を行っていた集落。現在も牧歌的風景が広がる。また、17世紀後半の近代的な農場跡などのノース人の遺跡、イヌイットの農場や住宅跡も残る

バイキングの住居跡

グヤダーでは5地域が世界遺産に登録され、フヴァルセーにはノース人が建てたヴァルセ教会跡が保存されている。ここでノース人が結婚式を挙げたという記録も残る

Notes　＊＊赤毛のエイリークの名で知られるエイリーク・ソルヴァルズソンは、アイスランドで財を成した探検家。グリーンランドに入植した初めてのヨーロッパ人といわれる

Column

海流が育む豊かな海——海洋保護区の世界遺産

暖流と寒流が混じり合う「潮目」が豊かな漁場となるように、海流と密接な関係をもつ海洋生物たち。この多彩な海洋生物層も、世界遺産の大きな構成要素になっている。登録範囲に海洋が含まれる世界遺産をピックアップした。

海洋保護区の目的は海の生態系保存

20億年以上前に、地球上で初めて生命が誕生した〝母なる海〟。現在でも地球上の70%の面積を占める海洋は、海岸地形をつくるだけでなく、母の名の通り、多様な生態系を育んでいる。ここでは世界遺産の登録範囲に海洋を含み、なおかつ生物たちの保護区となっているものを取り上げる。

エクアドル
登録基準→(vii)(viii)(ix)(x)

ガラパゴス諸島

エクアドル本土から約1000kmにある島々。ガラパゴスゾウガメなど多くの動植物が独自の進化を遂げ、「種の方舟」と呼ばれる

アメリカ 登録基準→(iii)(vi)(viii)(ix)(x)

パパハナウモクアケア

ハワイ諸島の北西に位置し、島々と環礁群が1931kmにわたって連なる世界最大級の海洋保護区。深海には海山や海中に沈んだ島など、特徴的な地形が見られる

スーダン 登録基準→(vii)(ix)(x)

サンガネーブ海洋国立公園とドングナブ湾-ムカクル島海洋国立公園

スーダン沿岸部から約25kmの紅海上に位置する、世界最北の環礁を含む国立公園。海生哺乳類や魚類など多くの生物が棲息する海域は、世界最北のジュゴンの回遊地

コスタリカ 登録基準→(ix)(x)

ココ島国立公園

コスタリカ沖に浮かぶ、熱帯東太平洋上の絶海の孤島。外洋性生物が多く、特にジンベエザメやアカシュモクザメ、ネムリブカなどサメ類の多さで知られる

パナマ 登録基準→(ix)(x)

コイバ国立公園とその海洋保護特別地帯

コイバ島ほか38の島々と周辺海域。東太平洋とパナマ湾との接点にあたり、熱帯魚からザトウクジラまで、多くの魚類や海生哺乳類が集まる

メキシコ 登録基準→(x)

エル・ビスカイノのクジラ保護区

バハ・カリフォルニア半島部の中央に位置する自然保護区。海域では世界の半数のコククジラが繁殖し、トドやアザラシ、絶滅に瀕したウミガメも回遊する

第3章
人文地理学

人文とは、「人」がつくりあげた「文」化・「文」明のこと。
自然地理学が地形や気候を研究対象とするのに対して、
人文地理学は、農業や工業、都市、交通、宗教など、
私たちの周囲の社会的な環境を研究対象にした学問である。

ポトシ市街(ボリビア)

人文地理学とは何を研究する学問か

自然地理学と人文地理学に分かれる系統地理学のうち、人文地理学は社会的な環境を扱う分野である。

人文地理学にはさらに、人口の分布や構成・移動を研究する人口地理学、人類の居住地域の分布・規模・発達などを考察する集落地理学のほか、民族・経済・交通・政治・文化・社会・観光など、多様な分野に分かれる。そして、世界遺産には産業や特殊な形態の集落など、人文地理学に関わるものも多い。

水をコントロールする干拓と治水

利用目的に合わせて水を制御することについて、地域的な観点から捉える

ベームステル干拓地（オランダ）

心のよりどころとなる宗教

人類を集団として区分する際の基本となる宗教の分布や自然環境との関連に注目する

エルサレムの旧市街とその城壁群（エルサレム）

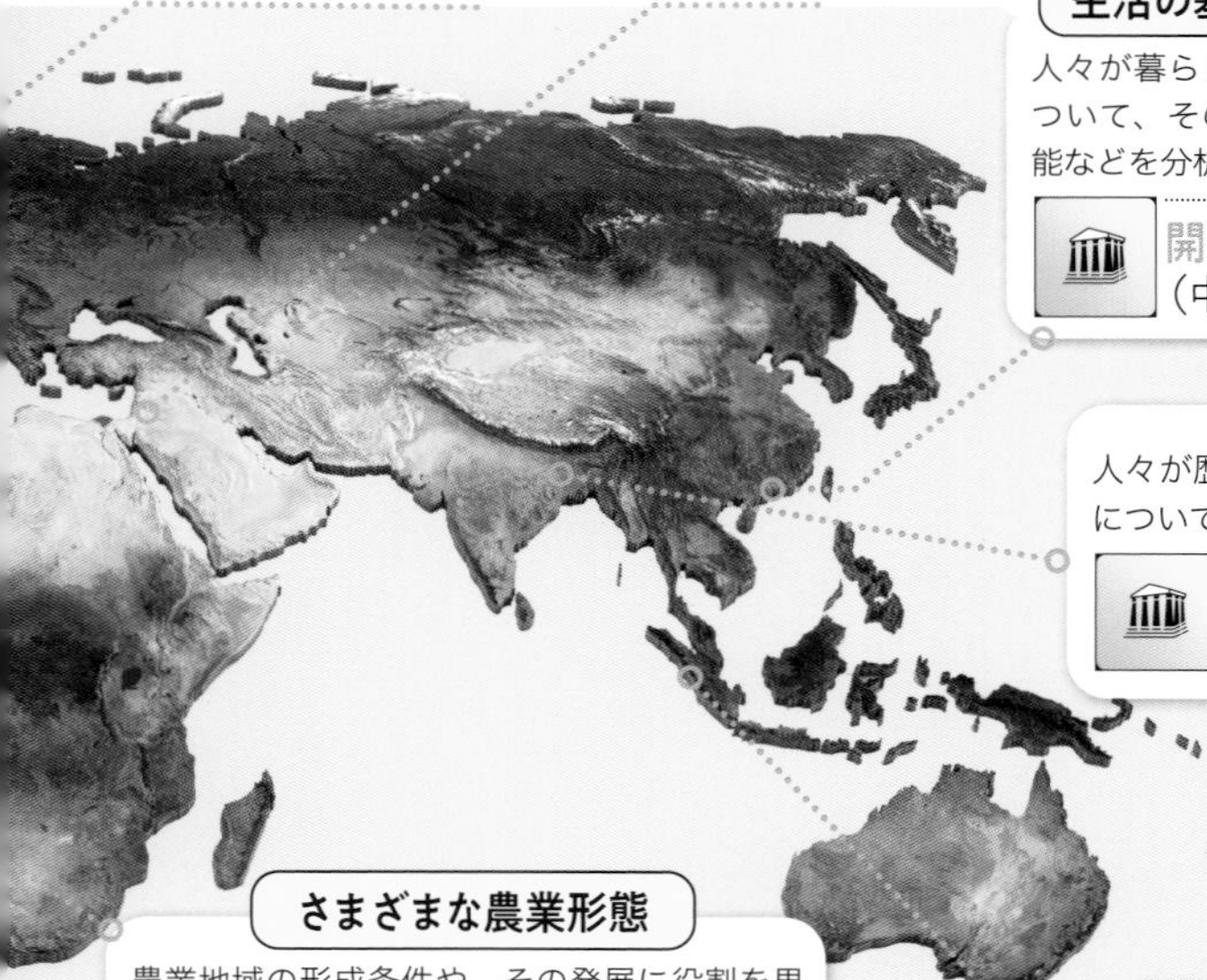

生活の基盤となる村落・都市

人々が暮らしている村落や都市について、その成立過程や形態、機能などを分析する

開平の望楼群と村落（中国）

さまざまな交通手段

人々が歴史とともに発展させてきた移動手段について、多方面から分析を行う

インドの山岳鉄道群（インド）

さまざまな農業形態

農業地域の形成条件や、その発展に役割を果たした社会的・文化的条件などを考察する

シャンパーニュの丘陵、メゾンとカーヴ（フランス）

世界を動かすエネルギー資源

人々の生活を支えるエネルギー資源がどこで生産され、どこに運ばれているのか究明する

サワルントのオンビリン炭鉱遺産（インドネシア）

地理学の分類

人文地理学

●**農業地理学**……さまざまな農業経営や農業の特色を地域的に考察する
●**工業地理学**……工業生産の地理的分布や、工業地域の成立・構造・機能を究明する
●**集落地理学**……人類の居住地域の分布や発達過程、立地要因などについて研究する
●**都市地理学**……地域的観点から都市の形態や立地、構造などを研究する
●**宗教地理学**……宗教の分布や、宗教と社会環境との関連などを研究対象とする
などなど

地図学

多種多様ある地図の作成や利用など、地図に関わる研究を行う

系統地理学

地理学

自然地理学

人間と自然を密接に関連させながら自然現象の究明を行うもので、人文地理学と対をなす学問。地形学や気候学、陸水学など、さらに細かく分類されている

氷河へも徒歩で行くことができる、アルプス山脈のユングフラウ

ベトナムの幻想的な光景が広がるハロン湾はカルスト地形が生み出した

地誌学

特定の地域における地域的性格を総合的に究明する

世界の工業

産業革命以降形成された工業地域の立地やその生産物の特性について考察する

ダーウェント峡谷の工場群（イギリス）

水産業と林業

水産業や林業について地域的な特色やその成立要因について明らかにしていく

レッドベイのバスク人捕鯨基地（カナダ）

なくてはならない金属資源

地下に埋蔵されている鉱産資源や鉱業について地域的分布・特性を分析する

ポトシ市街（ボリビア）

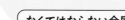

地域の環境に応じて形成されたさまざまな農業形態

目的によって大きく3つに分かれる農業

人々の生活と密着する「食」を支える農業は世界各地で行われているが、農業は気候や地形などの自然条件と、文化や技術、経済などの社会条件の制約を受ける。この2つの条件の差が農業の地域差を生み、施設や導入設備の有無や多寡が生産性*の高低を左右する。

世界の農業は土地の環境や目的に応じて、自家消費のための小規模な**自給的農業**、販売を目的とした**商業的農業**、大企業によって資本や最新技術が投入されて行われる**企業的農業**の3つに大別される。

13種類に区分された世界の農業地域

世界の農業の分類は多くの学者が試みてきたが、そのなかでも非常に有名なのが、アメリカの地理学者**ホイットルセーの農業地域区分**だ。ホイットルセー分類にあたり、①作物と家畜の組み合わせ　②作物の栽培法と家畜の飼育法　③生産物の使途　④労働や資本投下の程度と収益性　⑤住居や農業施設の状態　の5つを指標に、世界の農業地域を13に区分した。自然条件と経済条件、文化的要素も加味したこの分類は現在も広く用いられている。

自給的農業

オアシス農業

乾燥の厳しい地域でオアシスを利用する農業

遊牧

草と水を求め、家畜とともに移動する粗放的**農業

焼畑農業

森林や草原を焼き払って灰を肥料とする農業

粗放的定住農業

人は同じ場所に定住し、耕地を数年ごとに変える農業

集約的稲作農業

アジアで多く見られる、人手を多くかける稲作

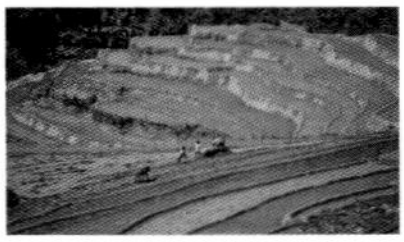

集約的畑作農業

茶や小麦などを生産する労働集約的な畑作

Keywords
★自給的農業
★商業的農業
★企業的農業
★ホイットルセーの農業地域区分

日本で実感

石狩平野（北海道）、越後平野（新潟県）

Notes　*生産性とは単位あたりの生産量のこと。土地面積あたりの生産量が多ければ土地生産性は高くなり、投下した労働力あたりの生産量が多ければ労働生産性は高くなる

ホイットルセー農業地域区分

焼畑農業　粗放的定住農業　遊牧　オアシス農業　集約的稲作農業　集約的畑作農業　地中海式農業　混合農業　酪農　園芸農業　企業的穀物・畑作農業　企業的牧畜　プランテーション　非農業地域

商業的農業

酪農

穀物栽培に適さない地域で行われている、飼料作物を栽培して乳牛を飼育し、乳製品を生産する農業

地中海式農業

地中海性気候の区域で、乾燥に強いオリーブなどの樹木作物と自給用穀物を栽培する農業

混合農業

穀物栽培と家畜飼育を組み合わせた農業で、穀物と飼料作物は同一耕地で栽培される

園芸農業

都市への出荷を目的に、野菜や果樹、花卉など市場性の高い作物を集約的に栽培する農業

Column

アグリビジネス

農産物の生産に加え、加工などの第二次産業、流通・販売などの第三次産業を組み合わせた活動をアグリビジネスと呼ぶ。大規模なアグリビジネスをグローバルに展開する企業は「穀物メジャー」と呼ばれる。近年では遺伝子組み換え種子の開発などを手がける企業もある。

企業的農業

プランテーション

熱帯地域の大規模農園で安価な労働力を用い、世界市場向けの商品作物を栽培する農業

企業的牧畜

新大陸の半乾燥地帯で発達した、広大な土地で行われる肉牛やヒツジの大規模な牧畜

企業的穀物・畑作農業

広大な土地で大型機械を利用し、小麦などを大規模に生産する農業

Notes　＊＊粗放的農業とは土地に対する労力や資本の投下が少なく、自然の力に頼って営む農業。対して、生産量(額)を増やすため多くの資本と労力を投下する農業を集約的農業と呼ぶ

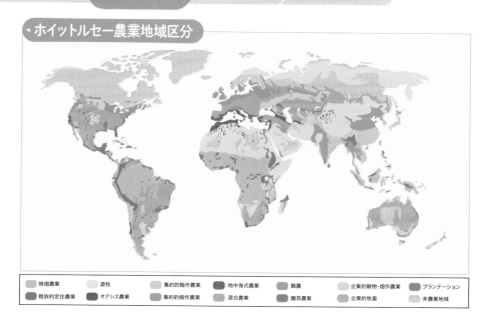

フィリピン 登録基準➔(iii)(iv)(v)

コルディリェーラの棚田群

標高1000～2000mの斜面に広がる棚田群で、泥壁や石垣の総延長は約2万㎞に及ぶ。少数民族のイフガオ族の間に2000年にわたって口承されてきた技術で耕作が行われている。

→棚田の幅は2～3m

↑上下段を分ける泥壁や石垣は高さ6～10m、幅約30㎝、総延長は地球半周分。農道の役目もある

スウェーデン 登録基準➔(iii)(v)(vii)(viii)(ix)

ラポニアン・エリア

スウェーデン北部、4カ国にまたがる*ラップランドの一部を占め、山地は氷河と永久凍土、雪原に閉ざされた極寒地帯。先住民族のサーミ人が居住し、トナカイの移牧を行いながら、伝統的な生活を営んでいる。

↑夏は高山地域で、冬は森の中で放牧を行う移牧は現在も行われている

→トナカイの家畜化は2000年ほど前に始まった

中国 登録基準➔(iii)(v)

紅《こう》河《が》ハニ棚田群の文化的景観

雲南省の山岳地帯に住む少数民族ハニ族が1000年以上前から造営を始めた、世界最大級の棚田。森や雨、霧などの自然の循環システムを生かして棚田に水を送り込む、独自の灌漑技術と農法により築かれた。

↑自然を利用しながら、長い年月をかけて手作業で造り上げた棚田は約3000段

→秋になると村人総出で稲を刈り、脱穀作業を行う

メキシコ 登録基準➔(ii)(iv)(v)(vi)

リュウゼツラン景観と古代テキーラ産業施設群

ハリスコ州のテキーラ市はメキシコを代表する蒸留酒テキーラの産地。原料となるリュウゼツランが自生し、本格的にテキーラ製造が始まった18～20世紀前半の農園や蒸留所が現存する。

テキーラと呼べるのはこの地でつくられたものだけ

ムンディ's Eye

フィリピンやインドネシアにある棚田は、島国によく見られます。火山が形成した島国は、海面から出た山脈が国土となるため、高低差があるのです。日本も弧状列島のため、棚田は多いです。

Notes ＊ラップランドはスカンジナビア半島北部のノルウェー、スウェーデン、フィンランド、ロシアの4カ国にまたがり、大半が北極圏に入る。サーミ人が住民の大部分を占める

イタリア 登録基準→(iii)(v)

ピエモンテの葡萄畑景観

バローロやバルバレスコなど、イタリアを代表するワインの生産地。ブドウ畑が広がり、ヨーロッパのブドウ園を中心とした農業景観の典型。

古代からブドウ栽培が行われていた

フランス 登録基準→(iii)(iv)(vi)

シャンパーニュの丘陵、メゾンとカーヴ

17世紀後半に修道士のドン・ペリニヨンによって開発された、シャンパン発祥の地。製造業者のメゾンや地下貯蔵庫のカーヴが見学できる。

一面ブドウ畑のシャンパーニュ地方

ハンガリー 登録基準→(iii)(v)

トカイワイン産地の歴史的文化的景観

トカイ地方はハンガリー屈指の貴腐**ワインの発祥地。地形、気候ともにブドウ栽培に適し、丘陵地に伝統的な集落とブドウ園が広がる。

1000年以上続くワインの生産地

キューバ 登録基準→(iii)(iv)

キューバ南東部のコーヒー農園発祥地の景観

19世紀にフランス人の入植者たちが築き、20世紀まで発展を続けた、171のコーヒー農園の跡地。広大な農園内にはトロッコなどの設備も残され、開拓当時のコーヒー農園の農業形態を今に伝える。

↑かつての農場主の屋敷跡。現在は博物館になっている

→コーヒー農園群はシエラ・マエストラ山脈の丘陵地帯に広がる

ハンガリー 登録基準→(iv)(v)

ホルトバージ国立公園

ハンガリー初の国立公園で、中央ヨーロッパ最大の牧草地が広がる。この草原地帯はプスタと呼ばれ、2000年以上にわたり、遊牧民が牛や羊の放牧を中心に農牧を営んできた。

→固有種の灰色牛と牛飼い

↑現在も自然と人間が共存し、生態系や自然景観を損なうことのない放牧が行われている

Notes | ＊＊貴腐ワインは、カビの一種であるボトリティス菌(貴腐菌)に感染したブドウを使用したワイン。糖度が高まり香りも良くなるため「ワインの帝王」などと呼ばれる

海と森林が生活の糧となる 水産業・林業

魚が集まる好漁場で盛んな水産業

水産業は、海藻や真珠などからマグロやクジラなどに至る水界の動植物の捕獲や養殖を行う漁業だけでなく、生産物の加工製造はもちろん、その先の流通までを含む産業の総称だ。

特に魚介類を捕獲する漁業は、広大な海洋が活動の場となるだけに、いかに好漁場を見極められるかがきわめて重要だ。世界の主要漁場は、暖流と寒流のぶつかる**潮目**、浅瀬の**大陸棚***や**バンク**など、植物プランクトンが豊富な場所に分布している。

世界の排他的経済水域

世界の海では、沿岸国に漁業活動の管理、天然資源の調査・開発などの権利を認める排他的経済水域が設けられている。水域の外側の公海はどの国も自由に漁業などができる。

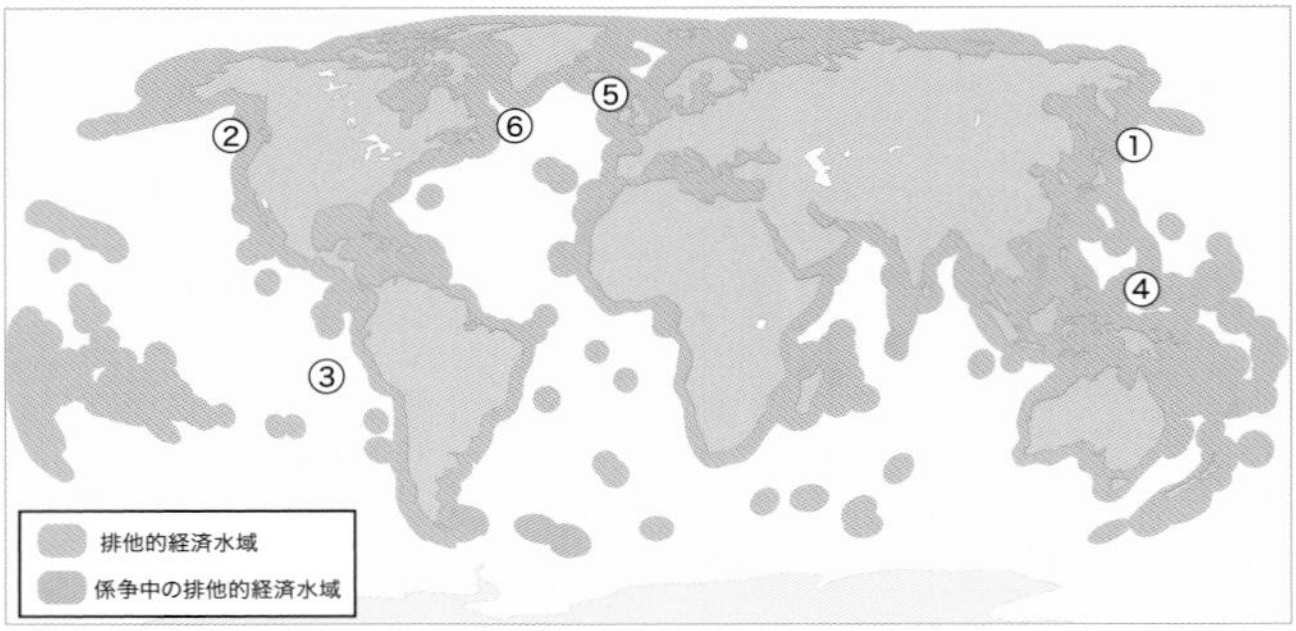

好漁場の条件

海の食物連鎖は、(栄養分→)植物性プランクトン→動物性プランクトン→魚類という構造になっている。このうち、植物性プランクトンには栄養分と光合成のための太陽光が必要になる。そのため、通常は海底に沈んでいる栄養分が湧昇流(海底から上昇する海水の流れ)によって、日光が届く浅瀬まで上昇する場所が好漁場の条件となる。浅瀬の大陸棚やバンク、潮目はこの条件を満たすことから、基本的に好漁場となる。

世界の主要漁場

①太平洋北西部	三陸沖やオホーツク海、日本海など、世界最大の漁場
②太平洋北東部	アラスカ～カナダの太平洋岸。サケ、マス漁が盛ん
③太平洋南東部	ペルーからチリ沖。カタクチイワシの好漁場
④太平洋中西部	主に東南アジアの近海で、カツオ、マグロ漁が盛ん
⑤大西洋北東部	北海周辺でタラ、ニシン漁が盛ん
⑥大西洋北西部	ニューファンドランド島近海で、タラ、ニシン漁が盛ん

Keywords

★潮目 ★大陸棚
★バンク ★熱帯林
★温帯林
★亜寒帯林 ★用材
★薪炭材

日本で実感

三陸海岸沖(青森県、岩手県、宮城県)、木曽地域(長野県)、吉野地域(奈良県)

Notes
*大陸棚とは一般に、大陸に接する比較的傾斜が緩やかで、水深130m付近までの海底の部分。大陸棚の中で、さらに水深の浅い部分がバンク(浅堆)と呼ばれる

広大な森林が広がる地域で盛んな林業

林業は世界各地の樹木が生育する場所で広く行われている。林業の対象地である森林**には気候帯に応じて、**熱帯林、温帯林、亜寒帯林**(冷帯林)が存在し、世界の陸地の3割を占める。木材伐採量の多さでは、アメリカ、カナダ、インド、中国、ブラジル、ロシアなど、広大な森林を擁する国が多くを占める。また、木材の用途は**用材**と**薪炭材**に大別され、建材やパルプに使われる用材は主に先進国、燃料用の薪炭材は主に発展途上国で利用されている。

森には木材資源を生み出す場となるだけでなく、水の供給源や洪水の緩和、土壌の侵食防止、大気の浄化など、人々の生活環境を維持する役割もある。これらを管理することも、林業の役割だ。

世界の国別の森林の割合

地球表面の陸地の約3割を占める森林は、地球全体の約1割に相当する。面積ではヨーロッパが1位、面積に対する森林率は南米が1位、国別の森林率はスリナムが1位(いずれも2020年)。

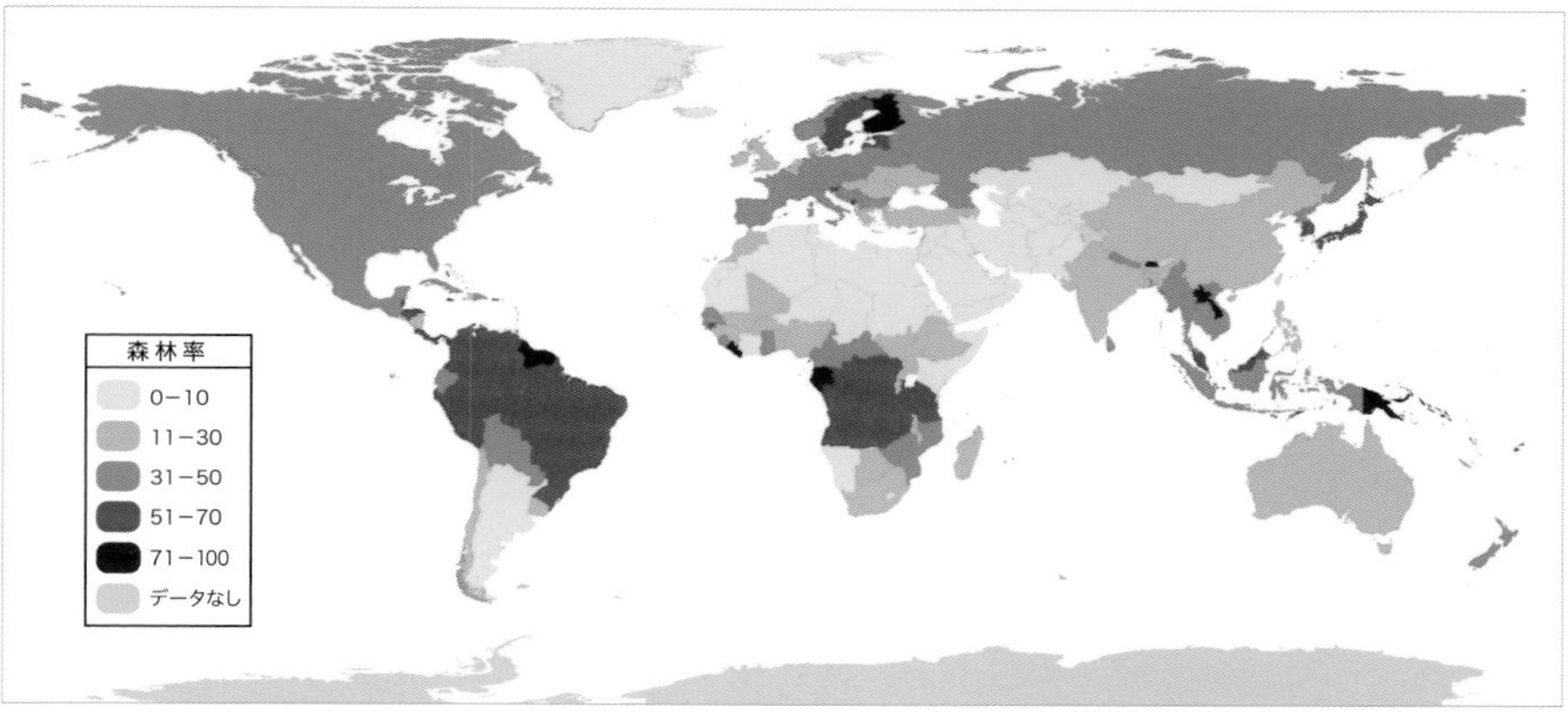

地球温暖化と森林

地球温暖化の主因とされているのが、二酸化炭素など温室効果ガスの濃度上昇だ。そこで、温室効果ガス排出量の削減目標を定めた京都議定書では、削減目標を達成する手段の一つとして、森林の活用を挙げている。なぜなら、樹木は大量の二酸化炭素を吸収し、蓄えるからだ。温室効果ガスの吸収源となる森林を増やす方法として、「新規植林」と「再植林」、適切な管理者による「森林経営」などが推奨されている。

世界の森林の特徴

熱帯林　ブラジル、インド、マレーシアなど熱帯雨林気候を中心に分布。ラワンやチーク、マホガニー、紫檀や黒檀などの利用樹種が見られる

温帯林　ヨーロッパ、中国、日本など温帯に分布。カシやクスノキ、ブナやナラ、漆などの利用樹種が見られる

亜寒帯林　ロシア、カナダ、アメリカ西部などの亜寒帯に分布。マツやトウヒなどのタイガが中心で木材生産が盛ん

木材の用途

用材
主に建築や土木工事の資材、紙の生産用のパルプとなる木材

薪炭材
薪や炭などの燃料用。全木材生産の半数以上を占める

Notes　＊＊森林には、林業の対象として林木を計画的に育成し、経済的に利用することを目的とする経済林と、生態系維持や資源保護などを目的として伐採に制限が付く保安林がある

バーレーン 登録基準↓(iii)

島の経済を表す真珠産業遺産

バーレーンを潤した真珠採取業の名残

バーレーンは、1930年代に日本の真珠養殖の台頭などにより衰退するまで、基幹産業の真珠採取業で潤った。ムハッラク島には、19～20世紀に建造された真珠貿易商の住居や倉庫、店舗など、往時を偲ばせる建造物が残る。

↑裕福な真珠商人たちの豪邸が残る

ブー・マーヒル要塞

海岸線の防衛のための施設。真珠採取船の発着地でもあり、出発前には祭りなどが催された

カナダ 登録基準↓(iii)(iv)

レッドベイのバスク人捕鯨基地

クジラ漁での繁栄を語る捕鯨基地関連遺跡

1530年代にバスク人*が建設した最古の捕鯨基地。クジラの解体や鯨油の精製、貯蔵などを目的に設けられ、周辺海域のクジラの個体数が減少するまで、約70年間利用された。製油装置や樽製造所、波止場、船員の墓地などが残る。

↑ヨーロッパの捕鯨の伝統を伝える町

放置された難破船

海底からも捕鯨船やクジラの骨などが発見されている

ムンディ's Eye

バーレーンの真珠産業は日本の真珠産業の台頭により廃れましたが、その直後に石油が発見され、別の形で経済が発展します。しかし、その石油も近年は生産量が低下し、枯渇ぎみです。

Notes ＊バスク人はフランスとスペインとの国境地帯のバスク地方に住む民族。中世から大西洋でのタラ漁や捕鯨を行い、レッドベイでは16の捕鯨基地の遺跡が見られる

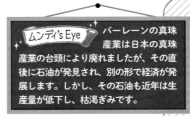

レバノン　登録基準➔(iii)(iv)

カディーシャ渓谷(聖なる谷)と神の杉の森

カディーシャ渓谷にある＊＊レバノン杉の群生地。レバノン杉は建材や船材として輸出され、紀元前のフェニキア人に富をもたらした。保護対象となった現在は1200本が残り、そのうち375本が渓谷内の「神の杉の森」に自生している。

レバノン杉

わずかに残存するレバノン杉は、レバノンの国旗にも描かれている

←レバノン山脈で全長約20kmにわたって続くカディーシャ渓谷

フィンランド　登録基準➔(iv)

ヴェルラ砕木・板紙工場

19〜20世紀初頭、フィンランドでは製材業や製糸業が飛躍的に発展した。1872年に最初の製材工場が建設されたヴェルラには、ネオ・ゴシック様式の木材乾燥場や砕木パルプ工場、経営者の居住地など7つの建造物が現存する。

↓周囲の森林と調和した工場一帯

工場内の皮剥機

工場内ではかつて使用されていた設備が、1964年に操業を停止した頃のまま保存されている

スウェーデン　登録基準➔(v)

ヘルシングランドの装飾農場家屋群

ヘルシングランド地方では、1000棟以上のファームハウスが立ち並ぶ。ファームハウスは農場内にある住宅や小屋で、その多くは18〜19世紀に、亜麻の栽培や林業などで富を得た農家が建てたもの。伝統的な木造建築は、木材のみで建てられている。

立ち並ぶファームハウス

7つのファームハウスが世界遺産に登録されている

←豪華な装飾が施された内部

Notes | ＊＊レバノン杉は「スギ」の名があるが、実はマツ科。高さは40mほどで、かつては中近東で広く生育していた。絶滅の恐れがあることから、現在では植樹活動が行われている

暮らしを支えるために行われる陸地の造成や水のコントロール

海の陸地化で土地をつくり河川の水を有効活用

古来、人々は農地や都市、工業地帯を造成するなどさまざまな目的のため、陸地に手を加えてきた。陸地の造成には**埋立**や、遠浅の海や干潟の水を仕切って干上がらせ、陸地化する**干拓**がある。大規模な干拓の例ではオランダ*が有名で、国土の総面積の約5分の1が干拓地といわれる。

また、ダムや遊水池など、洪水から守るための**治水**、**灌漑**のように、河川の水を農業用水や工業用水に利用する利水など、水のコントロールや活用が行われてきた。

干拓と埋立の違い

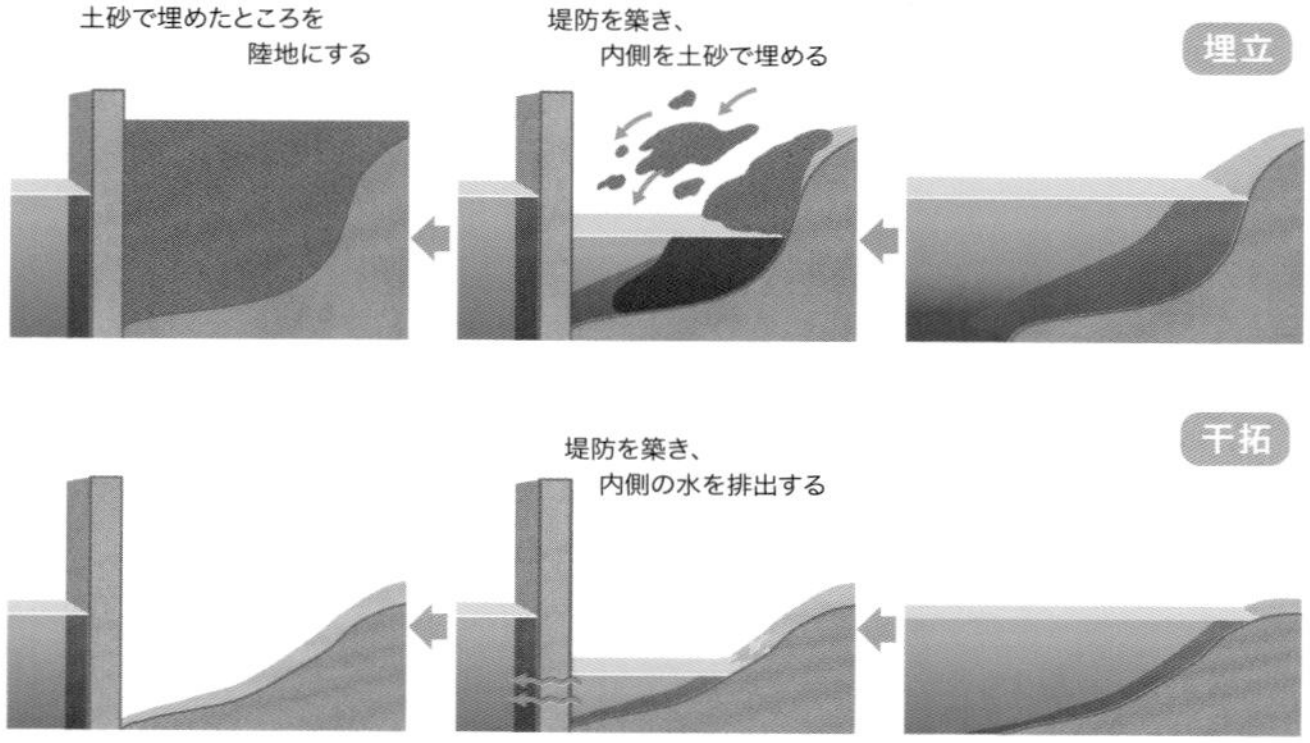
埋立
土砂で埋めたところを陸地にする
堤防を築き、内側を土砂で埋める
干拓
堤防を築き、内側の水を排出する

干拓と環境

干拓が行われる水域には、水辺ならではの生態系が形成されている。そこを干上がらせて陸地化することで、水生植物や魚介類、水生昆虫や水鳥など、水辺の環境に依存していた生物は生きていけなくなり、生態系は完全に失われる。1986年に開始された有明海の諫早湾干拓事業は2007年に完工したが、潮受け堤防の水門が閉鎖されていることもあって、漁獲量の減少や養殖のりの不作が問題化した。水門の開門をめぐっては、現在も裁判が行われている。

日本の干拓地

有明海

約1700㎢の広大な浅海で、江戸時代から干拓が行われてきた

河北潟

石川県の河北潟では野菜や果物の栽培、酪農などが行われている

Keywords
★埋立
★干拓
★治水
★灌漑

日本で実感
有明海（佐賀県、福岡県、熊本県）
信玄堤（山梨県）

Notes ＊オランダの面積は日本の九州ほどで、国土の4分の1が海面より低い。そのため13世紀頃から浅い海を干上がらせ、ポルダーと呼ばれる干拓地を造成してきた

治水の歴史と環境

治水事業はメソポタミア文明の後期、紀元前4300年頃から、ティグリス川やユーフラテス川で始まったといわれている。日本で始まったのは弥生時代。武田信玄が築いた山梨県の信玄堤**のように、明治時代までは各地の武将や大名が治水事業を行った。

ティグリス川

信玄堤

さまざまな治水施設

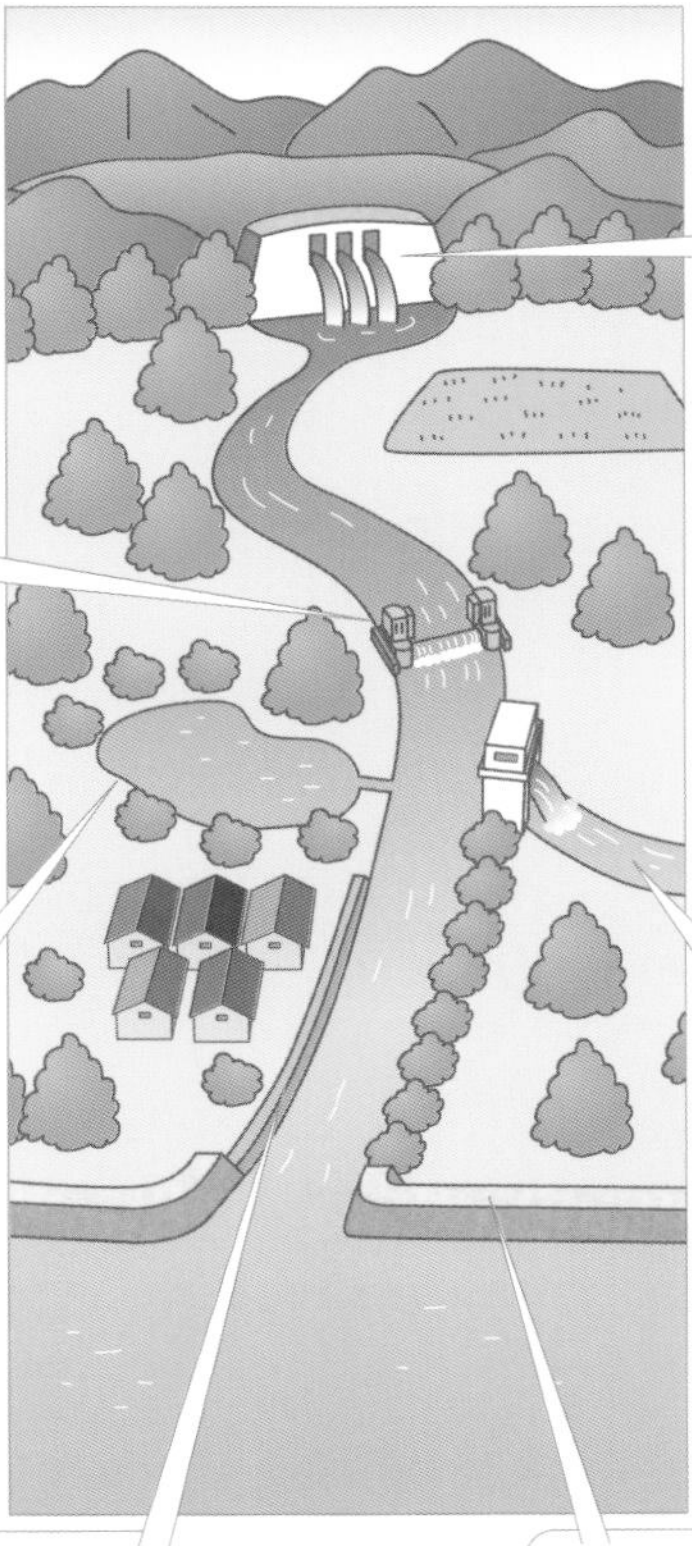

堰

農業や工業、水道水などの用水を取るために河川の水を堰き止め、水位を制御する施設

ダム

水力発電や治水・利水のために水を蓄える目的でつくられる、高さ15m以上の堰堤

遊水池

洪水時に水を一時的に溜めるため、河川沿いなど人為的に設けられた池

放水路

洪水防御や水力発電で利用した水を放流するため、人工的に開削された水路

堤防

洪水の河道外への氾濫防止のため、河道沿いに土砂やコンクリートなどで築造される工作物

護岸

海岸や河岸、または堤防の水流に沿った部分を保護し、洪水や高潮などの水害を防ぐ施設

Notes ＊＊信玄堤は、甲府盆地を流れる釜無川と御勅使川の氾濫を治めるために築かれた堤防。現在も堤防の一部や、水流をコントロールするために川岸に木材を設置した「聖牛」が見られる

オランダ 登録基準➔(ⅰ)(ⅱ)(ⅳ)

キンデルダイクとエルスハウトの風車群

10世紀頃のオランダに伝播した風車*は、15世紀から干拓地の排水用に利用され全土に普及した。オランダが農業大国となるにあたって風車の果たした役割は大きく、キンデルダイクとエルスハウトの田園に19基の風車が現存する。

風車の内部

主軸の横回転を水車の縦回転に変換する歯車がある。歯車を回転しながら、水を低地から高地の水路へ排水する

←19世紀には約1万基が稼働した

オランダ 登録基準➔(ⅰ)(ⅱ)(ⅳ)

ベームステル干拓地

1612年に完成したオランダ最古の干拓地。造成地は総面積72.1㎢に及び、周囲には47基の排水用風車が設置され、水路や堤防、集落などが規則的に配されている。この干拓地の開発計画は後世の手本となった。

干拓地の地図

干拓地は短辺180m、長辺900mの長方形の区画からなる
→幾何学的な配置による景観が美しい

オランダ 登録基準➔(ⅰ)(ⅱ)(ⅳ)

D.F.ヴァウダ蒸気水揚げポンプ場

排水ポンプ

1000年に及ぶ水との闘いの歴史を大きく変えた、オランダの水工学の到達点
←世界の模範となったポンプ場は現在も稼働している

1920年、設計技師D.F.ヴァウダのもとで完成した蒸気水揚げポンプ場。蒸気式エンジンを利用した排水設備は、風車に代わってオランダの人々を支えた。

ムンディ's Eye オランダは国土の4分の1が海面より低いため、雨が降ると水がたまってしまい、排水の必要が常にあるのです。長崎県のハウステンボスに行くと、揚水用風車の構造を見ることができます。

Notes ＊第二次世界大戦でナチス・ドイツの侵攻により通信手段が絶たれた際、オランダの人々は風車の羽根の静止角度を暗号化し、ドイツ軍の動向を連合国側に伝えたという

フランス 登録基準➔(ⅰ)(ⅲ)(ⅳ)

ポン・デュ・ガール(ローマの水道橋)

古代ローマ時代に建造された、ガール川に架かる275mの水道橋。紀元前19年頃に着工し、アヴィニヨンの東のユゼスからネマウスス(現ニーム)まで約50kmにわたって築かれた。1日に2万m^3もの水が運ばれたという。

↓3層アーチの最上部までは高さ49m

導水路の内部

ニーム水道は市民に飲用水を供給するためにつくられた。古代ローマ帝国の技術力の高さを示す

イラン 登録基準➔(ⅰ)(ⅱ)(ⅴ)

シューシュタルの歴史的水利施設

紀元前5世紀に建設が始まり、後3世紀頃に現在の姿になったササン朝ペルシアの水利施設。イラン最長のカールーン川の水を、ダムや水車などを活用した水路網で町に供給するとともに、製粉業を発展させた。現在も町を潤し続けている。

排水口

1970年代初頭までは水力発電にも利用されていた

←川の流れや地形を生かしてつくられた

オマーン 登録基準➔(ⅴ)

アフラージュ、オマーンの灌漑システム

国土の約8割を砂漠が占めるオマーンでは、人々は井戸の底を横穴でつなげる灌漑システムで農業を行い、生活用水を確保してきた。ファラジ[**](複数形はアフラージュ)と呼ばれるこのシステムは、現在も約3000カ所で稼働している。

ファラジ・アル・カトメーン

ファラジはわずかな高低差を利用して水を供給している。起源は紀元前2500年頃ともいわれる

←代表的な5つが世界遺産になった

Notes ＊＊ファラジでは水が人々に公平に分配されるよう、各水路に水を流す時間が日時計でコントロールされていた。観測塔や日時計なども合わせて世界遺産に登録されている

人間社会の発展の原動力 世界を動かすエネルギー資源

火の発見から原子力へ エネルギー資源の変遷

火の発見をはじめ、人類は風力や水力などの**自然エネルギー**を利用してきた。やがて木炭や石炭を使うようになり、18世紀から19世紀にかけての産業革命によって蒸気機関*が実用化されると、石炭を大量に消費するようになった。20世紀では、内燃機関が普及して**石油**がエネルギーの主役に。

近年では、石油が特定の地域に偏在することのリスクや、地球温暖化への影響から脱石油の動きが進み、天然ガスや**再生可能エネルギー****への転換が進んでいる。

一次エネルギーと二次エネルギー

一次エネルギーとは、自然に存在してそのままエネルギー源になるもので、石油や石炭、天然ガス、水力などのこと。それらを加工して利用する、都市ガスやガソリン、電気などを二次エネルギーと呼んでいる。とくに電気は利便性が高く、あらゆる場面に利用されている。

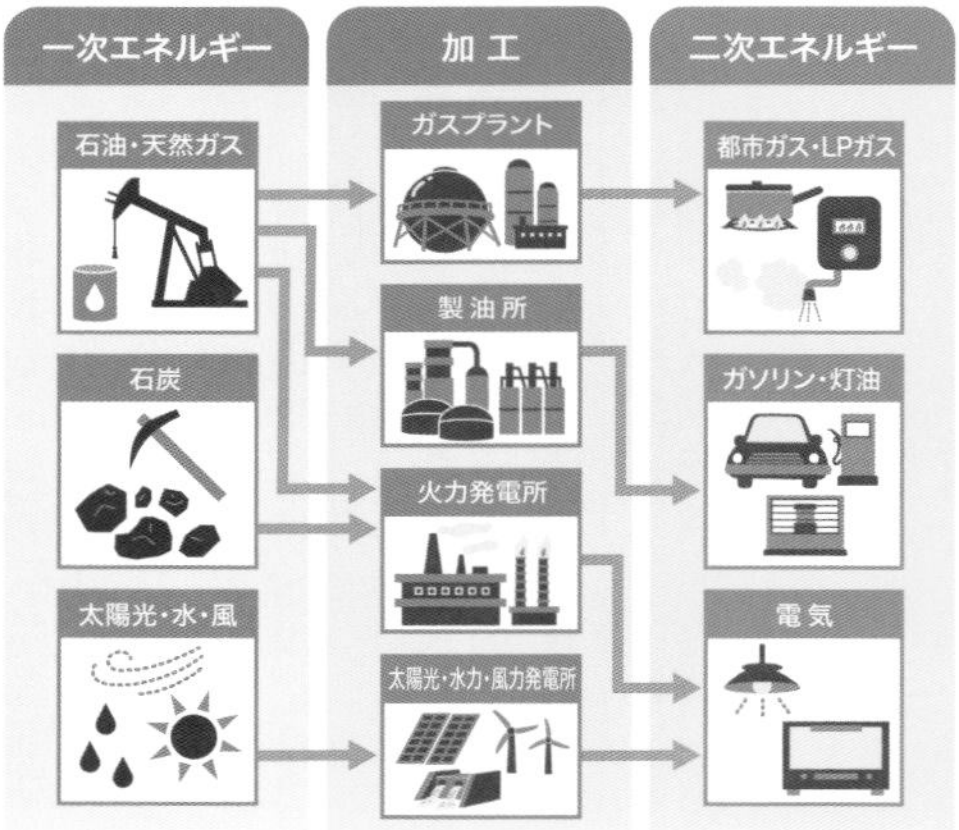

一次エネルギーの生産と消費

生産上位10カ国

中国	19.1%
アメリカ	13.8%
ロシア	9.9%
サウジアラビア	4.5%
インド	4.0%
インドネシア	3.5%
カナダ	3.2%
オーストラリア	2.5%
イラン	2.2%
ナイジェリア	1.9%
世界計	135億トン

消費上位10カ国

中国	20.2%
アメリカ	17.0%
インド	6.5%
ロシア	4.9%
日本	3.5%
ブラジル	2.7%
ドイツ	2.6%
カナダ	2.3%
イラン	2.0%
韓国	1.9%
世界計	89億トン

中国は石炭の生産量が多く、世界の石炭生産量の約半分を占めており、そのほぼすべてを自国で消費している。アメリカは天然ガスを利用した発電が盛ん。中国、アメリカともに再生可能エネルギーへの取り組みも積極的である。

Keywords

★自然エネルギー
★石油
★再生可能エネルギー

日本で実感

南長岡ガス田（新潟県）

Notes ＊蒸気機関は水蒸気の熱エネルギーを利用するもので、大量の水を沸騰させるために石炭が使われた。17世紀後半のイギリスの石炭生産量は、全世界の生産量の80％以上だった

世界の炭田と石炭の貿易

石油・天然ガスの産地と貿易

再生可能エネルギー

	太陽光発電	風力発電	地熱発電	バイオマス発電	水力発電
エネルギー源	太陽光	風	高温の蒸気、熱水	生物資源	河川の流水など
特徴・利点	設置する地域に制限がなく、導入しやすい。送電設備のない遠隔地の電源として活用できる	高効率で電気エネルギーに変換できる。風があれば夜間も発電可能	地下の地熱エネルギーを使用するので枯渇の心配がない。発電に使った蒸気や熱水を再利用できる	京都議定書においてCO_2を排出しない発電とされている。廃棄物の再利用や減少につながる	自然条件によらず一定量の電力を安定的に供給可能。発電時にCO_2を排出しない
問題点	気候条件に発電出力が左右される。導入コストが高い	導入可能な適地が限定的。風の強さに発電量が左右される	適地が国立公園や温泉地などの地域と重なり、設置が困難	資源が広範囲に分散しているため収集・運搬・管理コストがかかる	長期の調査など開発リスク・コストが大きい。環境への負荷が大きい
発電量が多い国	中国、アメリカ、日本、ドイツ、インド	中国、アメリカ、ドイツ、インド、スペイン	アメリカ、インドネシア、フィリピン、トルコ、ケニア	中国、ブラジル、アメリカ、インド、ドイツ	中国、アメリカ、カナダ、ブラジル、インド

Notes ＊＊石炭や石油、天然ガスのような化石燃料とは異なり、自然の活動などで絶えず再生・供給されるエネルギーのこと。発電時に二酸化炭素を排出しないので環境にもやさしい

ドイツ

登録基準↓(ii)(iii)

エッセンのツォルフェライン炭坑業遺産群

一時代を築いた モダニズム建築の炭坑業跡

19世紀半ばに開発され、ルール工業地帯の発展を支えた炭坑の跡。名前は、ドイツ関税同盟(ツォルフェライン)に由来する。20世紀初頭には世界最大規模の採掘量を誇り、ヨーロッパの重工業を牽引した。

第12採掘坑

1932年に建設された建物。バウハウスなどの現代デザインを取り入れた設計で、2本の立坑櫓と赤レンガの組み合わせが美しい。建設当時は「世界でもっとも現代的で美しい炭坑」と称された

→内部もモダン。建物の一部はミュージアムとして公開されている

インドネシア

登録基準↓(ii)(iv)

サワルントのオンビリン炭鉱遺産

採掘場から港への鉄道まで構築された炭鉱業の遺産

19世紀後半~20世紀初頭、オランダ東インド会社によって開発された炭鉱。遺産は、採掘現場や石炭の貯蔵施設、加工や輸送設備*などからなり、ヨーロッパの工学的知識と現地の伝統的な慣習や知恵の両者が寄与したことがわかる。

↑住居のほか、医療や教育、信仰のための施設も立ち並ぶ

→往時の街の様子。先住民やジャワ人が労働者として集められた

ムンディ's Eye

エッセンの炭坑の建築のデザインに取り込まれたバウハウスの様式の「バウハウス」とは、モダンデザインの基礎をつくった、第一次世界大戦後のドイツに設立された美術学校のことです。

Notes

＊鉱山から海岸までは約155kmあり、ラック式登山鉄道や多数のトンネル、鉄道橋が建設された。また港も新設され、ヨーロッパへと石炭が運ばれた

イギリス　登録基準→(iii)(iv)

ブレナヴォン産業景観

産業革命を牽引した イギリスが誇る炭鉱施設

ブレナヴォンは、18世紀末〜19世紀、鉄鉱石と石炭の産地として繁栄した。19世紀半ばにおいてイギリス最大の炭鉱と最新鋭の高炉があり、最盛期には、66万tもの銑鉄を鋳造。＊＊この地の銑鉄は、産業革命の原動力となった。

ビッグピット国立石炭博物館

ビッグピット炭鉱は、イギリスの炭鉱の中でも特に保存状態がよく、現在はイギリスを代表する鉱山博物館。歴史的な炭鉱施設の展示を楽しめるほか、地下炭鉱ツアーでは、約90m下降して、働いていた炭鉱労働者たちの生活を知ることができる

→現在も稼働状態で残るブレナヴォン保存鉄道

ノルウェー　登録基準→(ii)(iv)

リューカンとノトデンの産業遺産群

自然と融合した 革新的な産業遺産群

20世紀初頭、ノルスク・ハイドロ社によって建設された施設群。ヨーロッパの農業生産における需要の拡大をうけ、化学肥料を生産するために建設されたもので、水力発電所やダム、肥料の工場、鉄道、町などで構成される。

↑労働者のための交通システムや社会福祉施設などが整備された、革新的な企業城下町だった

ヴェモルク水力発電所

高さ104mのリューカン滝を利用した当時の世界最大の発電所で、1911年に稼働を開始。現在はノルウェー産業労働者博物館

Notes　＊＊ブレナヴォンのあるウェールズ地方は、映画『天空の城ラピュタ』のモデルの地といわれている。劇中にはブレナヴォン産業景観をモデルにしたと思われるシーンもある

さまざまな製品の材料となる
なくてはならない金属資源

地球内部に豊富に存在する鉄を生み出す鉄鉱石

人類は生活を営む上でさまざまな資源を利用している。そのなかでも地下に埋蔵されているものを鉱産資源と呼び、鉱産資源は燃料などにするエネルギー資源（↓P94）と、**原料資源**に分けられる。原料資源はさらに、鉄や銅などの金属資源と、それ以外の石材や硫黄などの非金属資源に分類される。

金属資源の中でも鉄は特に重要性が高く、大量生産が可能になった産業革命以降は、あらゆる産業で鉄が不可欠となったことから「産業のコメ」*とも呼ばれた。

世界の鉄山、鉄鉱石の貿易

露天掘りの鉄山

露天掘りでは坑道を掘らずに採掘できる

鉄鉱石

産出されている鉄鉱石のほとんどが30億～20億年前にできた

主要工業国の鉄鉱石の輸入先

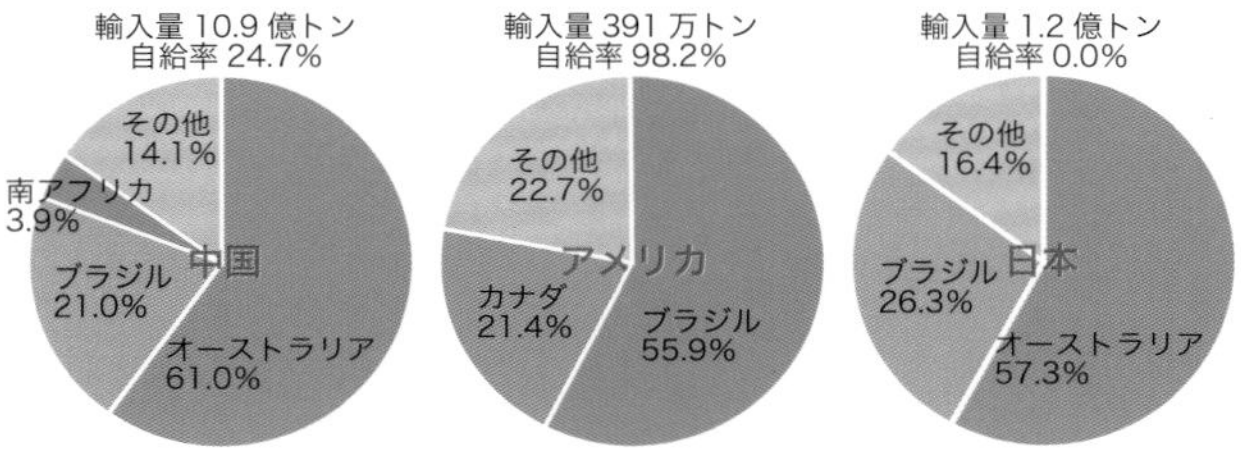

Keywords
★原料資源
★鉄鉱石
★レアメタル

日本で実感
菱刈鉱山（鹿児島県）

Notes ＊ある時代において、産業の基盤となる資源や生産物につけられる呼称。例えば、日本ではかつては鉄鋼が、その後は半導体が「産業のコメ」と呼ばれたまた、鉄は地球上で最も埋蔵量が多い資源のひとつ。良質の**鉄鉱石**は安定陸塊の地域に多く埋蔵されていて、オーストラリアとブラジル、中国の3カ国で世界の70%以上を産出している。

産業の発展とともに重要性を増すレアメタル

鉄のように埋蔵量と産出量がともに多く、精錬も比較的簡単な金属は「ベースメタル」といわれ、産出量が少なかったり、精錬が難しかったりする金属は「**レアメタル**」と呼ばれる。

レアメタルは先端技術産業や合金の製造に欠かせないため需要が急増したが、政治的に不安定な地域に偏在するものもあるため、産**出国との関係性によって貿易に支障がでることもあり、消費国では、代替技術の開発や使用量の削減が進められている。

主な非鉄金属の鉱山

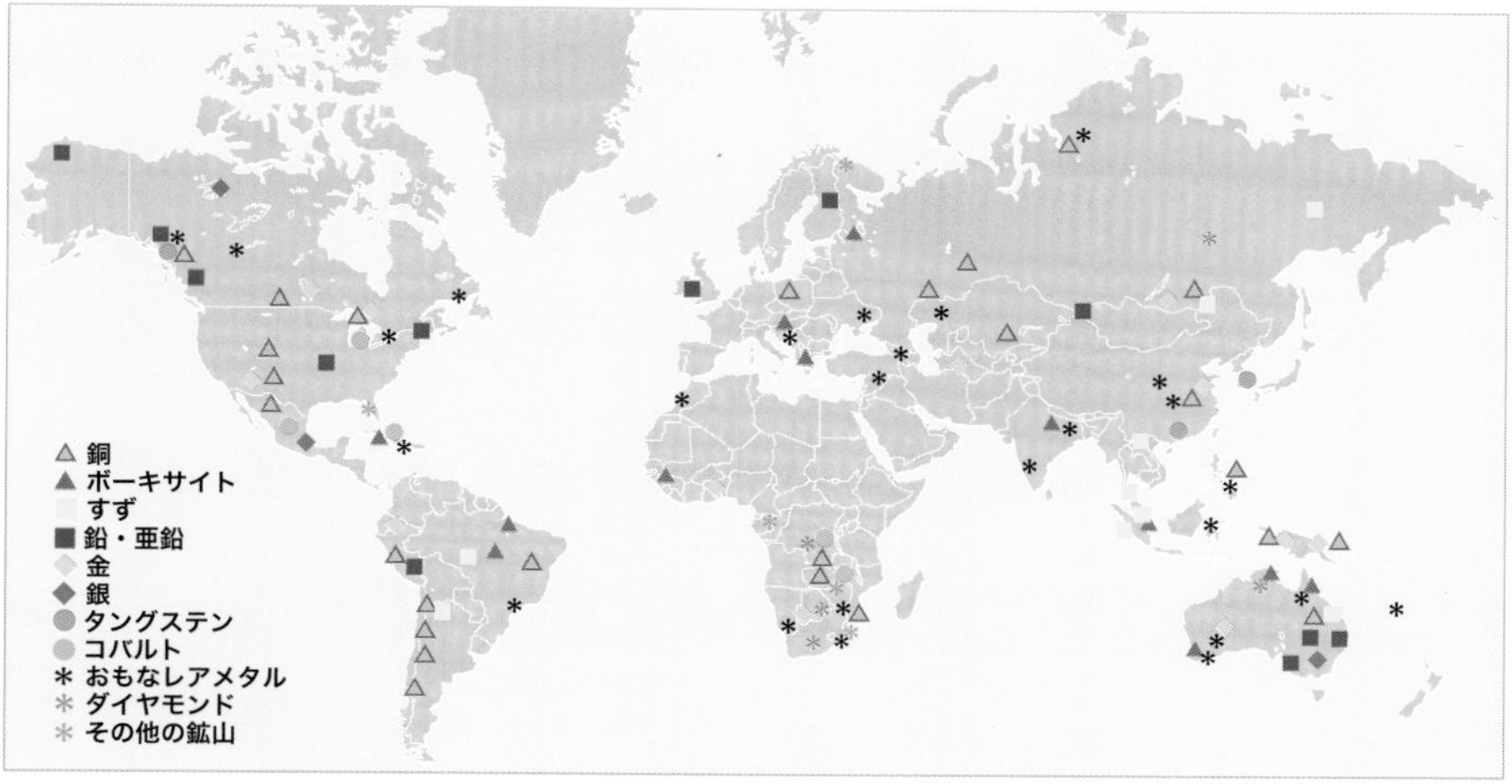

省エネ・リサイクル

3R、5R

ごみ問題の解決や、循環型社会を実現するための手段。3RとはReduce（ごみを減らす）、Reuse（再使用する）、Recycle（再生利用する）のことで、1970年代頃から環境活動のスローガンに用いられていた。近年ではRefuse（断る）、Repair（修理する）を加えて5Rともいわれる

都市鉱山

これまで製造されてきた工業製品を資源とみなし、そこから積極的に資源を取りだそうとするリサイクルの概念

主なレアメタル

種類	用途
ニッケル	ステンレス鋼、電池
クロム	ステンレス鋼、超合金
タングステン	放射線遮蔽材、工具
モリブデン	鉄鋼用添加材、半導体基板
コバルト	リチウムイオン電池、顔料
マンガン	電池、合金添加材
バナジウム	鉄鋼用添加材、顔料
インジウム	液晶透明電極、蛍光体
リチウム	陶器やガラス用添加材、電池

Notes　＊＊レアアースとは、レアメタルのうち希土類に属する17種の金属のこと。2010年、尖閣諸島をめぐる事件を契機に、中国はレアアースの輸出を制限。価格が急騰して大問題になった

ブラジル 登録基準➜(ii)(iv)

ディアマンティーナ歴史地区

18世紀、ダイヤモンドの採掘で栄えた都市で、ポルトガルの中世の町をモデルに築かれた。幾何学模様の木彫りの装飾が施された聖堂には、ヨーロッパと先住民の文化の融合が見られる。

→聖フランシス教会

↑険しい山の中腹に位置し、石畳の道沿いに、バロック様式の建物が軒を連ねる

イギリス 登録基準➜(ii)(iii)(iv)

コーンウォールとウェストデヴォンの鉱山景観

18〜19世紀、銅や錫などの採掘で栄えた鉱山地帯。19世紀初頭、当時最先端の技術であった蒸気機関が採掘現場に導入され、最盛期には世界の銅の3分の2を産出した。採掘技術は労働者と共に各国へと渡った。

↑蒸気機関小屋「エンジンハウス」や坑道、鋳造所、港湾施設などが残る

→1860年代に衰退し始め、1998年に全鉱山が閉鎖

チリ 登録基準➜(ii)

シーウェル鉱山都市

1905年、世界最大の地下鉱山であるエル・テニエンテ銅山で働く労働者の居住地として、アンデス山脈の標高2000m付近に建設された。1970年代に住民たちは麓に移住し、無人となったが、町全体が保存されている。

↑カラフルな建物が並ぶ町並みは、19世紀のアメリカをモデルにしたもの

→最盛期の1960年代には、1万5000人が暮らした

ボリビア 登録基準➜(ii)(iv)(vi)

ポトシ市街

スペイン統治時代に建設された鉱山町で、ポトシ銀山は17世紀には世界の銀*の半分を産出した。16世紀半ば〜17世紀半ばの最盛期には、人口20万人に。140の精錬所があった。

19世紀に衰退したが、往時の繁栄を示す建物が残る

ムンディ's Eye ポトシ銀山から産出された銀は、世界中に行き渡り、「銀の時代」をつくりました。この時代、日本でも盛んに銀が生産されており、世界遺産に指定されている石見銀山もこの時代の遺構です。

Notes ＊ポトシ銀山を筆頭にしたラテンアメリカからの大量の銀がヨーロッパに流れ込んだため、16世紀中頃〜17世紀初めのヨーロッパは「価格革命」と呼ばれる未曽有のインフレに見舞われた

スウェーデン　登録基準➔(ii)(iii)(v)

ファールンの大銅山地域

8〜9世紀には採掘が始められ、17世紀半ばには世界の銅の70%を産出するまでに成長した銅山の町。工場や管理事務所をはじめ、旧市街にも、17世紀の聖堂などの歴史的建造物が残る。

→赤い壁の邸宅が立ち並ぶ

↑深さ90mの採掘坑や廃石の山などが、世界有数の銅山の歴史を物語る。採掘は1992年まで続けられた

スペイン　登録基準➔(i)(ii)(iii)(iv)

ラス・メドゥラス

古代ローマの皇帝トラヤヌスの時代に最盛期を迎えた金鉱跡。アクイリアノス山に連なる高さ100m以上の小山群は、**水の力で砂金を採掘した際にできたもの。紀元前1〜後3世紀の金の総産出量は750tといわれる。

↑赤茶色の小山が残り、労働者が食料として植えた栗の木が森に広がる

→山の内部には無数のトンネルが残されている

ドイツ　登録基準➔(i)(ii)(iv)

ランメルスベルク鉱山と古都ゴスラー

10世紀後半に銀鉱脈が発見されたランメルスベルク鉱山によって繁栄したゴスラーには、鉱山の富で潤った中世の町並みが残されている。オーバーハルツ水利システムは、地下水の排水の動力などに使用されていた。

↑1000年以上の歴史を誇る鉱山は、現在は博物館として公開されている

→坑道や炉など、さまざまな設備を見学できる

ノルウェー　登録基準➔(iii)(iv)(v)

レーロース鉱山都市とその周辺

銅鉱石が発見された1644年から1977年の閉山まで続いた銅鉱山の集落。北極圏に近い地で、労働者が自給自足で生活をするための町がつくられた。労働者用の木造家屋などが立ち並ぶ。

→酸化した銅が見える

↑中央に立つのが、鉱山都市のランドマークであるレーロース教会の鐘楼。1784年に石造りで再建された

Notes　**山頂に貯水池を設けて、山に掘った何本ものトンネルに水を流し込んで、人工的な土砂崩れを起こした。この「山崩し」という手法で大量の土砂を発生させ、そこから砂金を採りだした

工業化のはじまりと発展
世界の工業①

産業革命によって一大変革がもたらされた

工業とは、農林水産業や鉱業で得られた原材料を加工して製品を作り出すことである。その作業は、長年、人の手によって行われてきたが、18世紀のイギリスで起こった**産業革命**によって、工業のありかたは一変した。機械による大量生産が可能になり、世界中から原材料を輸入して工場で製品をつくり、世界中に輸出する国が現れた。こうした国は「世界の工場」と呼ばれ、19世紀にはイギリス、20世紀にはアメリカと日本、21世紀には中国を指す語となった。

イギリスの産業革命は、繊維工業からスタート*した。繊維工業は、工業のなかでは**軽工業**に分類される。軽工業とは衣服や食料品など、重量の比較的軽い製品を生産する工業のことで、生産設備にかかる投資が少なくて済むという特徴がある。かつては、一国における工業は、軽工業から始まり次第に**重工業**へと発展するのが一般的であった。しかし、グローバル化した現代では、製造工程が複数国にまたがる**国際分業**によって、工業の発展の様相は複雑化。中間財や消費財の供給国として存在感を高める国も増えた。

Keywords
★産業革命
★軽工業
★重工業
★国際分業

日本で実感
富岡製糸場（群馬県）

世界の工業生産に占める各国の割合（19世紀後半～20世紀初頭）

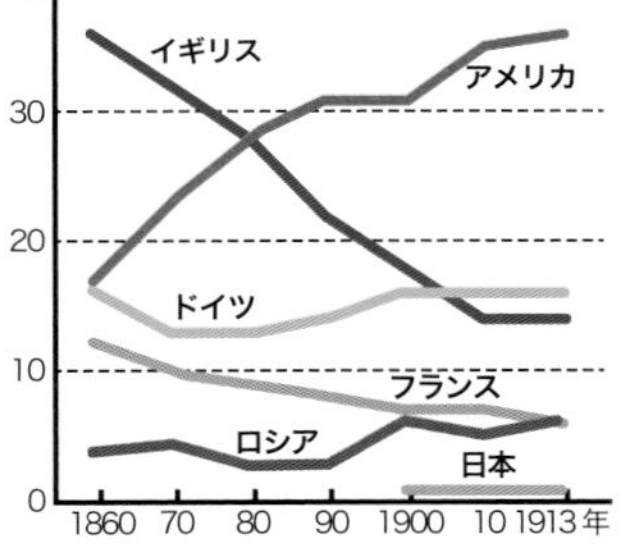

イギリス以外にドイツやアメリカ、フランスなどの工業化が進み、重化学工業で技術革新が進んだ。

工業の分類

業種による分類

軽工業	食料品、繊維、窯業、その他(木材、雑貨など)	
重工業	素材型	鉄鋼、非鉄金属、石油化学
	加工組立型	機械器具、電気・電子機器、輸送機械

製品による分類

資本財	生産に用いられる道具、機械、装置
中間財	生産に用いられる原材料、部品
消費財	家計により消費される製品 日用消費財(医療、食品、雑貨など) 耐久消費財(家具、家電、自動車など)

Notes ＊欧米では19世紀後半には軽工業から、鉄鋼業や機械工業などの重工業へと転換していき、ドイツのルール地域やアメリカの五大湖沿岸地域に工業地帯が現れた

工業の発展の歴史

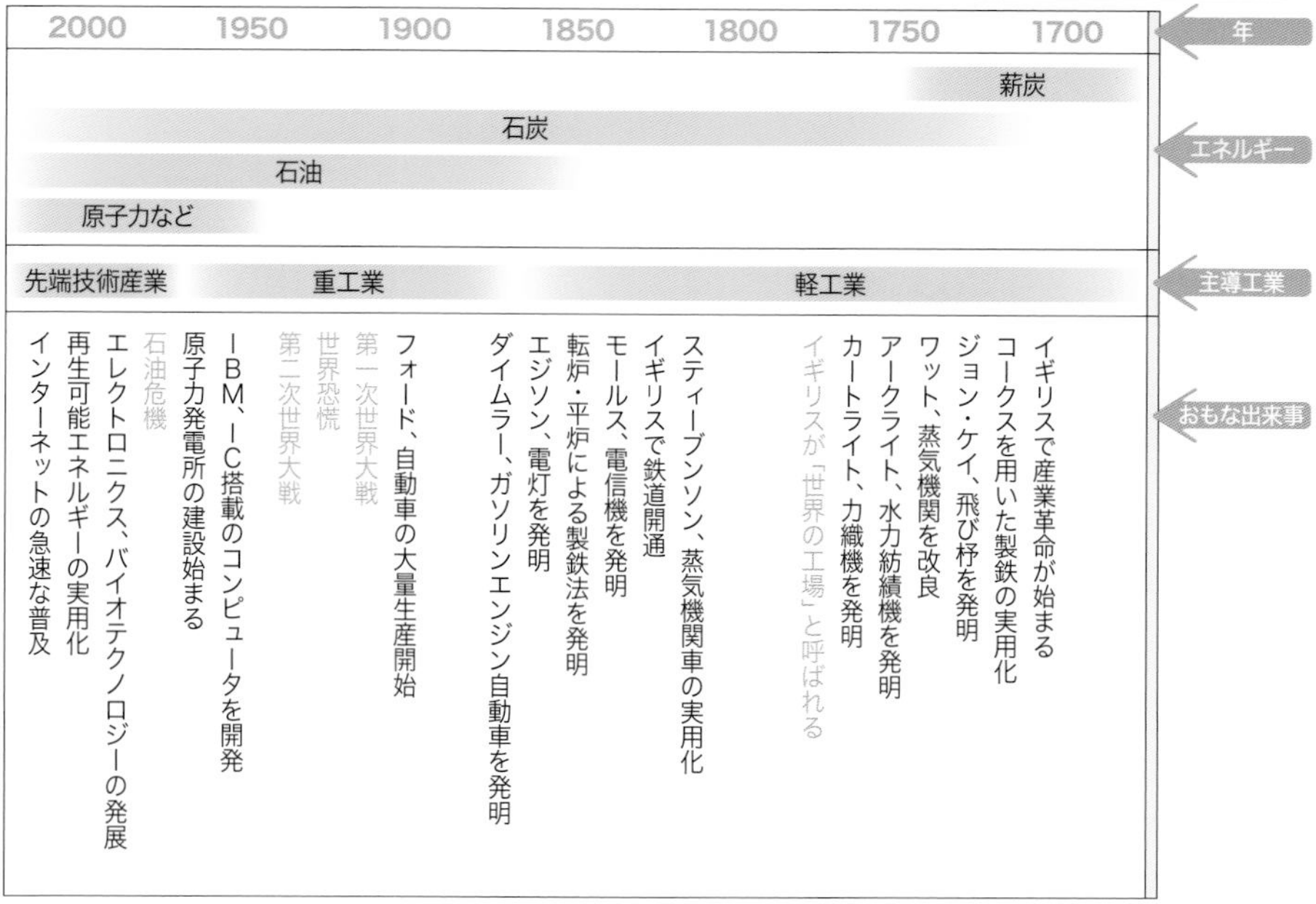

産業革命によって多くの賃金労働者が生まれた。また、機械を操作できれば働き手になれたため、多くの女性や子どもも労働者になった

コンドラチェフの長期波動

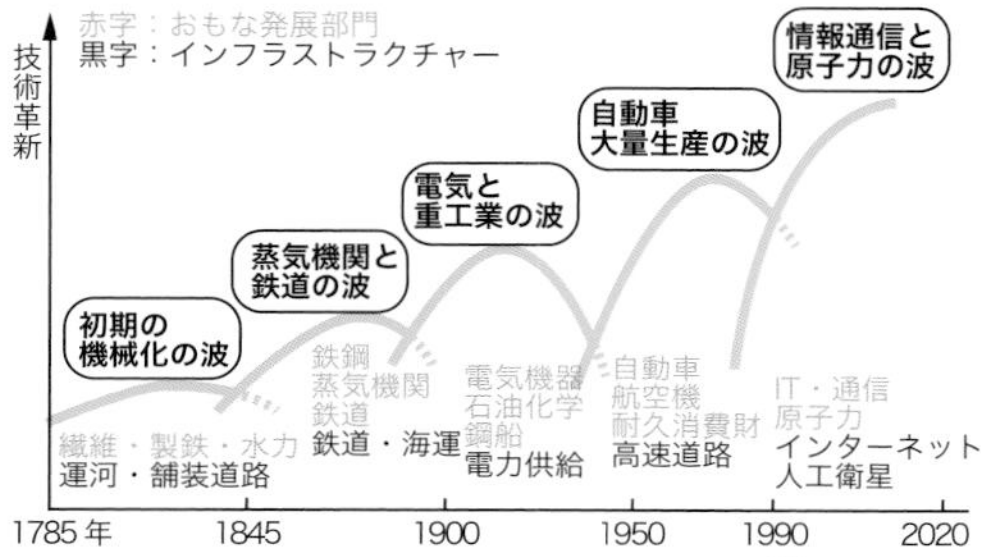

ロシアの経済学者が提唱した景気循環に関する学説＊＊**。新技術の発明をきっかけに50〜60年周期で技術革新の波が生じて景気は拡大し、やがて縮小していくという考え方。**

工業化の推移

家内制手工業

生産者が原材料や道具などを自ら用意し、手作業で生産する工業形態

↓

問屋制家内工業

企業家が原材料や道具などを前貸しして、生産者が自宅で生産する

↓

工場制手工業

企業家が工場や作業場をつくり、労働者を集めてそこで作業させる

↓

工場制機械工業

工場において機械によって製品を大量生産する

Notes　＊＊約40カ月周期で発生する企業の在庫投資による景気循環「キチンの波」、約10年周期で発生する企業の設備投資による景気循環「ジュグラーの波」などの学説もある

イギリス　登録基準 ↓(ii)(iv)

ダーウェント峡谷の工場群

革新的な紡績機を備えた近代機械工業の先駆け

イギリス中部を流れるダーウェント川流域には、18~19世紀に建設された紡績工場が点在する。なかでもクロムフォードの町の工場は、世界で初めて、水力による紡績機(水力紡績機)*を導入し、機械工業の先駆けとなった。

マッソンミル

イギリスの発明家リチャード・アークライトが発明した水力紡績機を設置し、紡績の全工程が機械化された画期的な工場だった。1991年まで綿糸を生産し、現在は博物館となっている

→工場を中心とする都市設計は、後のモデルとなった

オランダ　登録基準 ↓(ii)(iv)

ファンネレ工場

工場の概念を覆したオランダ機能主義の象徴

1920~30年代にロッテルダムの運河沿いに建設された、タバコ、コーヒー、紅茶の製造工場。原料を調達し、欧州市場向けの嗜好品へと加工する工場は、オランダの商業発展の証であり、現代的な建築と工場設計の先駆けとなった。

↑ガラスと鉄筋コンクリートを駆使した建物は明るく機能的で、建築面でも評価が高い

→工場棟と倉庫は空中のブリッジで結ばれている

ムンディ's Eye

アルケースナンの王立製塩所は、美しい半円状の姿をしており、ぜひ「グーグルマップ」などで検索してほしいと思います。フランス革命に直面した国王ルイ16世の時代に建てられました。

Notes　*水力による紡績機は、アークライトが特許を取得したが、後に裁判で無効と判決される。その結果、水力紡績機は急速に普及した

フランス　登録基準↓(i)(ii)(iv)

天日製塩施設

フランス経済を支えた塩をつくった美しい建造物

フランス東部の2つの製塩所＊＊で構成される。1775年に着工されたアルケ-スナン王立製塩所は、製塩工場を中心に、労働者の住居や生活に必要な諸施設を備えた、理想的な工業都市を構想してつくられたが、未完に終わった。

サラン-レ-バン大製塩所

王立製塩所よりも歴史が古く、塩水を煮詰めていた大型の金属製の窯や煙突などが残る

アルケ-スナン王立製塩所

円状の都市を構築する計画だったが、半円状になった段階で建造は中断された

ポーランド　登録基準↓(iv)

ヴィエリチカ・ボフニア王立岩塩坑

地下に塩の芸術が点在する世界最古級の岩塩鉱山

かつて海だった一帯で、本格的に岩塩が採掘されたのは13世紀頃。岩塩は「白い金」といわれ、14～16世紀にはポーランド王国の財源の3分の1を担った。空気が塩の作用で浄化されていることから、坑内に療養所も設けられた。

↑坑道は700年間で長さ300km、深さ300m以上に及んだ。現在も採掘は続けられている

聖キンガ礼拝堂

地下101mにあり、鉱山労働者たちが岩塩で築いたもの。芸術性の高いレリーフや彫像、シャンデリアなどで装飾されている

Notes　＊＊天日製塩施設という名称だが、2つの製塩所はどちらも釜で煮詰めて塩を得る煎熬(せんごう)という手法の施設である。燃料となる薪が大量に必要なため、森の近くに建設された

工場立地と工業の変遷
世界の工業②

利潤を追求するため注目された工場立地

　家内制手工業から工場制機械工業へと工業が進展すると、企業は、工業生産の利潤を大きくするためには生産費を節約する必要があると考え、工場の立地を重要視するようになった。

　こうした**工場立地**について、理論の体系化を行ったのが、ドイツの経済学者*アルフレッド・ウェーバーだった。ウェーバーは、**輸送費**(原材料・燃料・製品の輸送)と、**労働費**の最小化が可能な立地を、集積(複数の企業や工場が集まっている状態)のメリット・デメリ

工業の分類による立地指向

工業の種類	立地指向	特徴
鉄鋼業 セメント工業 紙・パルプ工業	原料指向型	原料産地が特定の場所に限られており、原料よりも製造・加工後の製品の重量が軽量になる
飲料工業 印刷業	市場(消費地) 指向型	原料産地が限定されず、どこでも入手可能なため、市場に近い立地の方が有利になる
繊維工業 電気機械工業	労働力指向型	衣服の縫製や電気製品の組み立てなど、大量生産のために多くの労働力を要するもの。また高度な技術を要するもの
自動車工業	集積指向型	多種の部品を他社から調達し、また、他社の工程と結びついている必要があるため、関連工場が近接して立地する
石油化学工業 IC工業	交通指向型	原料や製品の輸送量を節約するために港や空港に近い、交通の便利な場所に工場を立地する

おもな工業の立地変化

種類		工業地域・生産国の変化	変化の理由
繊維工業	羊毛	フランドル地方(ベルギー)➡ヨークシャー地方(イギリス)	14～15世紀の百年戦争で毛織物職人が移動
	綿	上海、天津➡鄭州、石家荘、青島(中国) ニューイングランド➡アパラチア山脈東南部の滝線都市(アメリカ)	消費地から綿花の産地へ。アメリカの場合は安価な労働力も
鉄鋼業		ピッツバーグ➡シカゴ、ゲーリー(アメリカ) バーミンガム、シェフィールド➡カーディフ、ニューカッスル(イギリス) エッセン➡ブレーメン(ドイツ) メス➡ダンケルク、フォス(フランス)	原料産地から原料輸入港付近へ

Keywords

★工場立地
★輸送費
★労働費
★先端技術産業

日本で実感

東京都周辺のビール工場

Notes
＊1868年生まれ、1958年没。先人の多くの業績を取り入れて工業立地論を体系化。近代立地論の基底となった。兄は、社会学者・経済学者のマックス・ウェーバー

ットを加味して決める「工場立地論」を唱えた。

たとえば鉄鋼業の場合、製品の銑鉄1tを生産するのに必要な原材料(鉄鉱石)・燃料(石炭)は1tを大きく上回る。そのため原材料・燃料の輸送費の節約を重視して、鉄鉱石や石炭の産出地周辺が工場の適地になる。一方、ビール工業では、ビールの生産には水が大量に必要だが、水は入手が容易なため、製品の輸送費を節約できる市場の近くが工場の適地になる。

先進諸国の工業生産は重工業中心であったが、1970年代以降は、＊＊新興工業経済地域などの工業発展によって、産業の空洞化が進んで生産は縮小した。そこで、多額の研究開発費を投じて、1980年代以降は、製品の付加価値がより高い**先端技術産業**を工業の中軸にシフトさせてきた。

産業構造の変化による工業の分類

先進諸国においては、工業は軽工業から重工業、そして先端技術産業へと時代とともに発展していった。また技術集約度と資本集約度が高いほど、製品の付加価値が高まっていく

先端技術産業

最先端の高度な科学技術を用いて工業製品を生産する工業で、ハイテク産業ともよばれる。エレクトロニクス、新素材、バイオテクノロジーなど、その分野は多岐にわたる

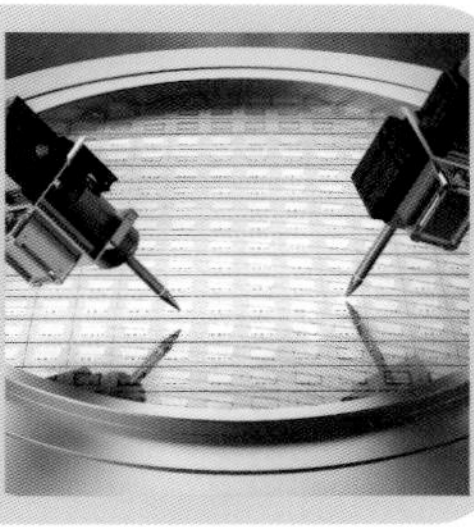

重工業

大型の装置を工場に設置し、おもに生産活動に使われる重量の重い製品をつくる工業のこと。大資本が必要とされる。化学工業と合わせて、重化学工業と呼ばれることもある

鉄鋼業

石油化学工業

自動車工業

軽工業

軽工業は、大きな資本や高度な技術をあまり必要としない。しかし、地場産業のなかには熟練の技術者の手による伝統工芸品など、付加価値の高いものもある

高　技術集約度　低

低　資本集約度　高

Notes　＊＊アジアでは韓国、台湾、香港、シンガポール。ヨーロッパではギリシア、ポルトガル、スペイン。中南米ではメキシコ、ブラジルなどを指す。NIES(ニーズ)ともいう

ドイツ

登録基準→(ii)(iv)

フェルクリンゲン製鉄所

6基の溶鉱炉と技術革新で工業国ドイツの発展に貢献

1873年に創業し、ドイツ帝国の宰相ビスマルクが推進する富国強兵策を背景に発展。1903年までに、約6万㎡の敷地に6基の溶鉱炉が建設され、各炉が1日に約1000tの銑鉄を生産した。また、溶鉱炉で発生したガスを巨大送風機の燃料にする装置や、粉末状の鉱石を燃料とともに加熱し高炉へ送る設備、ゴンドラ式の鉱石運搬用トロッコなど、革新的な技術が発明され、後に各国の製鉄所で採用された。1986年に製鉄所は生産を停止したが、設備群の一部は*そのまま保存されている。

溶鉱炉

広大な敷地内には鉄鉱石や石炭を運ぶ鉄道が敷かれ、入り組んだ建物群は要塞のよう。巨大な送風機が高圧の燃料ガスを溶鉱炉に送り込んだ。第一次世界大戦時には、鋼鉄製ヘルメットの約9割を製造した

博物館

構内の一部は博物館となっている。大型機械や高炉群、ベルトコンベア、焼結プラント、高さ約30mの炉口などが、操業を停止したほぼ当時のまま残り、全盛期の製鉄作業の工程などを追体験できる

↑2度の世界大戦の戦火を免れた

ムンディ's Eye

フェルクリンゲンの製鉄所は、2度の大戦のときには膨大な兵器を生み出した場所でもあります。ナチス政権の時には外国人の強制労働が行われた、負の側面をもった遺産でもあります。

Notes　＊1935年にコークス工場が再建されて以来、フェルクリンゲン製鉄所に新しい施設は建造されていないため、1930年代当時の外観をほぼそのまま残している

スウェーデン　登録基準→(iv)

エンゲルスベリの製鉄所

国の経済を牽引した一大製鉄所

古くから製鉄が盛んだったスウェーデンで、16世紀末の操業開始から1919年に閉鎖されるまで、300年以上にわたり、国家の基幹産業を支えてきた。鉄製ハンマーの付いた粉砕機や工場主の木造住宅など、50以上の建物が残る。

↑スウェーデン中央部のノルベリ鉱山地域に位置する

高炉

18〜19世紀に建設された高炉(写真右)と焙焼炉(写真左)。当時最新鋭の水車を利用した高炉が導入され、燃料も木炭から石炭へと移り、生産量と品質がさらに向上した。だが、1860年代に新しい製鉄システムが普及し、次第に衰退していった

イギリス　登録基準→(i)(ii)(iv)(vi)

アイアンブリッジ峡谷

「世界の工場」イギリスの産業革命期を支えた町

18世紀初頭、この地に住む実業家がコークス＊＊で鉄鉱石を溶解する製鉄法を開発。その新技術によって、銑鉄の大量生産を可能にする溶解炉が開発された。産業革命を偲ばせる町並みや、溶解炉、鋳造工場、鉄橋などの建造物が残る。

↑1779年に建設された全長60m、幅約7m、総重量400tの世界初の鉄製の橋、アイアンブリッジ。イギリス鉄鋼建築の先駆け

→産業革命期、一帯はイギリス製鉄業の中心地に。より効率的に商品を運搬するため、峡谷を流れるセヴァーン川に橋を架けた

Notes　＊＊石炭を蒸し焼きにしてつくる炭素質の物質。石炭よりも発熱量が高く、高温を得ることができる。薪炭の大量消費で森林資源が枯渇していたヨーロッパで、代替エネルギーとなった

社会生活の基盤となる 村落の成立 集落①

人々が集住して誕生した集落の起源と村落の形態

集落とは、人々が居住する家々の集まりの総称である。世界には驚くほど多彩な集落が存在し、それらは各地の自然環境や社会環境と結びつき、独自の文化的景観*をつくってきた。

近代以前において、人々は水を確保することを最優先にして、さらに農業に適した気候などの**自然条件**から集落の立地を選んだ。また、交通や産業、外敵からの防御といった**社会条件**にも左右された。

こうして形成された集落は、住民が従事する産業や社会構造の違

立地による集落の成り立ち

丘上集落

外敵や疫病などから集落を守ることを重視して丘陵や高台に形成された集落。ヨーロッパの地中海沿岸で多く見られる

扇状地の扇端部

最上部の扇頂で河川の水が利用でき、末端部の扇端では伏流水が利用できる。どちらも水を確保できるが、交通条件などから扇端部に規模の大きな集落ができる

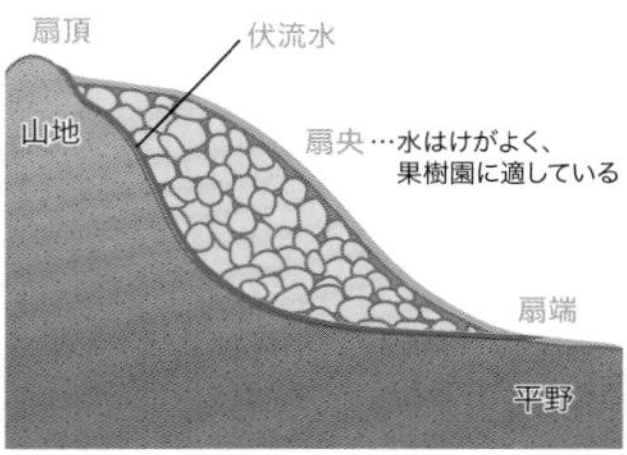

主要交通路沿い

道路や運河など、陸上・水上交通に適した場所が選ばれ、交通路に沿って発達する。集落は細長い形になり、集落の中心にあたる場所が明瞭でない場合もある

砂漠

人間が生活できるほどの淡水が得られるオアシスに集落ができる。オアシスは泉性オアシス、山麓オアシスなど、場所によって4種に分けられる

Keywords

★自然条件
★社会条件
★集村　★散村

日本で実感

砺波平野（富山県）

Notes ＊人々の日常生活やその土地の産業、風土によって生み出される景観。日本では2004年に文化財保護法が改正され、全国の重要文化的景観を保護するようになった

いにより、「村落」と「都市」に分類される。村落は、おもに農業や漁業などの第1次産業従事者が多く、都市に比べて住民と土地とのつながりや共同体的意識が強い。また、伝統的な生活様式や年中行事などが残っていることが多いのも特徴である。

村落は、家が集中して建てられているか分散しているかによって「**集村**」と「**散村**」に分けられる。

集村の場合、各農家と農地との距離は離れてしまうが、田植えや稲刈りなどの共同作業や、外敵からの共同防衛、領主の支配などには都合がよく、日本の村落では圧倒的に集村が多い。一方、散村は住居に隣接して農地が配されているため、農作業の効率が高い。日本では、富山県の砺波平野**や静岡県の大井川下流平野など、わずかな地域に見られる。

形態による村落の種類

集村

街村

街路に沿って、両側または片側に建物が立ち並んで形成された集落。とくに商業を営む民家の密集度が高く、集落の中心になることが多い。日本では江戸時代の宿場町などが典型例

路村

主要道や開拓路に沿って建物が立ち並んでいる集落。街村と異なり、農業を基盤として発達した村落で、道路に沿って細長い短冊形に地割りされ、住居-耕地-平地林と並んでいる

塊村

民家が不規則に集合して形成された集落。井戸や湧水のあるところなど、水が得やすい場所を中心として自然発生的に成立することが多い

円村

広場や草地などを中心に民家が環状に立ち並ぶ。日本では見られない形式で、地中海沿岸地域や、東ドイツからポーランドにかけて多く見られる

散村

タウンシップ制

西部開拓時代のアメリカで入植者を増やすために施行。5年間住み続けると、800㎡の土地が供与された。日本の屯田兵村のモデル

Column

日本の村落の起源

中世後期から近世初期にかけて、農業用水の管理や外敵からの防御などの条件から、山や丘の麓、盆地の周縁、沖積地の微高地などに塊村が形成された。江戸時代には、寺社の参詣路や街道沿いに門前町や宿場町が発展し、新田開発された集落には路村が見られるようになった。

Notes　**約7000戸の農家が点在する。自宅の周りにある農地で農作業をし、冬の季節風や夏の日差しから家を守るためにめぐらせた屋敷林の木材を利用する、自給自足に近い生活をしてきた

ルーマニア　登録基準↓(iv)

トランシルヴァニア地方の要塞教会群のある集落

要塞聖堂を中心に築かれた中世の村々が点在

15～17世紀、オスマン帝国*の侵攻を防ぐため、この地方には約300の要塞の機能をもつ聖堂が建てられた。防壁に囲われ、戦時に備えて食糧倉庫も設置。その1つ、ビエルタンの要塞聖堂も堅牢な3重の防壁で守られた。

ビエルタン

ビエルタン村は戦火を免れたため、4つの見張り塔を備えた要塞聖堂と中世の町並みが姿をとどめている。防壁は町全体ではなく、聖堂の周囲にのみ巡らされている

→後期ゴシック様式の祭壇や同時に15のかんぬきが動く精巧な錠前などが残る聖堂もある

マリ　登録基準↓(v)(vii)

バンディアガラの断崖(ドゴン人の地)

独自の伝統文化を守り続けるドゴン人

切り立った断崖に築かれた集落には、14世紀初頭、この地に移り住んだドゴン人が今も暮らす。独自の天地創造の神話に基づき、建物は頭を北に向けて横たわる人間の形に配置。北方には「トグナ」という男性専用の集会所がある。

↑断崖をはじめ、砂岩台地や急斜面などに村が点在する

ドゴン人

他宗教に影響されず、伝統を継承するドゴン人。現在、約25万人が約700の村に分かれ、数個の村で一共同体を形成している

ムンディ's Eye　トランシルヴァニアは、ドラキュラ伝説で知られます。「串刺し公」と呼ばれたヴラド・ツェペシュが残酷だった、という逸話から生まれた伝説ですが、彼もオスマン帝国とたたかう領主でした。

Notes　＊オスマン帝国は1453年にビザンツ帝国の首都コンスタンティノープルを陥落させると、16世紀にはハンガリーを征服。トランシルヴァニアを属国とした後にウィーンにまで迫った

ハンガリー　登録基準↓(v)

ホローケーの古村落とその周辺地区

伝統的な生活を続ける ハンガリー一美しい村

1885年以降、ホローケー村の景観や区画はほとんど変わっていない。住民はトルコ系クマン人の末裔にあたるパローツ人。その家屋はパローツ様式と呼ばれる木造建築で、火災のたび、人々は伝統的な方法で家を再建してきた。

↑家の壁は藁と泥を混ぜたもので、石灰を塗って仕上げている

ホローケー城

13世紀末に建てられたといわれ、村を見下ろす小高い丘に建つ。五角形の塔を中心とした構造で、上部は城壁が残るのみ。廃墟となったが、内部は博物館として公開されており、村の歴史を伝える展示や礼拝堂などを見学できる

中国　登録基準↓(ii)(iii)(iv)

開《かい》平《へい》の望楼群と村落

華僑の歴史を物語る 中国と西洋の融合建築物

19～20世紀初頭、労働者として海外に移住していた華僑**たちが帰郷し、水害と盗賊から守るため多層構造の望楼を建設した。中国と西洋の建築様式が融合した望楼は、最盛期には3000棟にも及び、現在は約1800棟が残る。

↑「華僑の故郷」とも呼ばれる開平は、中国でもっとも多くの華僑を輩出している地方の1つ

瑞石楼

高さ29.8m、9階建ての開平最大の望楼。各階に古代ギリシア風の列柱、バロック様式の破風、ドーム式屋根の東屋などがある

Notes　**現在では、華僑は中国に出自をもつ移民のうち、居住国の国籍を取得していない人を指し、取得している人を華人とよぶ。華僑と華人を合わせた数は、4000万人とも5000万人ともいわれる

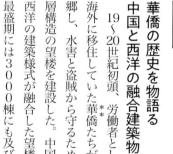

村落の都市化と立地による分類　集落②

村落の発展による都市化と都市の分類

都市の基準*は時代や国によって変化するが、村落と比較して人口や家屋が多く、高密度に集中していることが定義のひとつに挙げられる。地理学では、こうした都市を立地や形態、構造、機能などの面から分類・研究してきた。

立地の面から見ると、交通の要衝にできた村落が交易で栄えて「**都市化**」することが多い。特に、港湾に面した**港湾都市**は、漁業や貿易などの経済活動の中心や軍事的な拠点となり、大都市へと変貌する都市も現れるようになった。

都市の立地

立地点	立地の要因		都市として発達する理由	代表的な都市
平野	地域の中心地		人々が集まりやすく商業・交通・政治などの中心地として発達する	パリ、ベルリン、モスクワ
境界	山地と平野（谷口集落）		地域間の交易拠点となるので発達する	青梅・飯能
	牧畜地域と農耕地域			包頭(中国)
交通の要衝	海上交通	湾頭	海と陸との交易上の接点として発達する	**サンクトペテルブルク**、ベルゲン、気仙沼
		海峡	海峡を挟んで両側で発達する	**ジブラルタル**、イスタンブール、ドーヴァー
		運河	水上交通の要所。運河の両端で発達する	**スエズ**、ポートサイド、コロン
	河川交通	河口	海と川の交易上の接点として発達する	**ニューヨーク**、ニューオーリンズ
		潮汐限界点	河川を遡れる限界の地点として発達する	ロンドン、ハンブルク
		合流点	河川が合流するため発達する	**セントルイス**、ベオグラード
		終航点	河川交通の終点のため発達する	バーゼル、ワシントンD.C.
	陸上交通	渡し場	船が発着する河川の両側で発達する	ケンブリッジ、**島田、金谷**
		峠	人や物資が滞留するので発達する	トリノ、箱根

河川交通で発展した都市

セントルイス

ミシシッピ川とミズーリ川の合流点で水運、鉄道の要所となった

ニューヨーク

ハドソン川の河口に位置し、植民地時代から大陸の玄関口だった

Keywords

★都市の分類
★都市化
★港湾都市

日本で実感

横浜（神奈川県）、神戸（兵庫県）など

Notes ＊都市の基準は人口集団の大きさと密度のほか、第2次・第3次産業が優勢となる産業構成、政治・経済・交通・文化などの面で周囲の地方の中心地としての役割をもっていることなどがある

海上交通で発展した都市

ジブラルタル

ヨーロッパとアフリカ大陸の間にある海峡に面した、イギリスの海外領土。ジブラルタル海峡の良港として軍事・交通上重要視されてきた

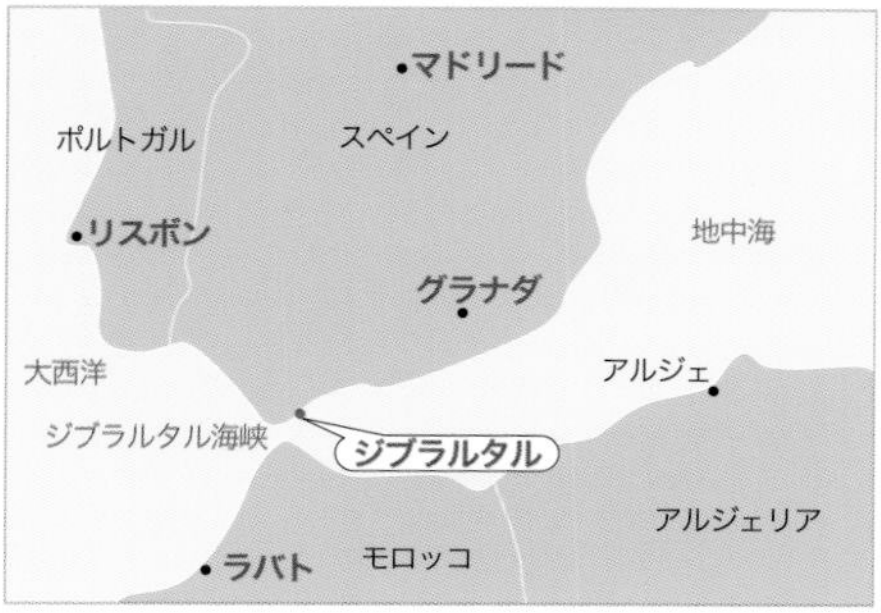

サンクトペテルブルク

バルト海東部にあるフィンランド湾の湾頭に立地する。海上交通と陸上・河川交通の要として古くから発展。バルト海交易の拠点となった

Column

中世に栄えた「ハンザ同盟」

中世後期に、北海・バルト海沿岸の北ヨーロッパの都市で構成された都市同盟。「ハンザ」とは集団を意味し、商業権益を守るために団結した貿易商人組合を指す。北ドイツのリューベック（写真左）を盟主に、ハンブルクやダンツィヒ（グダニスク、写真右）、リガ、ベルゲンなどの港湾都市が加盟。最盛期には70近くの都市が加盟し、バルト海貿易を掌握して栄えた。

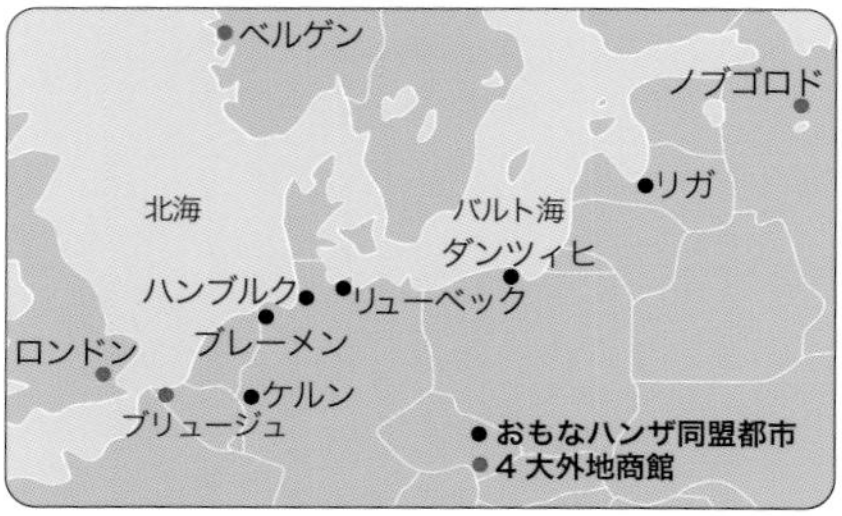

スエズ

地中海と紅海を結ぶ**スエズ運河の紅海側の入口に位置する。運河の完成により港湾都市として発展、近年は工業都市化も進んでいる

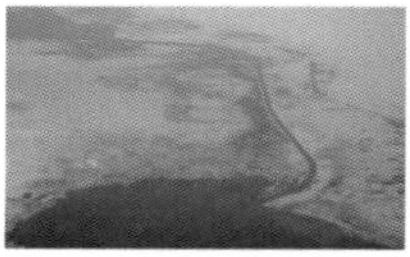

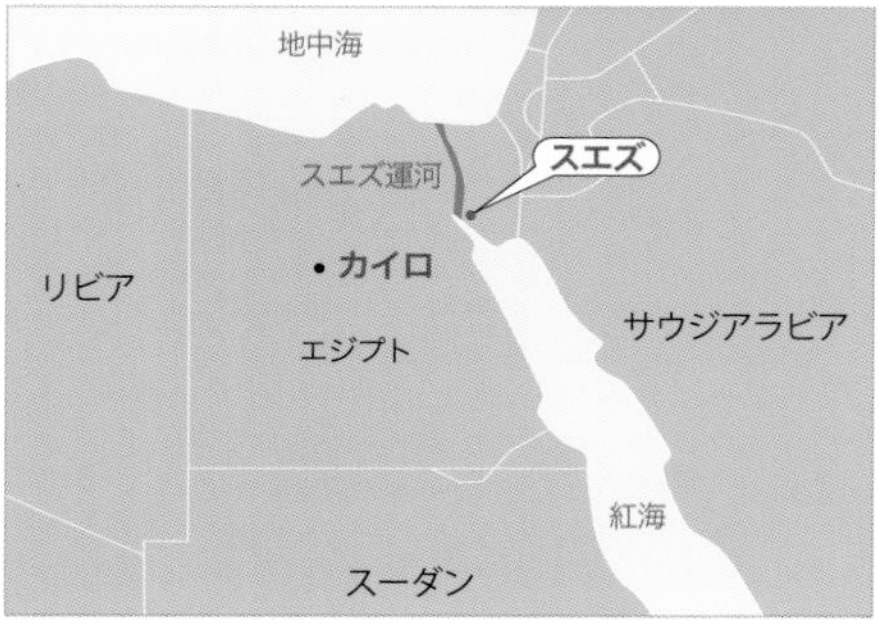

Column

双子都市

河川の両岸に向かい合うように二つの都市が発達し、一体的な都市圏が形成されたもの。静岡県の島田と金谷が代表例。

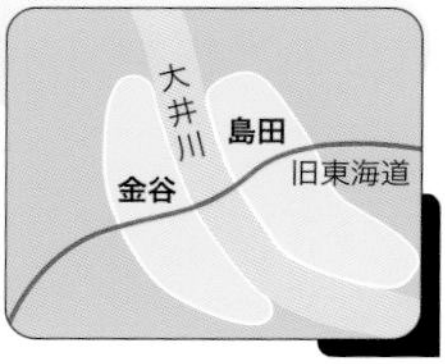

Notes ＊＊スエズ運河は、フランス人レセップスが建設した全長162kmの運河。1859年に着工し、69年に完成した。古代エジプト王朝時代にもナイル川と紅海を結ぶ運河が掘られたと考えられている

ノルウェー ブリッゲン

登録基準↓(iii)

ハンザ同盟の面影が残る港湾都市の倉庫群

14～17世紀、ベルゲンはハンザ同盟の拠点として繁栄。ドイツのリューベックの商人は、穀物や塩をベルゲンに運び、干鱈を買い取った。ドイツ人居留区が設けられたベルゲンのブリッゲン地区は、今も中世後期の姿を留める。

↑ブリッゲン地区には、ハンザ都市に共通の切妻屋根の木造家屋や石造りの商業用倉庫が並ぶ

ベルゲン市街

キリスト教の小斎日に欠かせなかった干鱈は大量の需要を得て、ベルゲンは発展。ブリッゲンはドイツの商人や職人で賑わった

チリ バルパライーソの海港都市の歴史的街並み

登録基準↓(iii)

丘の斜面を彩るカラフルな建築物

1536年にスペイン人が築いた町*。港を中心に坂道や階段が丘に向かって放射状に延び、円形劇場のように扇形に発展した。丘の上には1559年創建の聖堂が、広場には、19世紀後半建造の鉄道駅舎や関税局などが建つ。

↑バルパライーソとはスペイン語で「天国の谷」を意味する

アセンソール

19世紀後半、急勾配の斜面に造られたケーブル型エレベーター。設置された30基のうち、現在も15基が市民の足として活躍

ムンディ's Eye ハンザ同盟とは、北ドイツを中心とした中世の都市同盟です。バルト海沿岸を旅すると、ハンザ同盟に関連した歴史スポットがたくさんあります。ドイツ最大の航空会社も「ルフトハンザ」です。

Notes　＊バルパライーソは、パナマ運河が開通されるまで、マゼラン海峡を経由して大西洋と太平洋を結ぶ南米太平洋沿岸の海路で最も重要な港として発展した

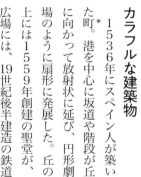

ポルトガル 登録基準➔(iv)

ポルト歴史地区

ローマ時代には「ポルトゥス・カレ(カレの港)」と呼ばれ、国名の由来になったポルト。当時から港町として栄え、中世に商工業都市へと発展。18世紀には、特産のポートワインの輸出で繁栄を極めた。

グレリゴス教会

18世紀半ば、イタリアの建築家が手掛けたバロック様式の聖堂

←大西洋の海上交通とドーロ川を利用した河川交通の接点として発展

ベトナム 登録基準➔(ii)(v)

古都ホイアン

16〜19世紀にヨーロッパやアジア諸国の船が来航する国際貿易港として栄えた。日本の朱印船も往来し、最盛期には1000人以上の日本人が暮らしたが、鎖国政策により退去。日本人町には華僑が住んだという。各国の文化が融合した町並みが特徴。

来遠橋

1593年に日本人が設計したとされ、「日本橋」とも呼ばれる

←ベトナムや日本、中国風の建物が混在

フランス 登録基準➔(ii)(iv)

ボルドー、リューヌ港

「月」を意味するリューヌ港を中心に広がるボルドーは、12世紀後半にワイン貿易で栄え、壮大な宗教建築物が建てられた。18世紀には新大陸との貿易**で繁栄を謳歌。ローマ時代から中世、18世紀に至る350以上の建物が残る。

↓三日月のように湾曲するガロンヌ川

ブルス広場

18世紀には大規模な都市改造が行われ、ブルス広場や宮殿など、古典様式の建造物が建てられた

Notes ＊＊三角貿易と呼ばれ、ボルドーで火器や雑貨を積んでアフリカへ向かい、そこで黒人奴隷を積み込み新大陸へ。新大陸で綿花やタバコなどを積んでボルドーへ帰って来るというものだった

機能によって異なる多岐にわたる都市の分類　集落③

都市の個性が色濃く出る機能による都市の分類

都市は立地のほか、**都市の機能**によっても分類される。工業・鉱業・水産・商業・交通・観光都市というように、その**都市の産業別人口**に注目して分類するのが一般的だった。しかし近年は、地域の中心をなす中心地機能や管理機能の大小・集積の度合に注目して分類する手法も広まっている。

都市のなかでも、とくに世界遺産の指定が多いのが**学術都市**だ。一般的に大学を中心として形成された都市のことを指し、大学都市、学園都市*とも呼ばれる。

機能による都市の分類

都市の種類		代表的な都市
生産都市	鉱業都市	ヨハネスバーグ(金)、チュキカマタ(銀)、イタビラ(鉄)、マウントアイザ(鉛、亜鉛)、タートン(石炭)、キルクーク(石油)
	工業都市	ウーハン(鉄鋼)、デトロイト(自動車)、ウルサン(造船)、ムンバイ(綿工業)、リヨン(絹工業)、オタワ(製紙)、北九州(鉄鋼)
	林産都市	アルハンゲリスク、シトカ、能代
	水産都市	アバディーン、キングストン、ベルゲン、釧路
交易都市	商業都市	ニューヨーク、上海、ロンドン、ブエノスアイレス、大阪
	交通都市	ウィニペグ(鉄道)、シンガポール(港)、アンカレジ(空港)
消費都市	政治都市	ワシントンD.C.、キャンベラ、ブラジリア
	軍事都市	ウラジオストク、ポーツマス、ジブラルタル
	宗教都市	エルサレム(キリスト教、ユダヤ教)、メッカ(イスラーム)、ヴァラナシ(ヒンドゥー教)、ラサ(チベット仏教)
	住宅都市	レッチワース、ウェリンガーデンシティ、多摩
	学術都市	**オックスフォード**、ケンブリッジ、ハイデルベルク、つくば
	観光都市	パリ、アテネ、ローマ、ヴェネツィア、ジュネーブ、京都
	保養都市	バンドン(避暑)、マイアミ(避寒)、バーデンバーデン(温泉)

政治都市ブラジリア。ブラジルの新たな首都として、ブラジル中部の高原地帯に建設された。こちらも世界遺産

宗教都市エルサレム。ユダヤ教、キリスト教、イスラームにとっての聖地で、世界遺産にも登録されている

Keywords
★都市の機能
★都市の産業別人口
★学術都市

日本で実感
筑波研究学園都市（茨城県）

Notes
＊日本では、つくば市（筑波研究学園都市）が知られる。国の試験研究機関などを移転させ、高水準の研究と教育を行うための拠点を形成することを目的に建設された

オックスフォード大学と町並

学術都市オックスフォードには、38のカレッジ**から構成されるオックスフォード大学の関連施設が点在している。左の地図中の色の濃い部分がオックスフォード大学の関連施設

歴史的建造物が立ち並び「夢見る尖塔の都市」といわれる

中世ヨーロッパの大学が残る町

11世紀には教育活動が始まっていたと伝わる、世界最古の大学のひとつ、イタリアのボローニャ大学をはじめ、欧州には長い歴史を誇る大学と、その大学を中心に発展した街が数多い

ダンテやガリレオ・ガリレイ、コペルニクスも在籍したボローニャ大学

Column

イスラーム世界の教育機関マドラサ

アラビア語で「学習する場所」を意味するマドラサ。現在はアラブ諸国で学校を表す単語として使われているが、元々はウラマーというイスラーム世界における学者・知識人層を養成する高等教育機関のこと。11世紀に制度的に確立し、イスラーム世界のほとんどの都市に設置され、アラビア語や神学、哲学などが教えられた。しかし、近代高等教育の普及により衰退した。

Notes　＊＊カレッジとは、大学組織のひとつではあるものの独自の文化、歴史、伝統をもつもので「学寮」と訳される。学生だけでなく教師も各カレッジに所属し、それぞれの校舎で寝食を共にする

ベネズエラ　登録基準→(i)(iv)

カラカスの大学都市

モダニズム建築と現代アートの傑作

1945〜60年に建築家カルロス・ラウル・ビリャヌエバの設計で建設された、ベネズエラ中央大学を中心とした学術都市。広大なキャンパスには、前衛的なデザインの研究棟や博物館、オリンピック・スタジアムなどが並ぶ。

↑建物には鉄やコンクリートを使用。熱帯気候対策として、中庭を設けて風通しをよくしている

アウラ・マグナ

大学の講堂で、講堂内にはアメリカの現代美術家、アレクサンダー・カルダーの作品「雲」があることで知られる

スペイン　登録基準→(i)(ii)(iv)

サラマンカ旧市街

芸術的建造物に囲まれたスペイン最古の学び舎

1218年にスペイン最古の大学が創設されて以来、ボローニャ、パリ、オックスフォードと並ぶヨーロッパ有数の学術都市として発展。1755年完成のマヨール広場を中心に、新・旧大聖堂やサン・エステバン修道院などが立ち並ぶ。

*サラマンカ大学

旧市街に点在する校舎のうち、旧大学の建物正面は、人物や紋章が浮き彫りにされたプラテレスコ様式の傑作といわれる

→聖ヤコブを象徴する帆立貝で装飾された邸宅「貝の家」

ムンディ's Eye

中世の大学では、算術や天文学、音楽、文法などの基礎科目と、神学・法学・医学・哲学の専門科目がありました。サラマンカ大学は神学と哲学が有名で、多くの哲学者や司祭を出しています。

Notes
＊サラマンカ大学は、10〜13世紀に存在したレオン王国のアルフォンソ9世によって設立された。『ドン・キホーテ』の作者ミゲル・デ・セルバンテスやコロンブスがこの大学で学んだ

スペイン 登録基準➜(ii)(iv)(vi)

アルカラ・デ・エナレスの大学と歴史地区

15世紀末にローマ教皇から大学開校の許可を得たシスネロス枢機卿が、**アウグスティヌス派の「神の都」の実現を目指した。結果的には、大学を中心としたヨーロッパの知的世界を主導する学術都市となった。

アルカラ大学

1508年に開校。町のシンボル、サン・イルデフォンソ学院

←旧市街地にあるオイドール聖堂

イギリス 登録基準➜(ii)(iv)

エディンバラの旧市街と新市街

スコットランド王国のかつての首都。旧市街は小高い丘の上に建つエディンバラ城を中心に、16〜17世紀の建造物が立ち並び、中世の面影を色濃く残す。一方、新市街は18世紀後半から都市計画に基づいて碁盤目状に建設され、新旧の町が調和している。

エディンバラ大学

1583年に設立。かつてダーウィンが在籍していた

→大学が所有する歴史的建造物も多い

イエメン 登録基準➜(ii)(iv)(vi)

古都ザビード

13〜15世紀、アラビア半島初の大学アル・アシャエル大学が開設されたイスラーム屈指の学術都市。高等教育施設のマドラサが立ち並び、5000人以上の学生たちが、神学や法学、医学などを学んだ。代数学の発祥の地でもある。

→「白い町」とも呼ばれるが、白い伝統家屋は失われつつあり、危機遺産に登録

←白漆喰のザビード様式の建物が特徴

Notes　**アウグスティヌス(354〜430年)は、初期キリスト教の最大の教父で、神学者でもあり哲学者でもあった。『告白』『神の国』などを著し、その思想は後世にまで多大な影響を与えた

古代と近・現代で異なる
植民による都市　集落④

植民都市と母都市・本国との関係性

村落や都市は自然発生的に形成されるものと、何らかの計画に基づいたものがあり、後者のひとつが「**植民**」である。植民とは、本国の政策を背景に集団で行われる移住のことで、こうして形成された都市を植民都市という。

植民都市の歴史は古く、古代地中海世界においてフェニキア人やギリシア人、ローマ人*が多くの植民都市を築いた。例えば**古代ギリシア**では、前8～前6世紀に人口増加や政治的対立などを要因に、黒海や地中海沿岸への植民活動を

古代地中海世界の植民都市

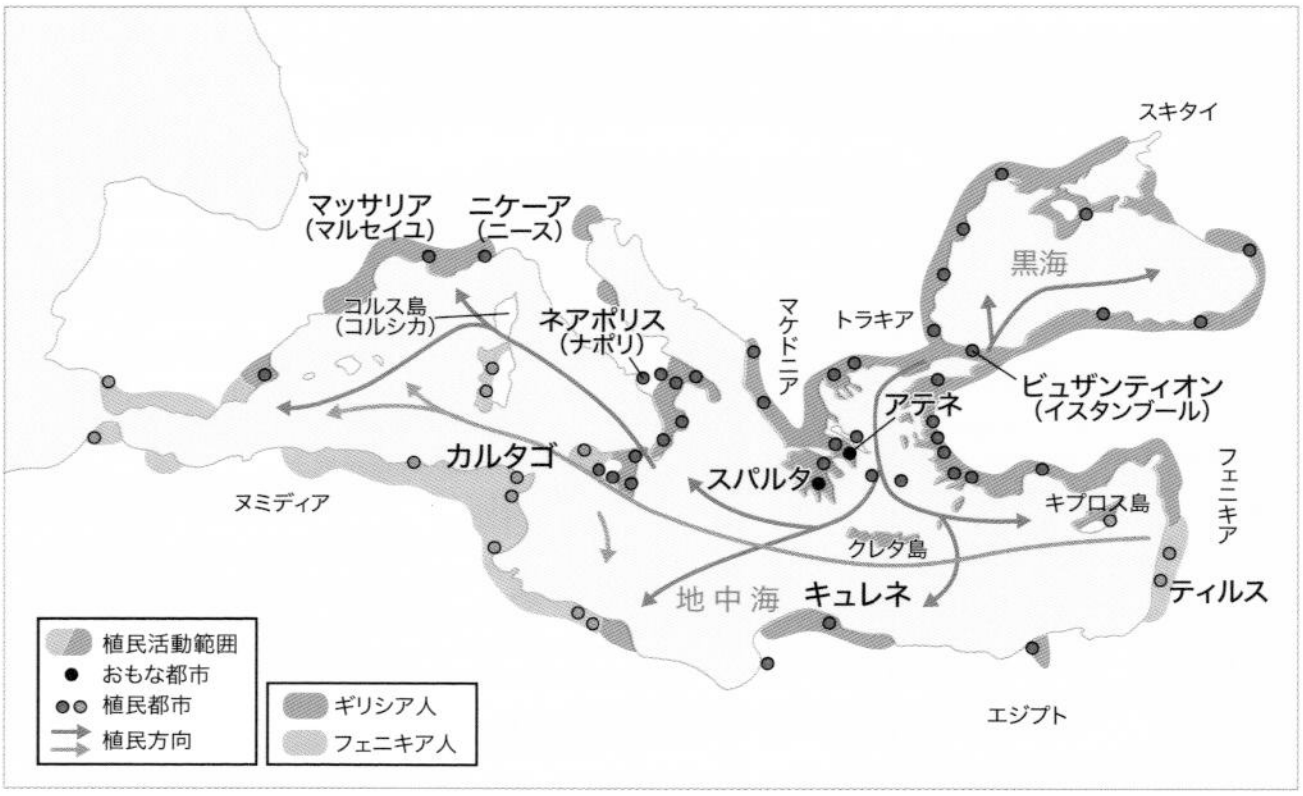

フェニキア人は、前20～前8世紀に地中海東岸を拠点に地中海貿易に従事していた集団。現在のアルファベットのもとになる表音文字を考案し、前9～前8世紀に地中海沿岸各地にカルタゴなどの植民都市を築いた。

キュレネ

現在のリビアにあった古代ギリシア都市。「アフリカのアテネ」といわれるほど栄えた。キュレネの遺跡も世界遺産

カルタゴ

現在のチュニジアに位置し、フェニキア人の西地中海貿易の拠点だった。ローマに滅ぼされ、その遺跡は世界遺産である

Keywords
★植民
★古代ギリシア
★スペイン、ポルトガル
★植民地支配

Notes
＊古代ローマの植民都市はコロニアと呼ばれた。帝政ローマでは自治市、同盟市、植民市などに区分され、市民権の付与や納税の免除などに違いがあった

始め、現在のイスタンブールやマルセイユ、ナポリなどの起源となる都市を建設。こうした植民都市は、母都市と祭儀や制度などの面で結びついていたが、政治的には独立した都市として運営された。

その後、植民都市が注目されるのは、15世紀の**スペイン**、**ポルトガル**に始まるヨーロッパ諸国によるアメリカ、アフリカ、アジアへの進出によってである。こうして誕生した植民都市は母国と従属関係にあり、経済的・政治的な権利や自由を有していなかった。

19世紀以降、列強による世界の植民地化は拡大し、互いに覇を競った末に世界大戦へと進展。**植民地支配**されていた100近くの国々は、第二次世界大戦後に主権国家として独立を達成したが、いまだに約200万人が**植民地支配のもとに生活している。

★ヨーロッパ諸国による植民地支配

1900年における植民地の面積は全世界陸地の約36%にも及んだ。とくにアフリカは、1912年にリビアがイタリアに支配されたことで、リベリアとエチオピアを除く全土がヨーロッパ諸国によって植民地化・分割支配された。

Column 食文化に見られる植民地時代の影響

ベトナムの街角で売られるフランスパン。米食文化のアジアに持ち込まれたパン食文化が地元にとけこんでいる。

ハバナ

キューバの首都ハバナは、スペインの新大陸支配の拠点として発展した

ムンバイ

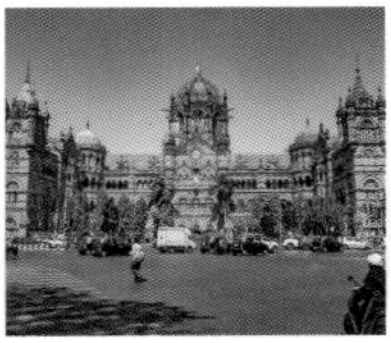

インドのムンバイの鉄道駅は、イギリス支配下時代に建築された

ビガン

フィリピンのビガンは16世紀にスペインに統治された頃の町並が残る

Notes ＊＊旧植民地のうち、信託統治地域にも独立国にもなっていない地域のことで「非自治地域」という。現在、アメリカ、イギリス、フランス、ニュージーランドの4カ国のもと17地域が残されている

ドミニカ共和国 登録基準➔(ii)(iv)(vi)

サント・ドミンゴ植民都市

1496年にスペイン人によって建設された新世界最古の植民都市。南北アメリカやカリブ海の島々のなかで初めて、病院や聖堂、大学などが建設された。格子状の街路、方形の街区など、他のスペイン植民都市のモデルとなった。

コロンブス宮殿

石造りのコロンブス家の邸宅。現在は博物館として公開

←広場の中心にはコロンブスの像がある

メキシコ 登録基準➔(i)(ii)(iv)(vi)

古都グアナフアトとその銀鉱群

不毛の高地だったが、銀鉱脈の発見を機に、1557年に町が建設された。最盛期の18世紀には全世界の銀産出量の25%を占め、人口は10万人超に。銀の採掘で得た富により、バロック様式の壮麗な建物が立ち並ぶスペイン植民都市に生まれ変わった。

バシリカ教会

1796年建造のバロック様式の黄色の教会は、町のシンボル

→グアナフアト解放の英雄、ピピラの像

ペルー 登録基準➔(iv)

リマ歴史地区

↑町の中心、リマ大聖堂

サンフランシスコ教会&修道院

1574年建造。セビーリャ製タイルで装飾されている

1535年に征服者*ピサロがスペインのマドリードをモデルに築いた。広場を中心とした碁盤目状の町は、19世紀初めまでペルー副王領の主都として栄えた。

ムンディ's Eye

植民都市によく見られる建築様式が「コロニアル様式」といわれる様式です。ヨーロッパの様式と現地の様式が混ざった独特な魅力があります。日本でも幕末の開港地などに建てられました。

Notes ＊フランシスコ・ピサロはペルーのインカ帝国を征服した軍人(コンキスタドール)。インカ帝国の首都クスコを制圧した後に、交易に便利な海岸沿いにリマを築いた

カナダ 登録基準➔(iv)(v)

ルーネンバーグ旧市街

漁業と造船業で発展した港町で、18～19世紀のイギリスの植民地政策の下で築かれた町並みが残る。「すべての道はまっすぐに、すべての曲がり角は直角に」を基本構想に、旧市街は格子状に区画整理され、通りの幅も定められた。

→カラフルな木造建築の家々が港に面して整然と立ち並ぶ

←「ルーネンバーグのこぶ」と呼ばれる出窓を設けた住宅

オランダ 登録基準➔(ii)(iv)(v)

港町ヴィレムスタット歴史地域、 キュラソー島

カリブ海に浮かぶキュラソー島は、オランダ西インド会社[＊＊]の中継地として栄えた。17世紀から残る建物は間口が狭く奥行きがあるオランダ様式、18世紀以降はカラフルな壁に回廊を備えたキュラソー・バロック様式の建物が建てられた。

←町の東側に築かれた要塞を中心に町並みが形成された

→オランダの伝統とカリブ海の文化が融合し、独特の景観に

中国 登録基準➔(ii)(iii)(iv)(vi)

マカオ歴史地区

16世紀半ばの大航海時代、ポルトガルのアジア進出の拠点として築かれた都市。19世紀にはその植民地となり、約4世紀半にわたり西洋の影響を受けた。中国最古の西洋建築の要塞のほか、東西の文化が共存する町並みが残る。

聖ポール天主堂跡

1835年の大火によりファサードと階段を残して焼失した

←ポルトガル産の石を敷き詰めた石畳

Notes ＊＊オランダ西インド会社は、オランダ東インド会社にならい設立された植民地経営のための会社。北アメリカにニューアムステルダム(現在のニューヨーク)を築いた

人々の行動圏を拡大させてきた さまざまな交通手段

交通現象を研究する交通地理学とは

人が移動し、ものを動かす交通の働きを地域的に考察する交通地理学は、19世紀の半ばごろからスタートした。交通が行われる空間や交通機関の種類などによる分類の体系化から、やがて交通を経済現象の一部として捉えるようになり、地域との関連をより深く研究するようになった。現在の交通地理学は歴史や観光、文化、政策など、交通現象と関わる多様なテーマを扱うことが多いのが特徴で、社会問題のひとつである**交通問題***の解決に寄与している。

さまざまな交通機関の特徴

航空交通

長所

他の交通機関と比較して圧倒的に高速で、人や貨物の長距離輸送が可能である

短所

発着が空港に限定されるため利便性は低く、利用は高コスト。また気象条件に左右されることも多い

船舶交通

長所

一度に大量の旅客や貨物を少人数、低賃金で運ぶことができる。コンテナ船やタンカーなどの専用船がある

短所

他の交通機関に比べて、目的地に到着するまでの迅速性に欠ける。また利便性も高くない場合が多い

鉄道交通

長所

大量の旅客や貨物を長距離にわたって輸送でき、時間も正確である。運転に必要な人員も少なくて済む

短所

レールの敷設や整備に多額の費用が必要。移動できるのは軌道上に限られるため、利便性には限界がある

自動車交通

長所

道路網を自由に移動ができて、目的地まで到着できる利便性が高い。また、移動中の快適性も高い

短所

輸送できる旅客数や貨物量が少なく、他の交通機関に比べて事故の確率が高い。環境悪化の原因のひとつ

おもな国の輸送機関の割合

アメリカでの鉄道による貨物輸送は穀物や鉱産資源の運搬が多い。

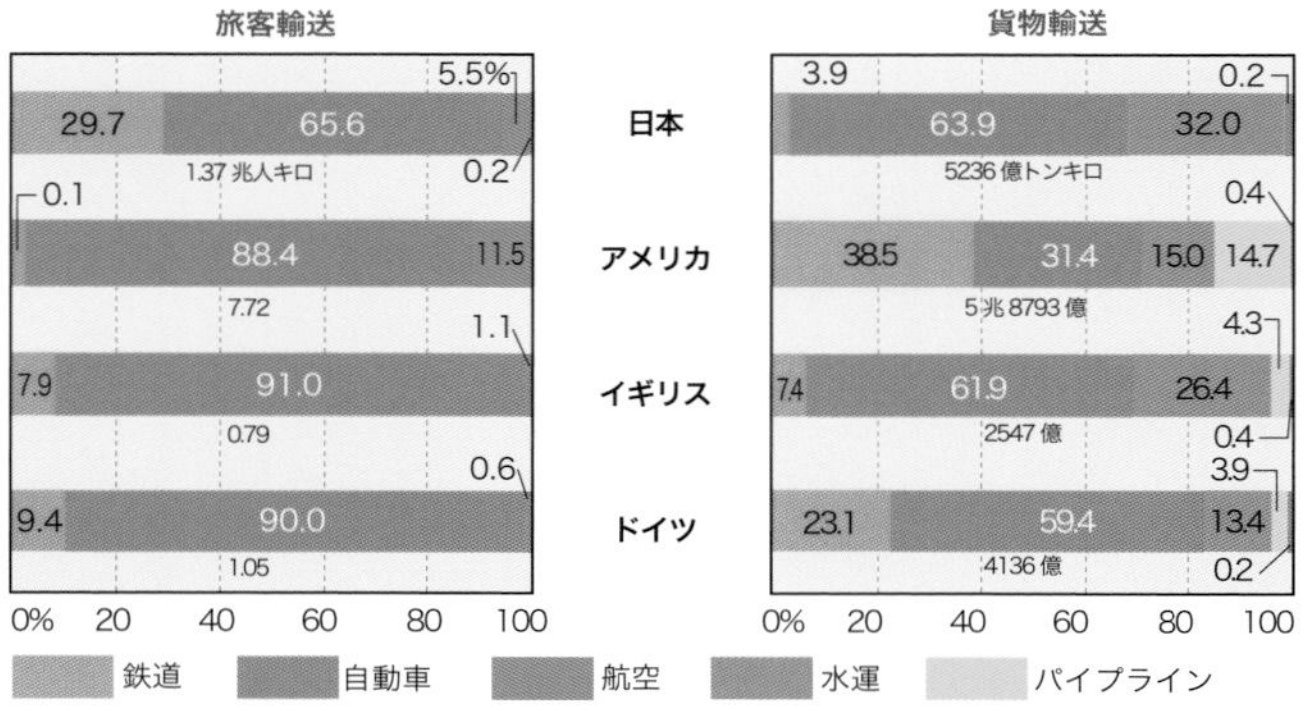

Keywords

★交通問題
★交通機関
★環境への負荷の少ない交通

日本で実感

鉄道博物館(埼玉県)

Notes ＊都市部への人口集中による交通渋滞、過疎化による地域交通網の減少、超高齢化への対応、公共交通ネットワークの再構築など、さまざまな交通問題がある

発展を遂げた移動手段と交通による環境負荷

　自らの足からスタートした人類の移動手段は、産業革命によって蒸気機関が実用化されると加速度的に進化し、船舶や鉄道、自動車、航空機へと発展。時間距離**を大幅に短縮させてきた。現在、世界にはさまざまな**交通機関**があり、人の移動にも貨物の輸送にも、用途ごとに最適な手段を選べるようになった。

　しかし、自動車交通では二酸化炭素の排出問題、鉄道交通ではトンネルの建設による地下水脈の分断、船舶交通ではバラスト水(船に積み込む海水)による外来生物の拡大、航空交通では鳥類との衝突事故など、交通機関は、環境へさまざまな悪影響を及ぼしているため、「**環境への負荷の少ない交通**」の実現が求められている。

おもな空港の旅客・貨物利用

2021年は新型コロナウイルス禍中のため、貨物の需要は高く、成田は前年比30%以上と増加。旅客便は減少状態にあった。

総貨物量

順位 2021年	空港	貨物数
1	香港国際空港(中国)	502万5495t
2	メンフィス国際空港(アメリカ)	448万465t
3	上海浦東国際空港(中国)	398万2616t
4	テッド・スティーブンス・アンカレッジ国際空港(アメリカ)	355万5160t
5	仁川国際空港(韓国)	332万9292t
6	ルイビル国際空港(アメリカ)	305万2269t
7	台湾桃園国際空港(台湾)	272万2065t
8	ロサンゼルス国際空港(アメリカ)	269万1830t
9	成田国際空港(日本)	264万4074t
10	ドーハ・ハマド国際空港(カタール)	262万95t

国際旅客数

順位 2021年	空港	旅客数
1	ドバイ国際空港(アラブ首長国連邦)	2911万609人
2	イスタンブール空港(トルコ)	2646万6169人
3	アムステルダム・スキポール空港(オランダ)	2548万8783人
4	フランクフルト空港(ドイツ)	2269万7490人
5	パリ＝シャルル・ド・ゴール空港(フランス)	2261万6995人
6	ドーハ・ハマド国際空港(カタール)	1770万1978人
7	ロンドン・ヒースロー空港(イギリス)	1762万4931人
8	アンタルヤ空港(トルコ)	1714万8111人
9	アドルフォ・スアレス・マドリード＝バラハス空港(スペイン)	1533万7775人
10	カンクン国際空港(メキシコ)	1326万1951人

おもな国の鉄道輸送量

日本やインドは貨物よりも旅客輸送の方がはるかに多く、アメリカは逆に貨物輸送が圧倒的に多いなど、国ごとの特色がうかがえる。

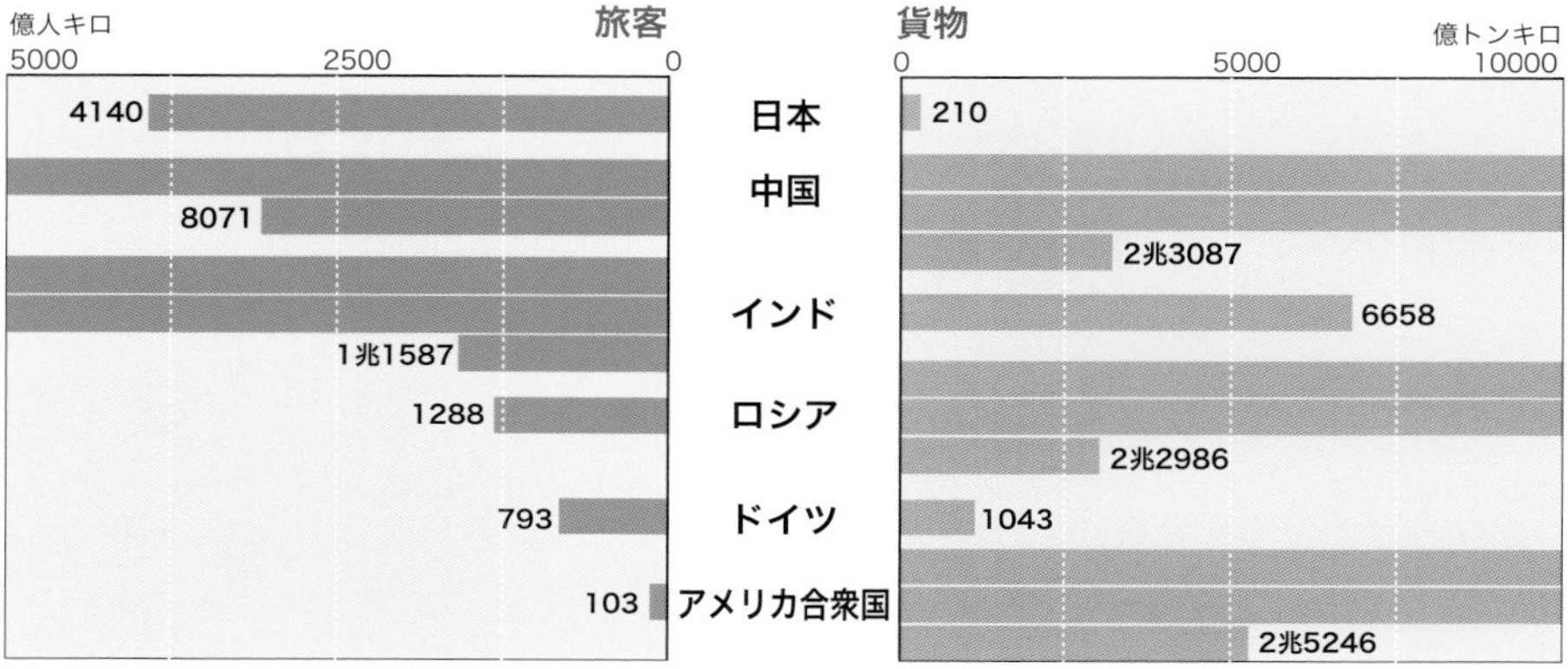

Notes ＊＊2地点間のへだたりを、kmのような物理的距離の代わりに人や物が移動するのに要する時間によって表す指標。東京-大阪間は物理的距離だと約400km、時間距離だと新幹線で約2時間30分

インド　登録基準↓(ii)(iv)

インドの山岳鉄道群

１３０年間、親しまれる世界の山岳鉄道の先駆け

19世紀後半~20世紀初頭に、高原の避暑地と低地の町を結ぶために敷設された。ダージリン・ヒマラヤ鉄道は、アジア初の山岳鉄道。ニルギリ山岳鉄道は、標高差１８７７ｍの山脈を走る。カルカ・シムラー鉄道は、約96㎞の路線。

↑インド最古の山岳鉄道のひとつであるニルギリ山岳鉄道

ダージリン・ヒマラヤ鉄道

ニュージャルパイグリと高地にある*茶葉生産地ダージリンを結ぶ。通称「豆列車」と呼ばれ、幅61㎝の軌道を時速11㎞で走る

フランス　登録基準↓(i)(ii)(iv)(vi)

ミディ運河

地中海と大西洋を結ぶ輸送ルートの主役

フランス経済発展の基礎となる物資輸送のため、地元の有力者ピエール・ポール・リケが建設を指揮し、17世紀末に完成。水路は総延長３６０㎞にも及び、49の水路橋、１０３の水門をはじめ、橋、ダムなど３２８の建造物を擁する。

日差しを遮る並木

リケは景観美にもこだわり、両岸に4万5000本のプラタナスや糸杉を植えた。これらが船舶を引く人馬の休憩所になった

→産業革命への端緒を開いた、近代的な土木技術の典型

ムンディ's Eye

前ページのグラフのように、インドは日本と並び、旅客の割合が高い鉄道大国です。雑然とはしていますが、日本からでも指定席を予約することができ、利便性も高いです。

Notes

＊世界三大紅茶のひとつのダージリンは「紅茶のシャンパン」ともいわれる。急峻な斜面に茶畑があり、日中の直射日光と夜間の低温による寒暖差によって、独特の味と香りが生まれるという

インド

チャトラパティ・シヴァージー・ターミナス駅

登録基準→(ii)(iv)

インドとイギリスの建築様式が融合した傑作

19世紀末にムンバイ(旧ボンベイ)に建設された鉄道駅。イギリス人建築家による設計で、石のドームや尖塔などが特徴的なインドの宮殿建築と、イギリスのヴィクトリア朝時代を代表するネオ・ゴシック様式が融合している。

駅舎

1878年に着工し、10年以上かけて完成したムンバイのシンボル。建物の主要部分にはインド産の砂岩と石灰岩、装飾部分にはイタリア産の大理石を使用

→インド西部の各鉄道の起点となっており、現在も市民に日常的に利用されている

スイス

レーティッシュ鉄道アルブラ線・ベルニナ線と周辺の景観

登録基準→(ii)(iv)

アルプスの大自然と鉄道が織り成す風景

100年以上の歴史をもつスイス最大の私鉄。アルブラ線はトゥージスから144の石橋を渡り、アルブラ峠などを越えてサンモリッツへ。ベルニナ線はサンモリッツからベルニナアルプス＊＊を貫き、イタリアへと駆け抜ける。

ラントヴァッサー橋

アルブラ線のフィリズール駅とアルバノイ駅の間にある石造りの高架橋。長さ約142m、高さ約65m、5つの橋脚を有する美しい橋は沿線のハイライト

→アルプスの自然を損なうことなく建設された高度な鉄道技術は、世界の登山鉄道のモデルに

Notes　＊＊ベルニナ線のディアヴォレッツァ駅で下車し、ロープウェイに乗車すると、万年雪に覆われたベルニナアルプスの山々とペルス氷河を見学できる絶景展望台に到着する

社会や文化に大きな影響を与えた 心のよりどころとなる宗教

信者の分布でわかれる 世界宗教と民族宗教

言語とともに、世界の民族を構成する大きな要素となるのが宗教だ。宗教は、**世界宗教**と**民族宗教**に大別される。世界宗教とは、起源地から伝播して、人種や民族を超えて世界各地に信者が分布する宗教のこと。**キリスト教**や**イスラーム**、**仏教**がその例だ。対して、インドを中心に信仰されているヒンドゥー教、中国の道教*や儒教**、ユダヤ人に信仰されているユダヤ教のように、特定の地域や民族の間で信仰されている宗教が民族宗教と呼ばれる。

世界の代表的な宗教

イスラーム

7世紀前半にムハンマドが創始。『クルアーン』を教典とし、偶像崇拝の禁止など多くの戒律がある。ムスリムと呼ばれる信者は16億人以上

キリスト教

ユダヤ教を基礎に、救世主(メシア)であるイエスを創始者として、1世紀初頭に成立。『旧約聖書』と『新約聖書』を教典とし、17億人以上の信者を擁する

仏教

ガウタマ・シッダールタ(釈迦、仏陀)を始祖として紀元前5世紀頃に成立。『法華経』などの経典があり、仏となるための教えを説く。信者は約5億2000万人

ヒンドゥー教

古代インドのバラモン教と民間信仰が融合して紀元前後に成立。多神教で、信者が信じる神を最高神として崇める傾向が強い。インドだけで信者は約11億人

Keywords
★世界宗教
★民族宗教
★キリスト教
★イスラーム
★仏教

日本で実感
各地の神社仏閣、教会など

Notes
*道教とは古代中国の神仙思想や老荘思想を基盤に、様々な民間信仰をとりこんで生まれた宗教。老子を祖として崇め、「道」に則った無為自然の清浄な行いを重視した

世界中に多くの信者がいる3つの宗教

世界三大宗教と呼ばれるキリスト教、イスラーム、仏教のなかで、現在最も多くの信者がいるのがキリスト教だ。主にヨーロッパや南北アメリカで広く信仰され、カトリック、プロテスタント、正教会の宗派に分かれる。

キリスト教に次いで信者の多いイスラームは、聖地であるサウジアラビアのメッカを中心に、北アフリカや西アジア、中央アジア、東南アジアなどで信仰され、大きくスンナ派とシーア派に分かれる。

もともとインドで生まれた仏教は、現在では主に、東南アジアや東アジアで広く信仰されている。多くの部派があるが、東南アジアで受け入れられている上座部仏教と、中国や日本に広まった大乗仏教に大別される。

★世界の宗教分布図

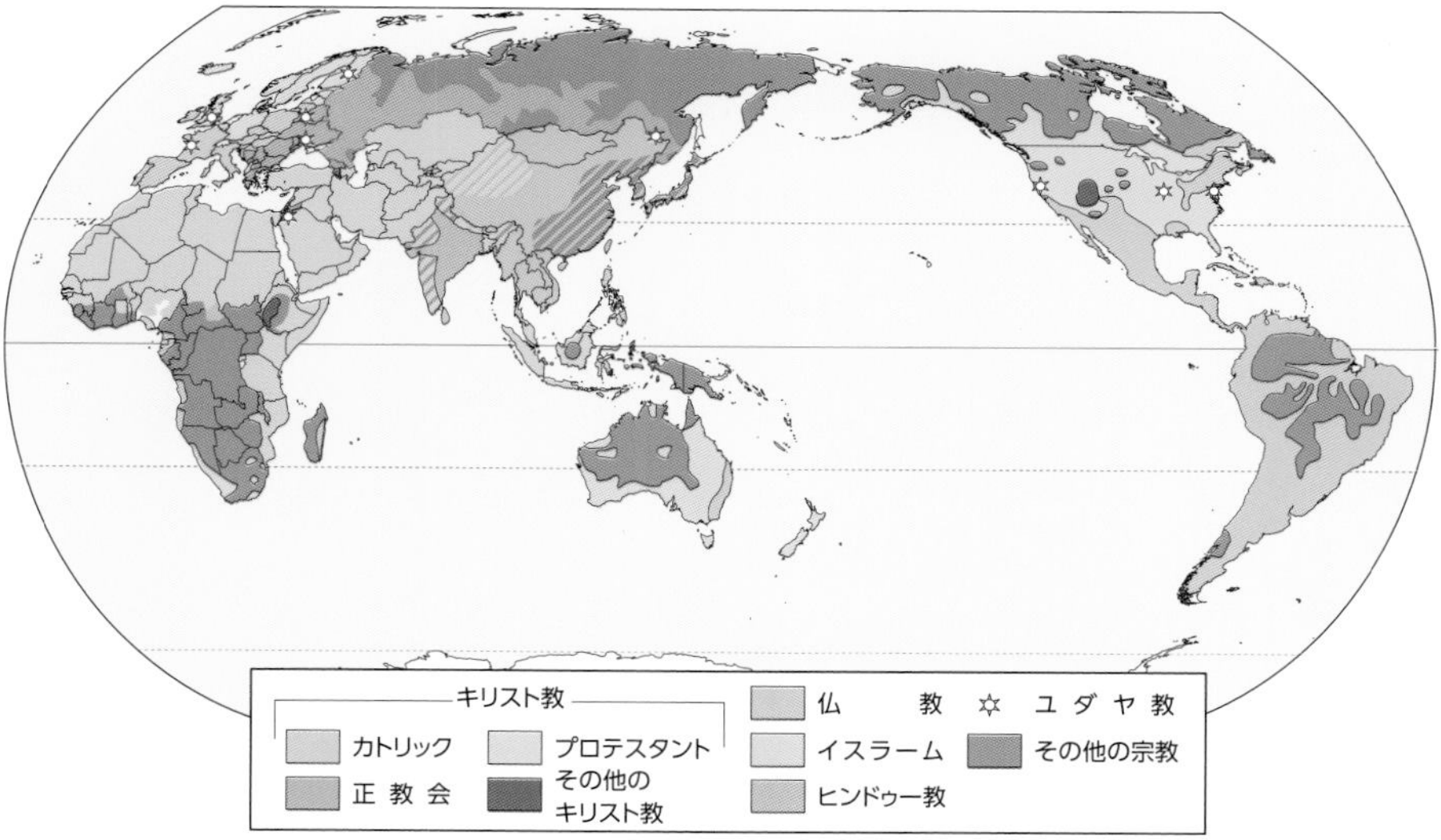

★民族宗教

特定の地域や民族によって信仰されている民族宗教には、ユダヤ教や、仏教よりも信者の多いヒンドゥー教などのほかにも、ゾロアスター教やチベット仏教、日本の神道のように多くの宗教がある。一般的に民族の成立と同時に自然発生的に成立し、伝統的に受け継がれている宗教だ。

ゾロアスター教

古代ペルシア発祥の宗教。神の光や知恵の象徴である炎を崇拝し、「拝火教」とも呼ばれる

チベット仏教

チベットを中心に発展した大乗仏教の一派で密教的要素が強い。ダライ・ラマを最高位とする

Notes ＊＊儒教は孔子を始祖とする中国の代表的思想で、周礼を重んじて仁義を実践し、上下の秩序を守ることを唱えた。日本や朝鮮半島、東南アジア諸地域にも伝わり、大きな影響を与えた

信じる神はただ一つ ユダヤ教、キリスト教、イスラーム

ユダヤ教から生まれたキリスト教とイスラーム

世界の主要な宗教のなかで、ユダヤ教、キリスト教、イスラームは、互いを関係づける共通点がある。この3宗教は、いずれも同一＊の、ただ一つの神を信じる一神教で、『旧約聖書』の預言者＊＊**アブラハム**を信仰の祖とし、聖地も同じ**エルサレム**だ。

キリスト教は1世紀の後半にユダヤ教から分離して成立、イスラームはユダヤ教とキリスト教の影響を受けて7世紀に成立した。そのためこの3宗教は「姉妹宗教」とも呼ばれる。

各宗教の起源と特徴

特徴	歴史	
ムハンマドの言行やイスラームの慣習であるスンナを重視する	ムハンマドの後継者や、イスラーム王朝の各カリフの権威に従う多数派となる	スンナ派
クルアーンなどに加え、指導者であるイマームの権威を重視する	スンナ派に対し、アリーとその子孫を正統な後継者と位置づけて成立	シーア派
ユダヤ人は神に選ばれた民族で、神との契約を実践すれば救済されるとする	「出エジプト」や「バビロン捕囚」などの民族的な苦難の中から成立した	ユダヤ教
公会議によって定められた正統なキリスト教の教義を受け継いでいると主張	ローマ帝国の東西分裂後、ギリシャ、小アジアを中心に東欧、ロシアに拡大	正教会
神の代理人であるローマ教皇を頂点とする階級組織。ミサを重視する	ローマ帝国の東西分裂後、西ヨーロッパに広がり権威を高めた	カトリック
ローマ教皇を頂点とするカトリックに対し、聖書や信仰を重視する	カトリックを批判し、1517年から始まった宗教改革で分離した	プロテスタント

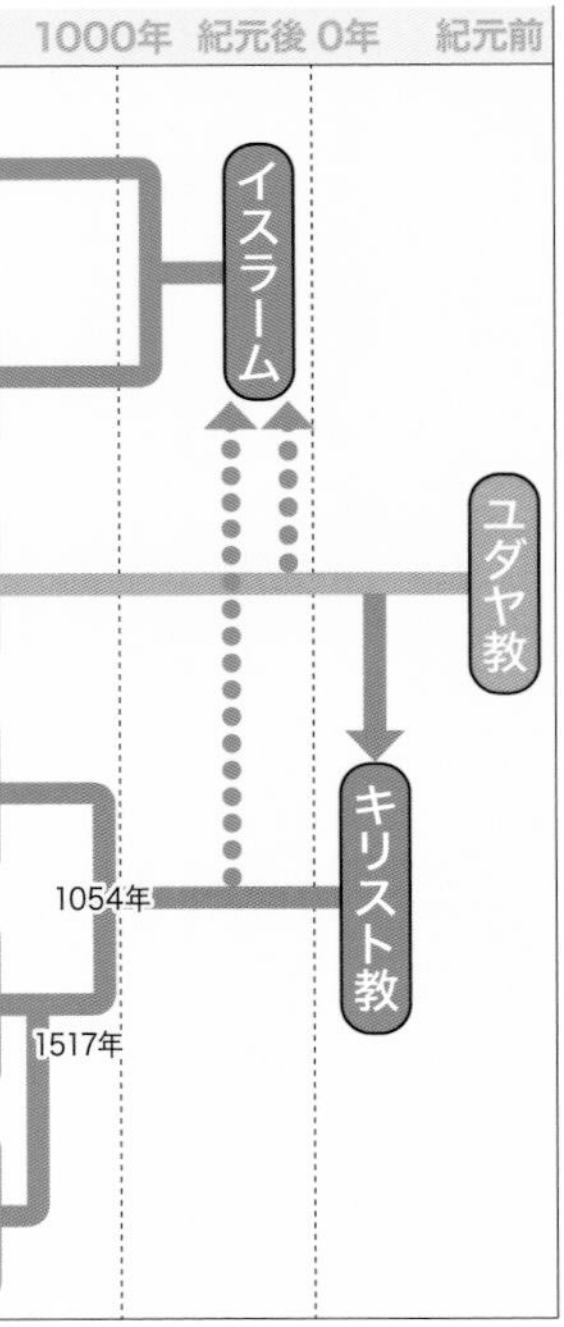

Column

アブラハムの宗教

ユダヤ教、キリスト教、イスラームは「アブラハムの宗教」と呼ばれ、各シンボルマークはダビデの星、十字架、三日月で表されることが多い。

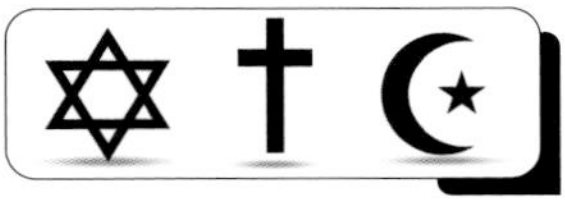

Keywords

★アブラハム
★エルサレム
★カトリック
★正教会
★プロテスタント
★スンナ派
★シーア派

日本で実感

長崎と天草地方（長崎県、熊本県）

Notes ＊ユダヤ教では「ヤハウェ」、キリスト教では「デウス」や「ゴッド」、イスラームでは「アッラー」などと呼ばれるが、同一の「ただ一つの神」を信仰していることになる

キリスト教とイスラームの教派や宗派

ユダヤ教を母胎として生まれたキリスト教は、4世紀初頭にローマ帝国に公認されて発展したが、4世紀末の帝国の東西分裂に伴い、西方教会と東方教会に分離。西方教会は**カトリック**、東方教会は**正教会**の源流となった。16世紀にはルターによる宗教改革が起こり、カトリックから**プロテスタント**が分離。ただし、カトリック、プロテスタント、正教会のいずれも、神とイエスと聖霊を同一視する「三位一体説」を教義とする点では共通している。

ユダヤ教やキリスト教を底流として生まれたイスラームは、632年のムハンマドの死後、後継者を巡る対立から**スンナ派**と**シーア派**に分かれ、その対立は現在でも続いている。

ヨーロッパの宗教分布

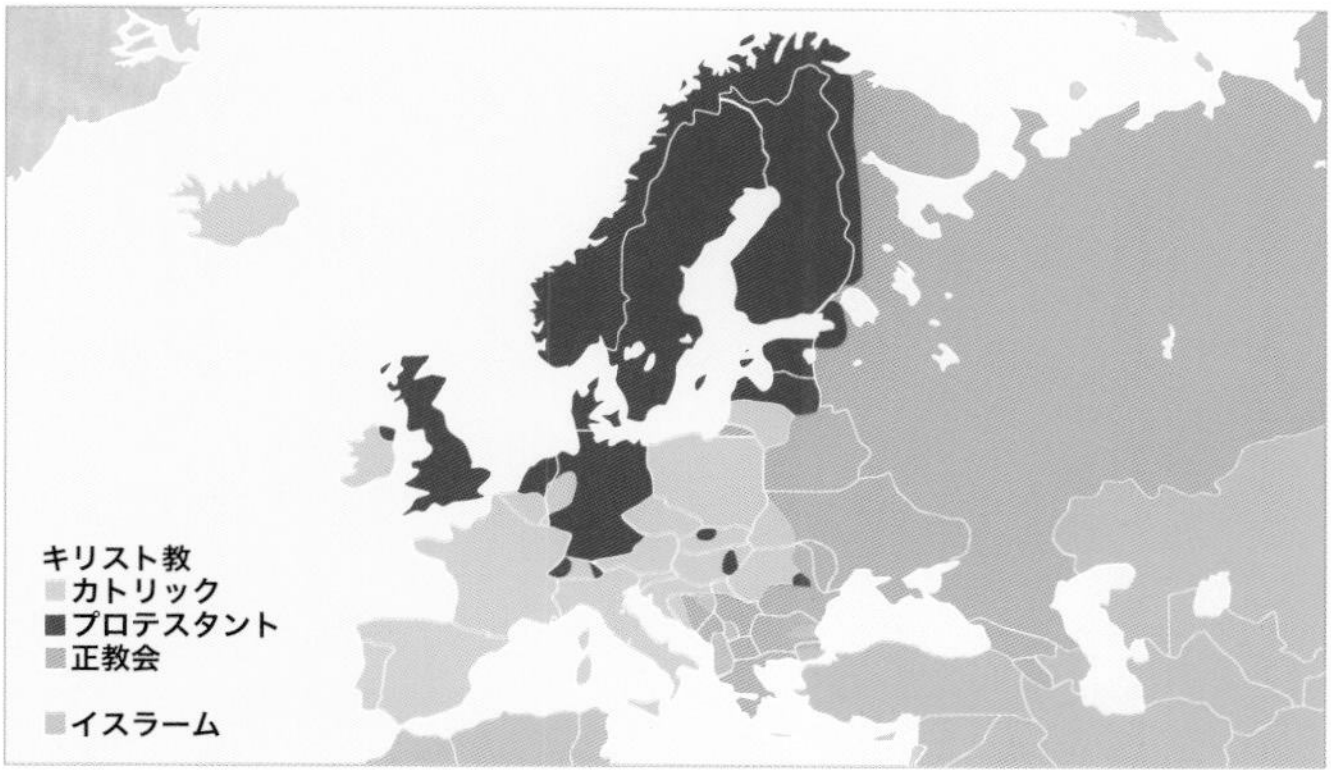

ヨーロッパではキリスト教が広く信仰され、東部には正教会、南部にはカトリック、北部にはプロテスタントの信者が多い。バルカン半島の一部にはイスラームの地域もある。

ローマ教皇がいるカトリックの総本山のバチカン市国

西アジア・中央アジア各国の宗教の割合

西アジアや中央アジアではイスラームが広く信仰されており、スンナ派が多数を占める。イスラエルではユダヤ教、ロシアの影響が強いコーカサス地方では正教会が多い。

サウジアラビアのメッカはイスラーム最大の聖地

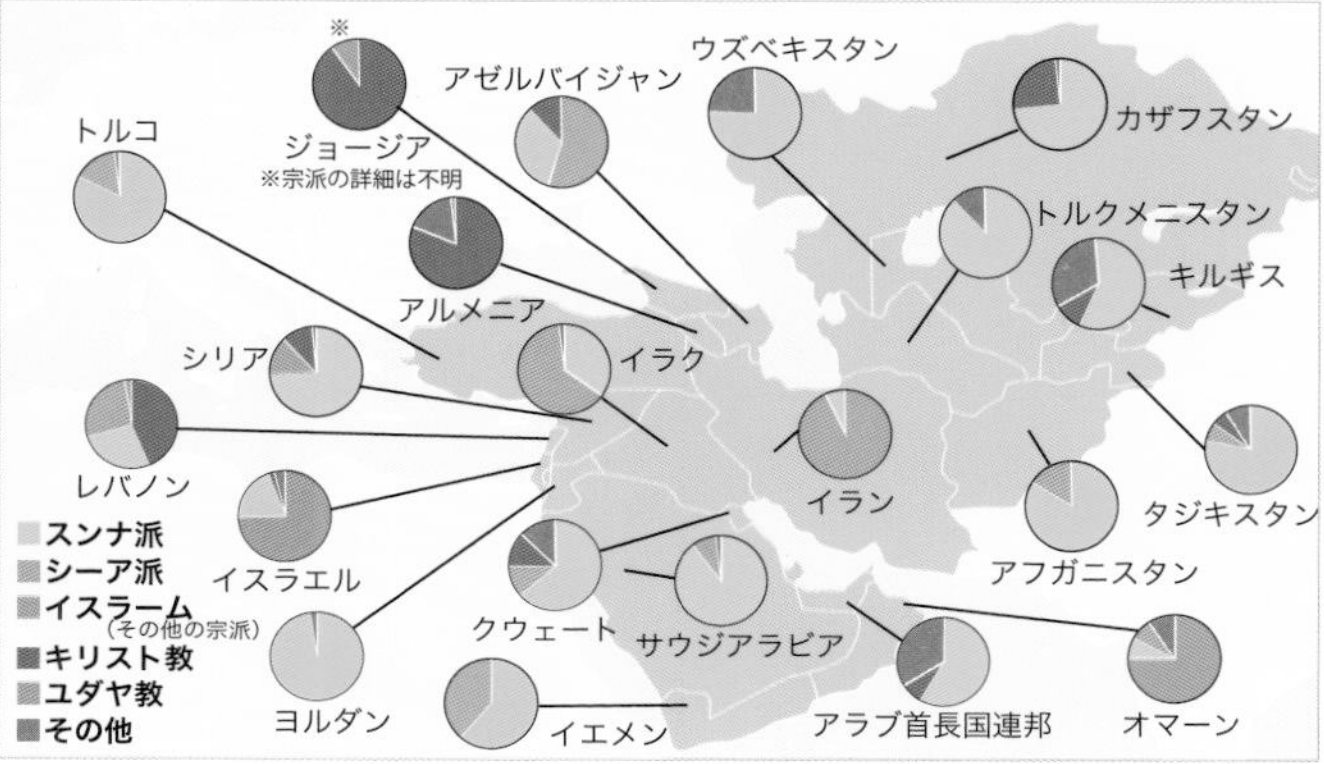

Notes ＊＊アブラハムは『創世記』に登場するノアの洪水後、最初に神に選ばれた預言者。神の啓示を受けて忠実な信仰心を体現し、ユダヤ教、キリスト教、イスラームの信仰の祖となった

ヨルダンによる申請

エルサレムの旧市街とその城壁群

登録基準➡(ii)(iii)(vi)

"唯一の神"を巡って3宗教が共存する聖都

ユダヤ教、キリスト教、イスラームが聖地とする古都エルサレムは、4000年近い3宗教の複雑な歴史のなかで、破壊と再建を繰り返しながら今日に至る。旧市街はユダヤ教徒地区、キリスト教徒地区、イスラーム教徒地区、アルメニア人地区にわかれ、ユダヤ教の神殿の丘と嘆きの壁、キリスト教の聖墳墓教会、イスラームの岩のドームなど、各宗教にとって重要な建物がある。各宗教共通の聖域であるため帰属問題*が決着しておらず、世界遺産登録はヨルダンの申請によって行われた。

聖墳墓教会

イエス・キリストの処刑と埋葬、復活の地である「ゴルゴダの丘」と伝わる場所に立つ

岩のドーム

691年に完成したイスラーム建築。イスラーム第3の聖地で、ムハンマドがここから天界に旅立ったと伝わる「聖なる岩」を安置する

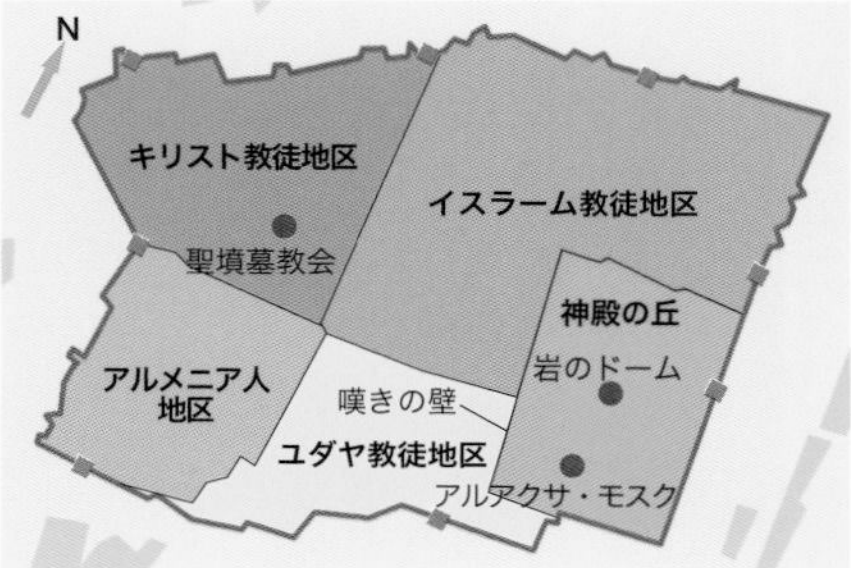

ムンディ's Eye ローマ教皇が居住するバチカン宮殿の一部はバチカン美術館として公開されています。見学コースの最後には、ミケランジェロの傑作「最後の審判」があるシスティナ礼拝堂があります。

Notes ＊エルサレムは第一次中東戦争の際に東エルサレムはヨルダン領、西エルサレムはイスラエル領とされた。だが1967年の第三次中東戦争以降、東エルサレムもイスラエルに占領されている

バチカン市国　登録基準↓(i)(ii)(iv)(vi)

バチカン市国

2000年の歴史を伝えるカトリックの総本山

バチカン市国の歴史は324年、ローマ皇帝コンスタンティヌスが最初の聖堂を建設したことに始まる。以来、ローマ教皇が住む教皇庁となり、カトリック教会の発展とともに繁栄。歴史的建造物や美術品が数多く保存されている。

サン・ピエトロ大聖堂

高さ132.5mのキリスト教世界最大の聖堂建築。ミケランジェロやラファエロなど、ルネサンスを代表する芸術家たちが建設に携わった美の殿堂

→バロックの巨匠ベルニーニが設計したサン・ピエトロ広場。柱廊には284本の円柱が立つ

ギリシア　登録基準→(i)(ii)(iv)(v)(vi)(vii)

アトス山

正教会の聖地で、山内に20の修道院や多数の別院が点在。現在も多くの修道士が修道生活を送る。

ギリシア　登録基準→(i)(ii)(iv)(v)(vii)

メテオラ

テッサリア平原にそびえる約60の奇岩群。岩の頂に建つ修道院は、神に近づくための祈りの場として、正教会の隠修士たちが命がけで築いたもの。15～16世紀には24の修道院があった。

→現在活動する修道院は6つ

↑約6000万年前に誕生したといわれる高さ20～400mの奇岩が独特の景観を生み出している

エジプト　登録基準→(i)(v)(vi)

カイロ歴史地区

イスラーム最古のマドラサや、＊＊サラディンの命で1183年に完成したシタデル(要塞)などがある。

Notes　＊＊イスラーム王朝のアイユーブ朝の創始者。11世紀末に十字軍がパレスチナに建てたキリスト教国のイェルサレム王国を1187年に破り、第3回十字軍とも戦ったイスラームの英雄

インドで誕生し、多くの信者を抱えるヒンドゥー教と仏教

世界最大の民族宗教ヒンドゥー教

　ヒンドゥー教と仏教は、どちらもインドで生まれた宗教である。民族宗教でありながら世界第3位の信者数を誇るヒンドゥー教は開祖がおらず、インドの古代宗教である**バラモン教**＊の聖典や身分制度のカースト制度を継承し、民間信仰と融合しながら発展した。無数の神がいる多神教で、特に崇敬を集めるブラフマー＊＊、ヴィシュヌ、シヴァは「三神一体」とされている。ヒンドゥー教の根本には輪廻転生の思想があり、最終的には輪廻からの解脱が目的。菜食主義や

各宗教の起源と特徴

特徴	歴史
世界最大の民族宗教で、始祖と経典を持たないが、社会的規範を示す『マヌ法典』や、神への賛歌などを記した書物がある。浄と不浄の概念が強く、不浄を特に忌み嫌う	バラモン教とインドの民間信仰が融合し、4世紀頃に形成された。7世紀に、ヒンドゥー教に帰依することで解脱をはかるバクティ運動が起こり、急速に浸透していった
仏教を大きな乗り物にたとえ、広く民衆を救済すると考えた。在家信者や悟りを開いていない者でも救われると説いた	1世紀から栄えたクシャーナ朝時代に高まった社会・思想運動により、仏教の正統学派が煩雑な哲学と個人の救済のみを求めたのに反対し、新たに登場した
仏教の部派のなかでも特に厳格に戒律を重んじる。出家して修行を積むことを通してのみ悟りに達することができると説き、自分自身の解脱を自己の力や行いで目指す	アショーカ王によって保護され、その王子マヒンダによってスリランカに伝えられて発展し、そこから東南アジア各地に伝えられた。大乗仏教側からは小乗仏教とも呼ばれていた

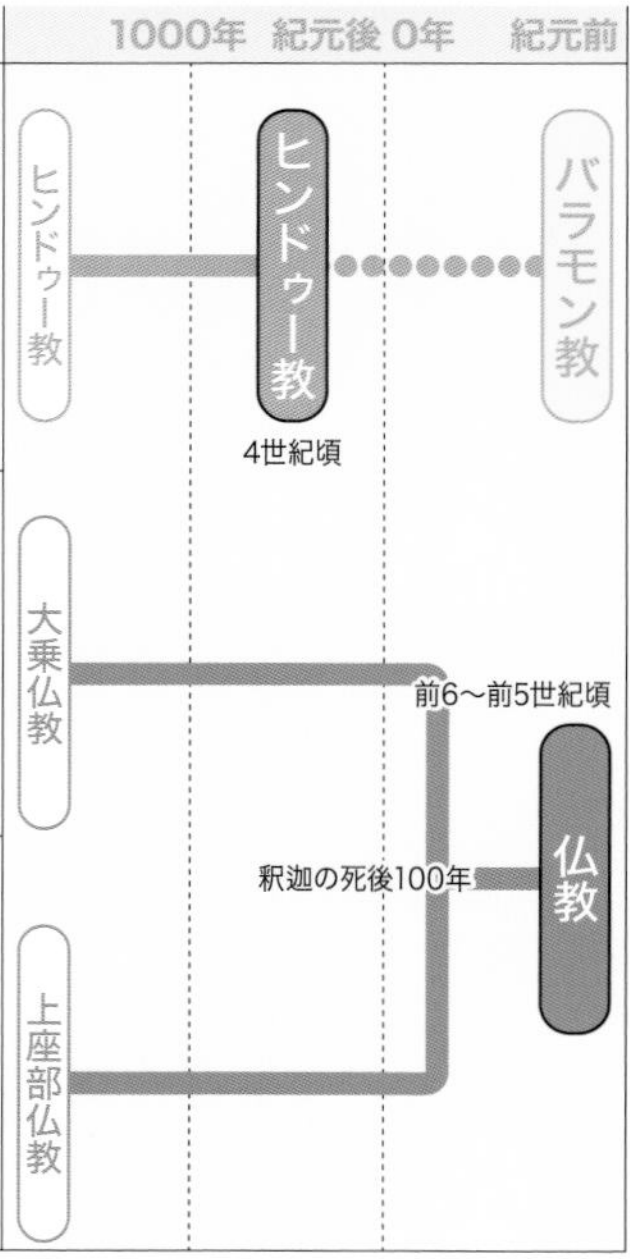

Column

カースト

カースト制度は上から司祭階級のバラモン、王族・武士のクシャトリア、庶民のヴァイシャ、隷属民のシュードラの4つに分かれる。現在でもインド社会に深く根付いている。

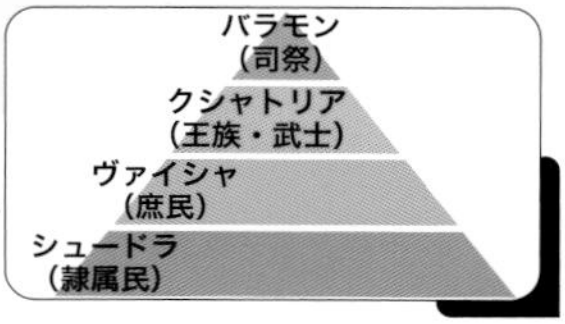

Keywords

★バラモン教
★ガウタマ・シッダールタ
★上座部仏教
★大乗仏教

日本で実感

法隆寺(奈良県)、高野山(和歌山県)、平泉(岩手県)

Notes ＊バラモン教は、紀元前13世紀頃にインドに侵入したアーリア人が成立させた古代インドの民族宗教で、カースト最上位のバラモンが執行する祭式を中心とした

聖牛崇拝、死者の遺灰は川に流すなどの特色がある。

日本にも伝来した仏教はインドでは少数派

紀元前6世紀頃に実在した**ガウタマ・シッダールタ**（釈迦）を開祖とする仏教は、生、老、病、死の苦しみは避けられないと考え、これとどう向き合うかを説く。釈迦の死後、信徒たちが経典を編纂することで確立し、紀元前3世紀のマウリヤ朝のアショーカ王によってインド各地に広まった後は、アジア各地にも広がった。

仏教は教えが継承される過程で多くの部派ができ、**上座部仏教**と、中国や日本にも広がった**大乗仏教**の2つに大きく分かれる。アジア各地では広がりを見せたが、起源地のインドではヒンドゥー教の浸透に伴い、5世紀頃から衰退していった。

仏教の伝播

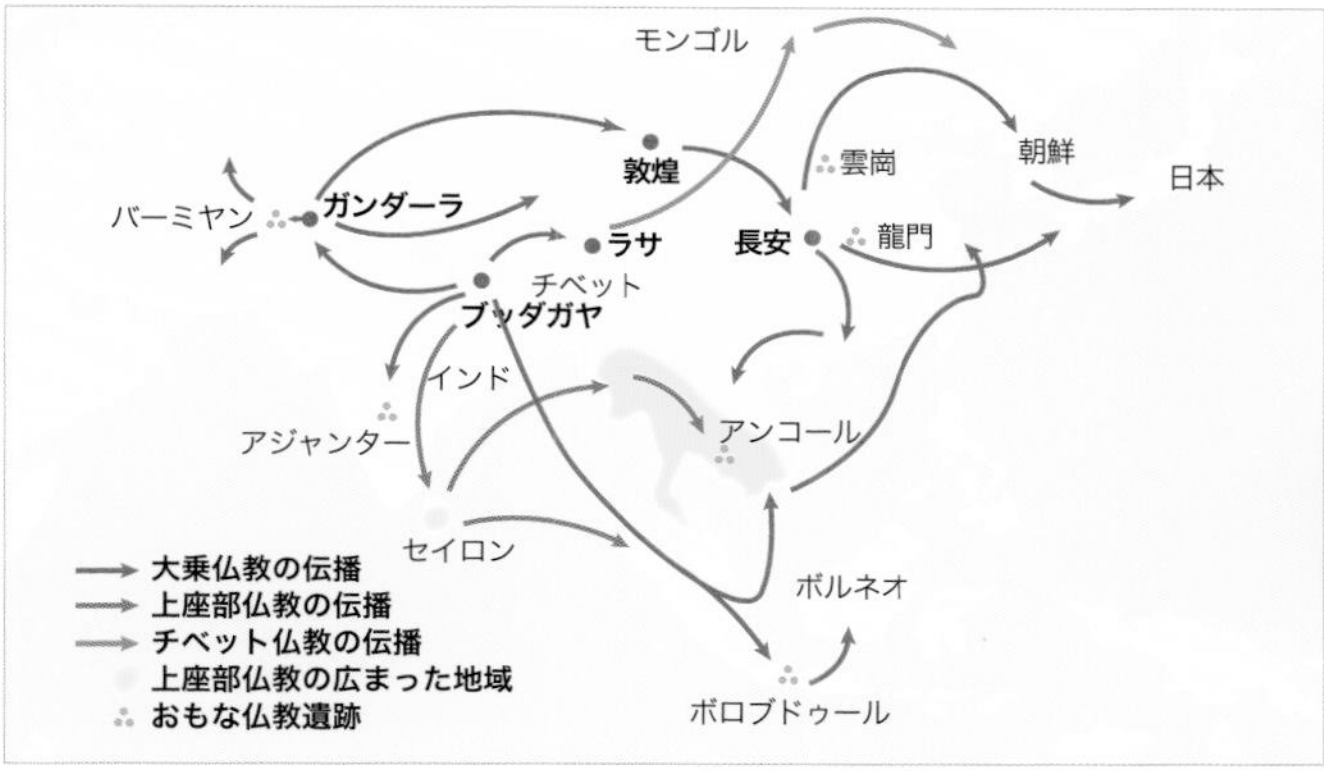

大乗仏教はシルクロードを経由して中国など東アジア諸国に伝わり、日本へは朝鮮半島を経て6世紀に伝来した。一方、上座部仏教は、海路を経由して東南アジア諸国に伝播した。

奈良県桜井市の三輪山麓にある「仏教伝来の地」の碑

南アジア各国の宗教の割合

インドは人口の8割がヒンドゥー教で、パキスタンやバングラデシュではイスラームが多い。スリランカは上座部仏教徒が多く、北部はヒンドゥー教徒が多い。ネパールの山岳地帯やブータンではチベット仏教徒が多い。

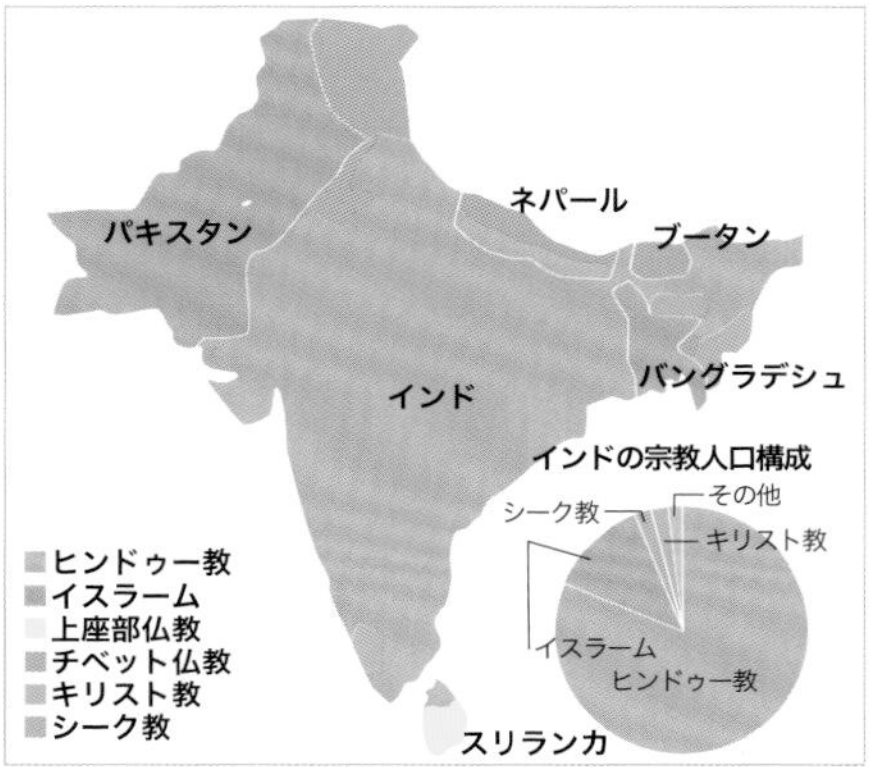

Column

インドとパキスタンの国旗

インド（上）の国旗はヒンドゥー教を表すサフラン色と、イスラームの伝統色の緑で両宗派の融合を示す。パキスタンの国旗は中央に、イスラーム国家に多い三日月と星のモチーフがあしらわれている。

Notes　＊＊ブラフマーはこの世のすべてをつくったとされる創造の神、ヴィシュヌは世界の維持・繁栄を司る温和な神、シヴァは破壊と創造の神で生殖や豊穣も司る

ネパール 登録基準➔(iii)(vi)

仏陀の生誕地ルンビニ

*仏教4大聖地の1つであるルンビニは、紀元前6世紀に釈迦が生まれた地とされ、多くの巡礼者で賑わう。釈迦は現在のマヤ・デヴィ寺院の場所で、摩耶夫人の右脇から生まれて7歩歩き、「天上天下唯我独尊」と唱えたという。

マヤ・デヴィ寺院

釈迦の生誕地跡に立つ建物で、建物の西側にはアショーカ王が建立した仏塔がある

↓仏陀誕生の伝承が残る巨大な無憂樹

中国 登録基準➔(i)(iv)(vi)

ラサのポタラ宮歴史地区

ポタラ宮は、歴代ダライ・ラマの霊廟があるチベット仏教の総本山。内部9層、約1000部屋を有する世界最大級の宮殿建築で、291年かけて完成した。チベット仏教で最大の巡礼地ジョカン寺、ダライ・ラマの夏の離宮ノルブリンカも世界遺産に含まれる。

ポタラ宮

政治・宗教儀式の場の白宮、霊廟の紅宮からなる

→ノルブリンカは避暑用の離宮

インド 登録基準➔(i)(iii)

カジュラーホの建造物群

↑インドの宗教観を表す

カンダーリヤ・マハーデーヴァ寺院

高さ31mの石造建築。砲弾形の屋根は山脈を象る

10世紀前半に興ったチャンデッラ朝の都で、ヒンドゥー教と**ジャイナ教の25の寺院が残る。男女の交歓の姿を描いたミトゥナ像が壁面を埋め尽くす。

ムンディ's Eye このページで多く紹介しているインドや東南アジアは雨季と乾季が存在するサバナ気候や熱帯モンスーン気候の地域です。旅行に適しているのは乾季のほうで、日本では冬にあたる時期です。

Notes ＊仏教の4大聖地は、ルンビニのほか、釈迦が悟りを開いたブッダガヤ、釈迦が初めて説法をしたサールナート、釈迦が入滅したクシナガラで、いずれもインドにある

中国　登録基準→(i)(ii)(iii)

龍門《りゅうもん》石窟

洛陽郊外を流れる伊水両岸の岩山に掘られた石窟寺院群。494年、北魏の孝文帝が築いて以降、400年以上にわたり造営が続けられた。

石窟の数は1352、仏龕は785、仏像は約10万体。

→中国3大石窟の1つ

↑奉先寺洞の高さ17.4mの盧舎那仏。彫りの深い顔や体つき、衣などは、インドの仏教美術の影響による

タイ　登録基準→(iii)

古都アユタヤ

約400年続いたアユタヤ朝の首都。上座部仏教を信仰した歴代33人の王によって壮麗な寺院や王宮が建てられたが、1767年のビルマ軍の侵攻により王朝は滅亡。破壊と略奪の跡が今も残されている。

↑ワット・プラ・シー・サンペットは、中心部に3基の仏塔がそびえる

→人々の信仰を集める、木の根に取り込まれた仏頭

カンボジア　登録基準→(i)(ii)(iii)(iv)

アンコール

9～15世紀にかけて東南アジアに存在したアンコール朝の都市遺跡で、カンボジア北西部の密林の中に広がる。ヒンドゥー教や仏教の寺院や王宮、祠堂など700もの建造物が残る。

↑アンコール・ワットはヒンドゥー教の寺院として建てられ、仏教寺院になった

→四面に観世音菩薩を刻んだアンコール・トムの仏塔

スリランカ　登録基準→(iv)(vi)

聖地キャンディ

2000年以上続いたシンハラ王国の最後の首都。1603年、歴代王家が守り抜いてきた仏歯を祀るダラダーマーリガーワ寺院(仏歯寺)が建立された。以来、敬虔な仏教徒の聖地となった。

→国の最高の宝を祀る仏歯堂

↑キャンディ湖の畔に建つダラダーマーリガーワ寺院。仏歯堂内の黄金の舎利容器に仏歯が納められている

Notes　＊＊ジャイナ教は仏教と同時代の紀元前5 世紀頃に成立したインドの民族宗教で、苦行や禁欲、不殺生の実践を重視する。仏教とは異なり、インド以外では広まっていない

Column

目的をもって建設された世界遺産の計画都市

特定の目的をもって、その実現のために設計・建築された計画都市。ユニークな建造物や特徴があるため、世界遺産に登録されている都市も多い。

ここでは一風変わった計画都市を紹介する。

保養都市

ドイツ／オーストリア／ベルギー
フランス／イタリア／イギリス／チェコ
登録基準➔(ii)(iii)

ヨーロッパの大温泉保養都市群

天然の鉱泉を中心に発展した、7カ国11の都市で構成されている。これらの都市は、18世紀初頭から1930年代にかけて国際的なスパリゾートとして人気を博した。

ドイツのバーデン・バーデンのスパ(写真上)、イギリスのバースにある古代ローマの浴場跡(写真左)、チェコのカルロヴィ・ヴァリ(写真右)

軍事都市

ポルトガル 登録基準➔(iv)

国境防備の町エルヴァスとその要塞群

ポルトガルの独立をきっかけに、19世紀まで大規模な要塞化が行われた。水道橋も建設され、長期の包囲にも耐えられた。

政治都市

ブラジル 登録基準➔(i)(iv)

ブラジリア

ブラジルの新首都として都市計画家ルシオ・コスタによってデザインされた。1956年から建設され、数々の名建築が誕生した。

第4章

地球規模の課題

1970年代から国際的な議論が続く環境問題。
米ソ間の冷戦が終結した後も多発する紛争やテロ。
現在もその解決の重要性がよりいっそう認識され、
持続的な発展のために国際的な協力が求められている。

パルミラの遺跡
(シリア)

地球規模の深刻な問題を考える

国連での会議やサミットなどでも繰り返し主要テーマにあげられている環境・気候変動問題。また、宗教的・民族的な対立や経済格差・貧困の問題などを背景に世界各地で起き続ける紛争や難民の発生。

人類は、将来にわたる持続可能な発展の実現のため、このような避けられない問題に直面している。いずれも解決困難であるが、無関心にならずにひとりひとりができることに取り組んでいくことが大切である。

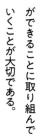

酸性雨
大気中の汚染物質を取り込んだpH5.6以下の雨。木々を枯らし、湖沼を酸性化させる
森林火災
自然発火または人為的原因によって生じる。ときに広大な範囲に及び、壊滅的な被害となる
森林破壊
2015年以降、毎年、東京都と同等の面積の森が1週間ごとに失われ続けている
水質汚濁
河川や湖沼の水環境の悪化は、その原因の5〜7割が家庭からの生活排水だとされている
地球温暖化
世界の平均気温は上昇し続けており、人間の生活や自然の生態系にさまざまな影響を及ぼしている

ロシアのウクライナ侵攻について

2022年2月24日、欧米の警告を無視して、ロシアがウクライナへの侵攻を開始した。ロシアはウクライナ東・南部の4州の掌握を目指して攻撃を続け、ウクライナは欧米などからの援助を受けて抵抗を続けている。これまで多くの死傷者を生んだほか、多くの人々がウクライナを逃れて難民となっている。

紛争・テロ
非国家主体の争いが増加傾向にあり、またその期間も長期化しつつある
大気汚染
急速に工業化しつつある国を中心に、大気汚染物質の排出が増加。国境を越えた問題になっている
二酸化炭素の排出
二酸化炭素は地球温暖化に及ぼす影響が最も大きい温室効果ガス。世界規模で削減に取り組んでいる
海洋汚染
人間による海洋の生物・環境への害。原因の約7割が陸上に起因するといわれている
生態系破壊
1日に100種、1年に4万種が絶滅しているとされ、生物多様性が急速に失われている
ごみ問題
人間が生み出す大量のごみは、地球温暖化や海洋プラスチックなどの問題を引き起こしている

森林の減少が引き起こす生物多様性の危機と気候変動　環境問題①

Keywords
★森林破壊
★世界自然保護基金
★生物多様性

日本で実感
環境省のレッドリスト

減少・劣化を続ける世界の森林の現状

世界には約4000万㎢の森林があるが、2015年以降、毎年約10万㎢が失われている。アフリカでは薪炭にするため、アマゾンでは牧場や大豆畑にするため、東南アジアではエビの養殖池にするため、森林が破壊されている。

樹木を伐採・焼却することは、*樹木が貯めている炭素を放出させることであり、大量の二酸化炭素を生み出す行為でもある。**森林破壊**による二酸化炭素の排出量は、世界の温室効果ガス排出量の約11%にも及んでいる。

★森林面積の国別変化量

2010年から2015年までの森林面積の年平均の国別純変化

★森林面積減少の大きな国

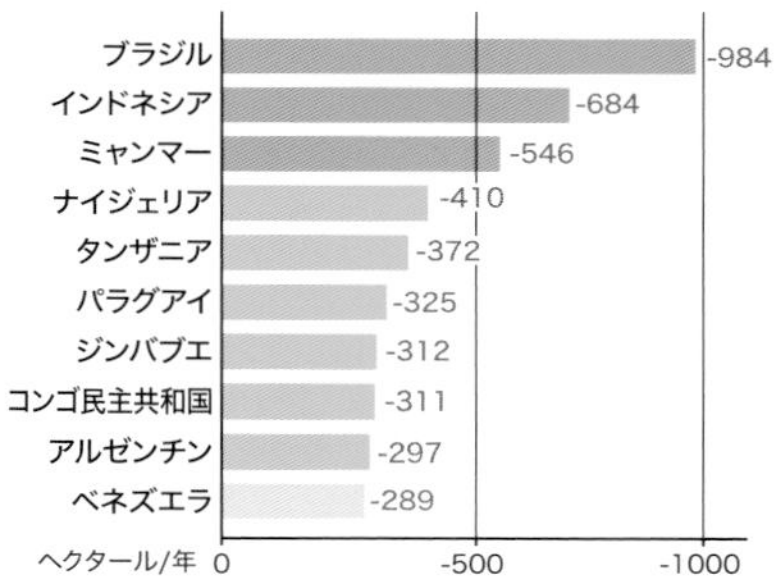

ブラジルでは、アマゾンの熱帯雨林の破壊が進行。これまでにアマゾンの森は面積の約15%が失われているという。

Notes
＊樹木は、光合成によって二酸化炭素を吸収して樹木内に炭素を蓄積する。また落ち葉などの堆積物の一部は土壌の構成物質になるため、土壌中にも大量の炭素を貯留させている

野生動物の減少と生物多様性の危機

世界自然保護基金は、1970年以降、脊椎動物(哺乳類、鳥類、両生類、爬虫類、魚類)の個体数が平均で68%減少したと発表した(2020年)。この**生物多様性**＊＊の壊滅的な喪失の大きな原因のひとつが森林破壊である。

森林には、陸地の動植物種の三分の二以上が生息し、森林以外に住む生物とも共生や食物連鎖といった複雑な関係を築き上げている。そのため、森林破壊は多様な生物に影響を与えることになる。

現在、森林をすみかとする動物のうち、1万4000種以上が絶滅の危機に瀕している。生物多様性の喪失は、生物の相互環境によって成立している地球環境に多大なダメージを与え、人類の存続にまで影響してくるという。

★生態ピラミッド

生態系を構成する生物の「食う・食われる」関係の一連のつながりを食物連鎖という。この連鎖は、下位の生物ほど数が多いのが一般的で、それを表したものが生態ピラミッドである。生態ピラミッドは、生産者、消費者、分解者の3つで構成され、消費者は生産者を食べる一次消費者(草食動物)と、一次消費者を食べる高次消費者(肉食動物)に分類される。

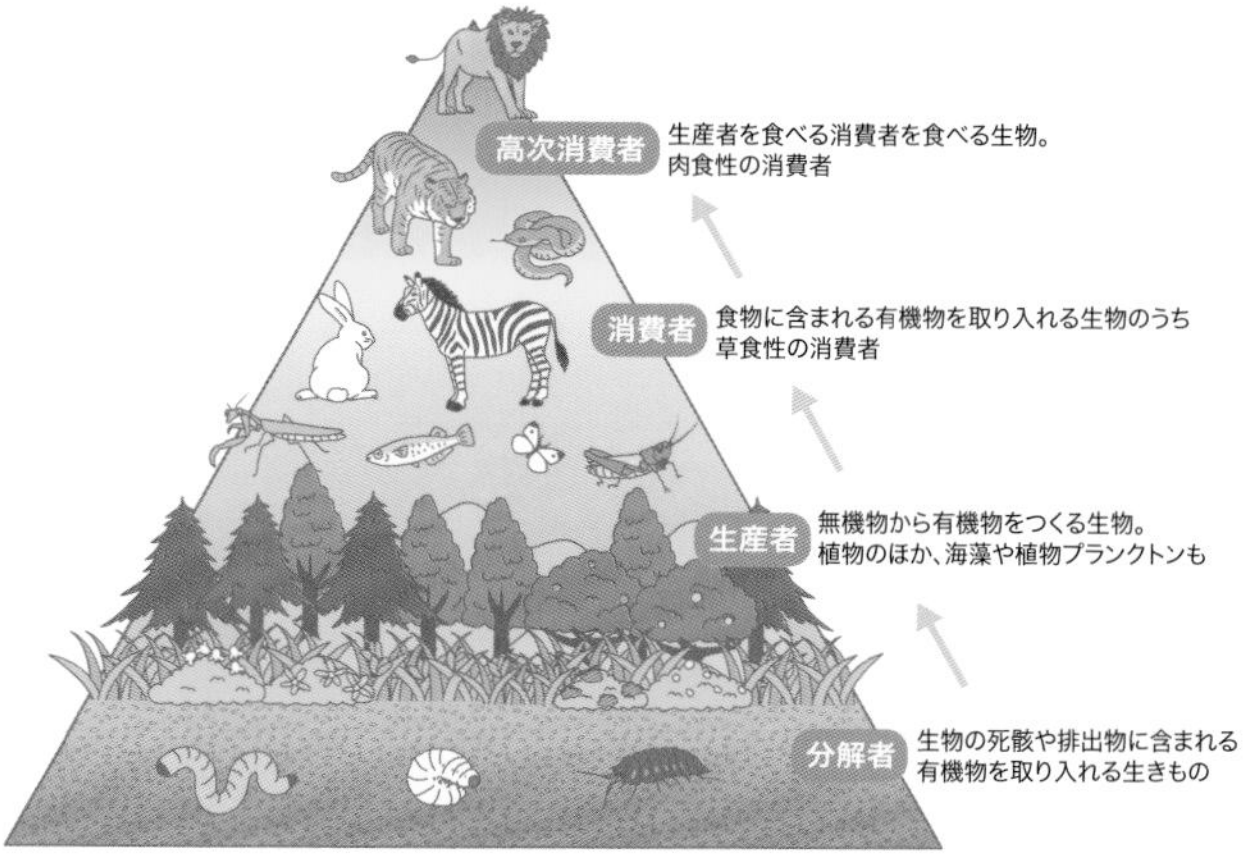
高次消費者
生産者を食べる消費者を食べる生物。
肉食性の消費者
消費者
食物に含まれる有機物を取り入れる生物のうち
草食性の消費者
生産者
無機物から有機物をつくる生物。
植物のほか、海藻や植物プランクトンも
分解者
生物の死骸や排出物に含まれる
有機物を取り入れる生きもの

★絶滅が危惧される野生動物

アジアスイギュウ

トラ

アフリカゾウ

クロサイ

セマルハコガメ

アダックス

アフリカノロバ

ミミヒダハゲワシ

Notes ＊＊生物多様性とは、生物の誕生以来、長い歴史の中でさまざまな環境に適応して進化した3000万種ともいわれる多様な生きものが、支え合い、バランスを保っている状態のこと

マダガスカル

登録基準↓(ix)(x)

アツィナナナの雨林群

長い孤島の歴史が育んだ固有種の宝庫

約6000万年前に大陸*から分離したマダガスカル島には、独自の進化を遂げた動植物が多い。約4800㎢の熱帯雨林に生息する動植物の80～90%が固有種。島に生息する120種以上の哺乳類の78種が熱帯雨林に生息する。

マロジェジ国立公園

世界遺産の範囲に6つある国立公園のひとつ。標高2000mを超える山々が連なり、雨林から灌木まで広い植生をもつ

→25種近くのキツネザルが生息するうちのシロクロエリマキキツネザル。また、一帯では、78種の哺乳類が絶滅危惧種となっている

中国

登録基準↓(x)

四川ジャイアントパンダ保護区群

絶滅危惧種のパンダの楽園

7つの自然保護区と9つの自然公園からなる一帯には、絶滅危惧種のジャイアントパンダの30%以上が棲み、世界最大の生息地となっている。森林には**レッサーパンダやユキヒョウなどの希少動物、5000種以上の植物も生息する。

臥竜中国パンダ保護研究センター

センターでは、パンダの基礎研究だけでなく、難しいとされてきた繁殖にも取り組み、大きな成果を上げている

→保護区全体の面積は、東京都の約4.2倍になる

ムンディ's Eye

マダガスカル島は中央に山脈が走っており、東西で気候も文化も大きく変わります。アツィナナナの雨林群がある東側は熱帯雨林が広がり、文化的にも東南アジアに近いものがあります。

Notes

＊約5億5000万年前に、南半球にできたゴンドワナ大陸のこと。マダガスカル島は日本の約1.6倍の面積をもつ、世界で4番目に大きな島である

アメリカ 登録基準➔(viii)(ix)(x)

エヴァグレーズ国立公園

全米最大の湿原地帯の一部をなし、温帯と熱帯、川と海が交差する位置にあるため、複雑な生態系をもつ。1000種の植物、700種の動物が生息する。水質の悪化により、2010年に二度目の危機遺産に登録された。

↓温帯と熱帯、淡水と海水に棲む動植物が共存する

アメリカアリゲーター

小型のアメリカアリゲーター(写真左)と大型のクロコダイルの2種のワニが生息する

メキシコ 登録基準➔(vii)(ix)(x)

カリフォルニア湾の島々と保護地域群

メキシコ北東部に位置するカリフォルニア湾は、全世界の海洋哺乳類の種類の約4割が棲み、固有種90種を含む900種近い魚類が生息する希少な海。加えて244の島や海岸が、海洋地形の形成過程を表す貴重な海であることも登録理由となった。

→世界のクジラ類の3分の1の種が生息

コガシラネズミイルカ

この湾のみを生息地とするイルカ

ケニア 登録基準➔(viii)(x)

トゥルカナ湖国立公園群

先史時代の人類の化石が発掘されたシビロイと、湖に浮かぶ2つの島、合わせて3つの国立公園が登録範囲。いずれも、ワニのなかで最大種のナイルワニやカバの一大生息地で、フラミンゴなど350種の水鳥の楽園でもある。

トゥルカナ湖

アフリカ大地溝帯にあり、湖面の標高が375m、水深は73m

←平均体重220kmで、狂暴なナイルワニ

Notes　＊＊この保護区がある森林は、地質時代の古第三紀(約6600万～2300万年前)の森林と、その植生が酷似しているといわれている

地球環境をおびやかす人間活動の増大　環境問題②

地球を温暖化させる温室効果ガス

*気候変動に関する政府間パネル（IPCC）によると、2011～2020年で世界平均気温が1・09℃上昇した。今世紀末までに最大5・7℃気温が上昇するという予測も出されている。

こうした**地球温暖化**のおもな原因は、人間活動による温室効果ガスの増加にあるとされる。**温室効果ガス**とは、熱を吸収・再放射して大気を温める働きのある気体のことで、二酸化炭素の割合が76%と最も多く、そのほかにメタンや一酸化二窒素、代替フロンがある。

世界の気温変化

1970年から2019年における気温の変化

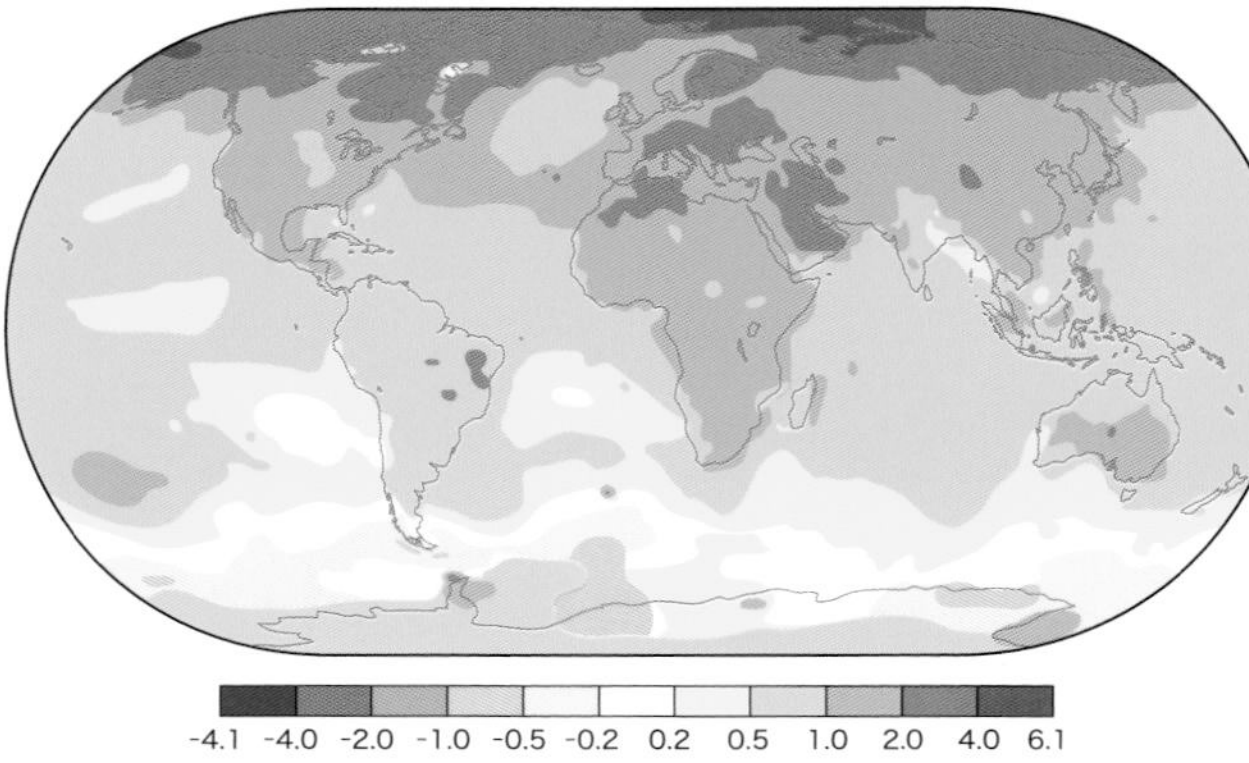

二酸化炭素の排出

国別二酸化炭素排出割合

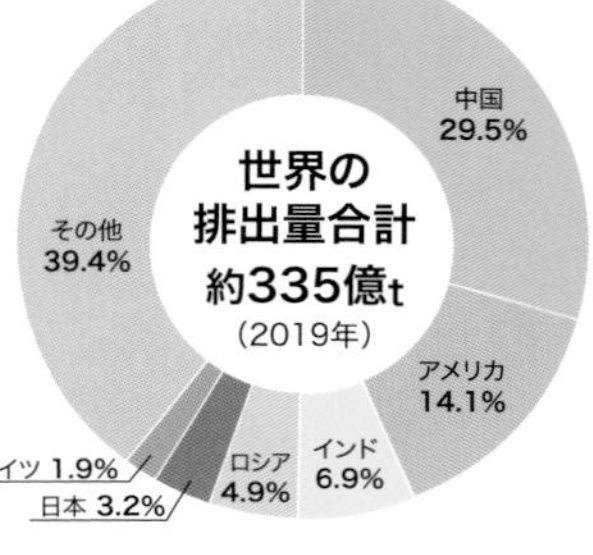

二酸化炭素の年間排出量

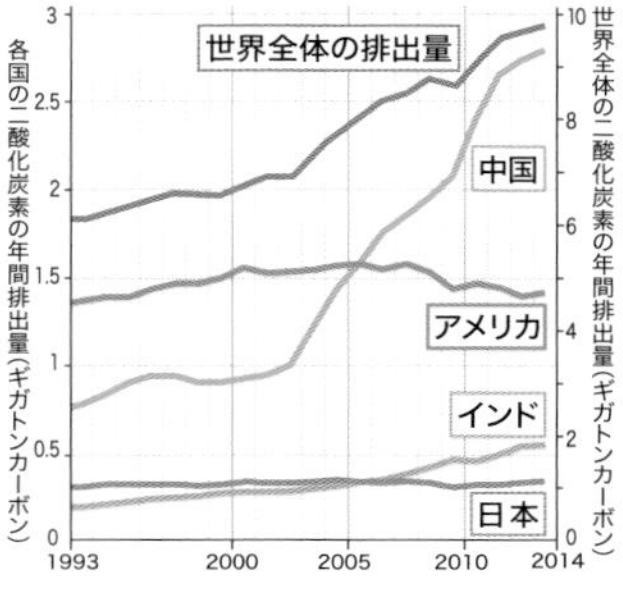

Keywords

★地球温暖化
★温室効果ガス
★気候変動

日本で実感

温室効果ガス削減の取り組み

Notes　＊1988年に設立、2023年1月現在195の国と地域が参加している政府間組織。世界中の科学者の協力の下、気候変動に関する各国政府の政策に科学的な基礎を与える役割を担う

地球温暖化が引き起こす気候変動による影響

気温が上昇した結果、世界各地の氷河や氷床の融解が進行している。海洋では北極海の海氷の減少に加えて、海水温が上昇して海水が膨張。海面の上昇によって、モルディブなど、水没の危機に直面している島しょ国もある。

地球温暖化は、異常高温＊＊（熱波）や大雨、干ばつの増加などの**気候変動**によって人間の生活にも影響を与えている。また、野生生物への影響も大きい。餌となる植物や生物の生息地の変化、水場の消失など、生存に必要な環境が変化。それに対応できずに絶滅の危険性が増大している種もある。

温室効果ガスは、人々の身近な暮らしからも発生するので、温暖化を防ぐひとりひとりの努力が必要とされている。

★気候変動と砂漠化、生物多様性の関係

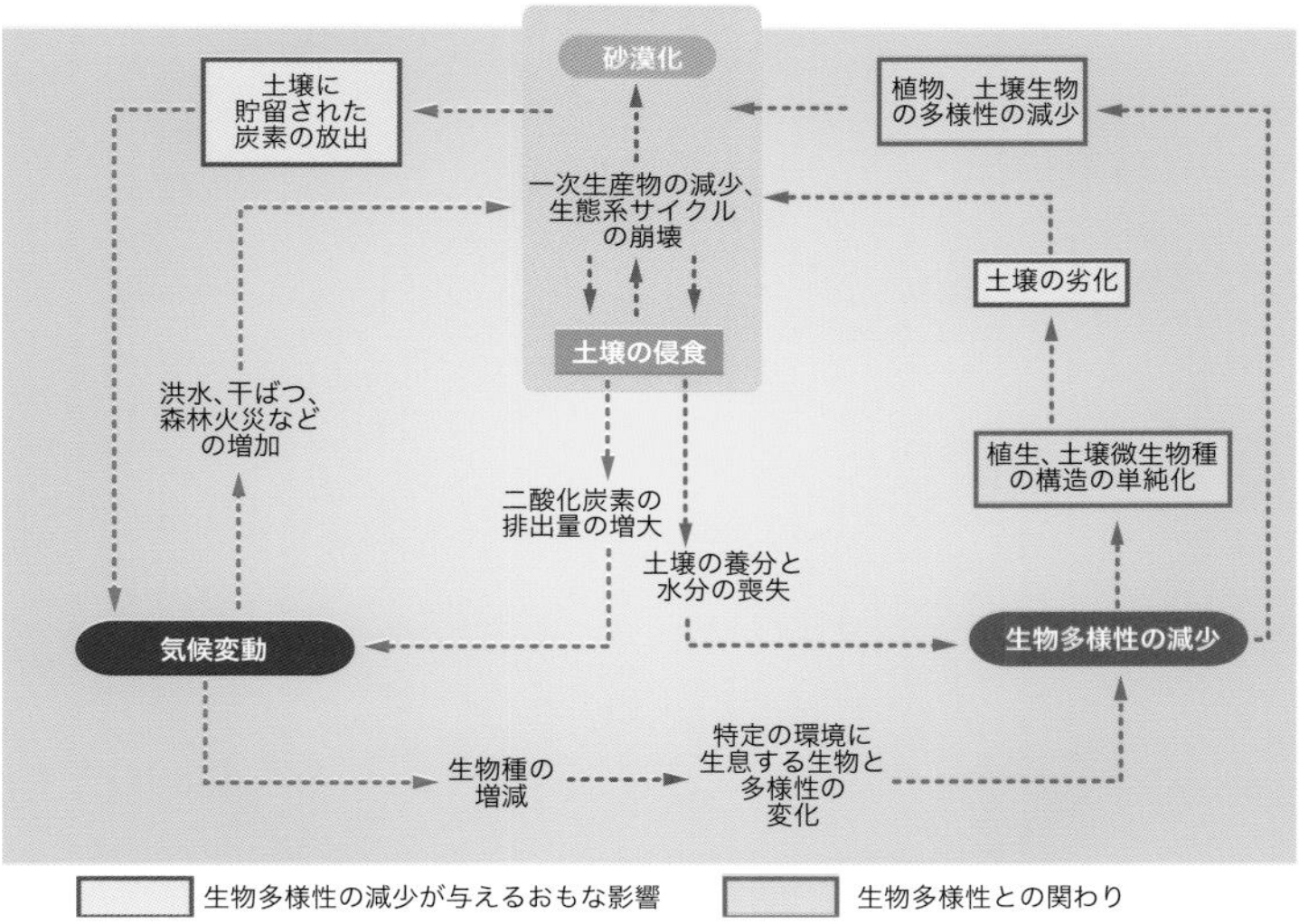

気候変動によって砂漠化は進行し、砂漠化は土壌の炭素吸収能力を減少させる。そのため大気に放出される炭素が増えて、気候変動が促進される。また、砂漠化によって植生の多様性が失われると、植物を食べる野生生物や家畜、燃料などに利用する人間に影響を与えることになる。このように気候変動と砂漠化、生物多様性の減少は、相互に関係しあっている。

★地球温暖化の影響

農作物への影響

収量の増加、農地面積の減少などさまざま

サンゴの白化

白化状態が続くと、サンゴは壊滅してしまう

大規模台風の増加

温暖化により台風の雨量や風速が強まる

海面上昇

20世紀の100年間で平均約17cm上昇した

Notes　＊＊2022年、日本では6～8月の平均気温が統計開始後2番目に高かった。イギリスでは7月に観測史上初となる最高気温40℃超を記録。ヨーロッパ各地で高温の影響で山火事が発生した

アルゼンチン　登録基準↓(ⅶ)(ⅷ)

ロス・グラシアレス国立公園

消滅が危惧される氷河を抱える国立公園

南アメリカ大陸南端にある公園には、流れるスピードが速いペリト・モレノ氷河など47の氷河*がある。乾燥した大草原のパンパや森林地帯は貴重な動物の生息地でもある。しかし、温暖化により、氷河の消滅が最も深刻とされている。

ペリト・モレノ氷河

成長と崩壊を繰り返し、1日に約2mも移動するため「生きている氷河」と呼ばれる。全長約30km、舌端部の幅約5km

→移動してきた氷河の舌端は、轟音を立てながら海に崩落する。この公園にある最大規模のウプサラ氷河の後退が著しい

タンザニア　登録基準↓(ⅶ)

キリマンジャロ国立公園

山頂の氷河が消えつつある山

アフリカ大陸最高峰の標高５８９５ｍを誇るキリマンジャロは、標高３０００ｍまでは熱帯雨林、その先は草原で、標高４５００ｍからは氷河が現れる。ここも２０４０年までに氷河が消滅すると危惧されている。

↑アンボセリ国立公園は、アフリカゾウの生息数世界一

キリマンジャロの氷河

キリマンジャロとは「白い山」の意だが、この1世紀で80%以上の氷河が減少した

ムンディ's Eye　ヴェネツィアは夏乾燥、冬に降雨という地中海性気候に位置しています。と、いうことは、冬は低気圧になり、海を押さえている大気の圧力が下がり、高潮になりがちなのです。

Notes　＊国際自然保護連合(IUCN)によると、温室効果ガスの排出が続けば、世界遺産の氷河のうち21カ所が2100年までに消滅すると予測されている

イタリア　登録基準➔(i)(ii)(iii)(iv)(v)(vi)

ヴェネツィアとその潟

湿地帯に杭を打って築かれたヴェネツィアには、13〜16世紀に、ヴェネツィア独特のゴシック様式の建物が多くつくられた。しかし、＊＊アクア・アルタの時期、海面水位が激しく上昇し、2019年には、市の75%の建物が水に浸かった。

↓美しい水の都として知られる

サンマルコ大聖堂

9世紀前半の創建で11〜15世紀にビザンティン様式に改築。大聖堂も前の広場も、冬は水浸しになる

オーストラリア　登録基準➔(iii)(iv)(vi)(vii)(viii)(ix)(x)

タスマニア原生地域

氷河時代の痕跡や、ゴンドワナ大陸の一部だった証である動植物相など、特異な自然景観や生態系が見られる。例年、山火事に見舞われるが、近年は規模が拡大し、2019年の森林火災では広域にわたって自然林が焼失した。

クレイドル・マウンテン

山頂は、氷河による浸食で削られた

→卵を産む珍しい哺乳類ハリモグラ

オーストラリア　登録基準➔(vii)(viii)(ix)

クガリ(フレーザー島)

南北122㎞にわたる細長い島は、オーストラリア本土から流失した砂が運ばれてできた世界最大の砂丘島だ。その後、雨や鳥たちの糞が植物を発芽させ、現在の姿に。近年のクイーンズランドの火災で島の半分が焼失した。

↓幅25kmの島には美しいビーチが続く

←島内の亜熱帯雨林には、240種の野鳥や固有種を含む12種の両生類が生息。40以上の淡水湖もある

Notes　＊＊アクア・アルタとは、ヴェネツィア特有の高潮のこと。アドリア海の水位の上昇が満潮と重なって起こる。毎年10〜1月に、広場が水浸しになることがあるが、近年は災害級に

国際平和実現のために解決すべき紛争・テロ、難民問題

戦争が減少しても争いが絶えない世界

2022年2月、ロシアが**ウクライナへの軍事侵攻**を開始した。両国は、かつてソ連を構成する国であり、ロシアのプーチン大統領は、ウクライナを「同じルーツをもつ国」「同じ民族」であると主張。ロシアの歴史的領土であるとみなし、*クリミア併合に続き、領土一体化への執着をみせている。

アジアでは、**ミャンマー内戦**が2021年の軍事クーデターもあって、解決が困難になっている。軍政に反対し民主化を求める市民の抵抗運動が起こり、軍と長年対

★現在の世界の紛争地域

現在も紛争が解決していない、おもな国や地域

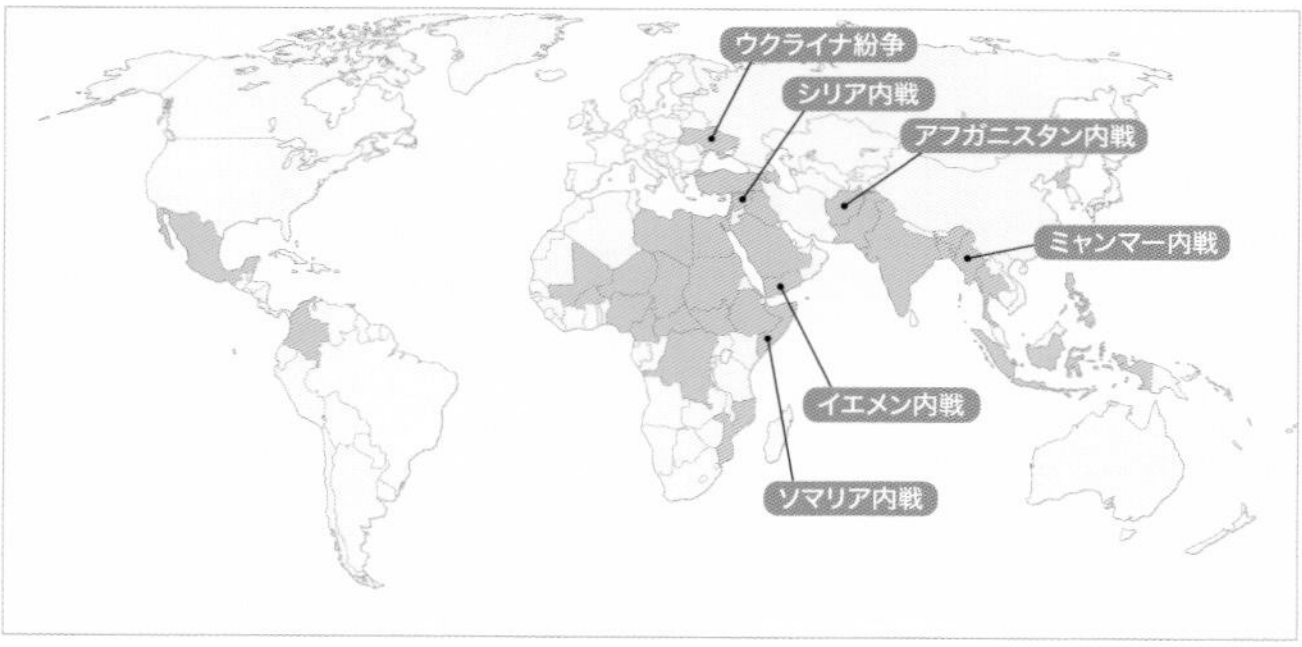

おもな紛争	状況
北アイルランド紛争（1969〜98年）	イギリスからの独立を求めるカトリック系住民と、プロテスタント系住民の対立から内戦状態に。3000人以上の死者が出た
アフガニスタン内戦（1979〜2001年）	1979年にソ連が侵攻し、89年に撤退したが、激しい内戦に。武装勢力タリバンと反政府勢力の戦闘に、アメリカと有志連合が介入した
イラン・イラク戦争（1980〜88年）	イラン革命後のイランに対してサダム・フセイン独裁下のイラクが侵攻。石油資源を背景に、アメリカやソ連、周辺国の援助もあり、長期化した
ルワンダ内戦（1990〜94年）	少数派の支配民族ツチ人と多数派民族フツ人の間で主導権争いから勃発した内戦。フツ人過激派によるツチ人とフツ人穏健派の虐殺、報復を恐れたフツ人の大量難民などが発生した
ユーゴスラビアの民族紛争（1991〜2002年）	多民族国家のユーゴスラビア社会主義連邦共和国から1991年にスロベニアとクロアチアが分離・独立を主張し、内戦状態に。民族対立と戦争が相次ぎ、大量の死者と難民を生み出した
ミャンマー内戦（1948年〜）	イギリスから独立した1948年から、多種多様な勢力が入り乱れ、内戦状態が続く。1962年から軍による支配が続いたが2011年に民政移管。しかし2021年に再びクーデターで軍が権力を掌握し、弾圧が続く
シリア内戦（2011年〜）	政府軍と反体制勢力による内戦。アメリカやロシアなどが軍事介入を行い、泥沼化。イスラーム過激派組織ISILも参戦し、多くの難民が流出。停戦合意がなされた後も混乱が続いている

Keywords

★ウクライナへの軍事侵攻
★ミャンマー内戦
★国連難民高等弁務官事務所

日本で実感

2021年の難民認定74人、人道的配慮を理由に在留を認可したのは580人

Notes ＊2014年、ウクライナで親ロシア派のヤヌコーヴィチ政権が崩壊すると、ロシアはクリミア半島のロシア系住民の保護を目的に軍事介入し、制圧。住民投票を実施し、ロシアに併合した

立してきた少数民族の武装勢力と市民が合流して徹底抗戦へと発展。多数の死者を出している。

第二次世界大戦後、国家間の戦争は減少し続けているものの、このような紛争やテロは増加傾向にある。その背景にあるのは、民族・領土の帰属問題、言語や宗教の違いによる対立、天然資源の領有問題などだが、各地域特有の歴史的背景なども関連し、複数の原因が複雑に絡みあうことが多い。

現在、紛争や迫害などによって故郷を追われた人**は1億人を超えている。また、そのうちの約40％は18歳未満の子どもである。**国連難民高等弁務官事務所**は、「自主帰還」「庇護国における社会統合」「第三国定住」の3つの解決策を掲げて支援を行っているが、解決の見通しが立っていない難民が多く、さらなる支援が必要である。

★ウクライナ緊急事態　2023年1月現在

1800万人以上

2022年2月24日以来、ウクライナから国境を越えて避難した人の数。なお、ウクライナでは国民総動員令により18〜60歳の男性の出国は禁止されている

約600万人

ウクライナ国内で避難生活を余儀なくされている人の推定数。ウクライナでは、2014年からの紛争ですでに85万人以上が国内避難民となっていた

800万人以上

ヨーロッパ各地で記録されているウクライナからの難民の数。そのうち約500万人が、一時保護または同様の国内保護制度に登録されている

★国連難民高等弁務官事務所の支援者数

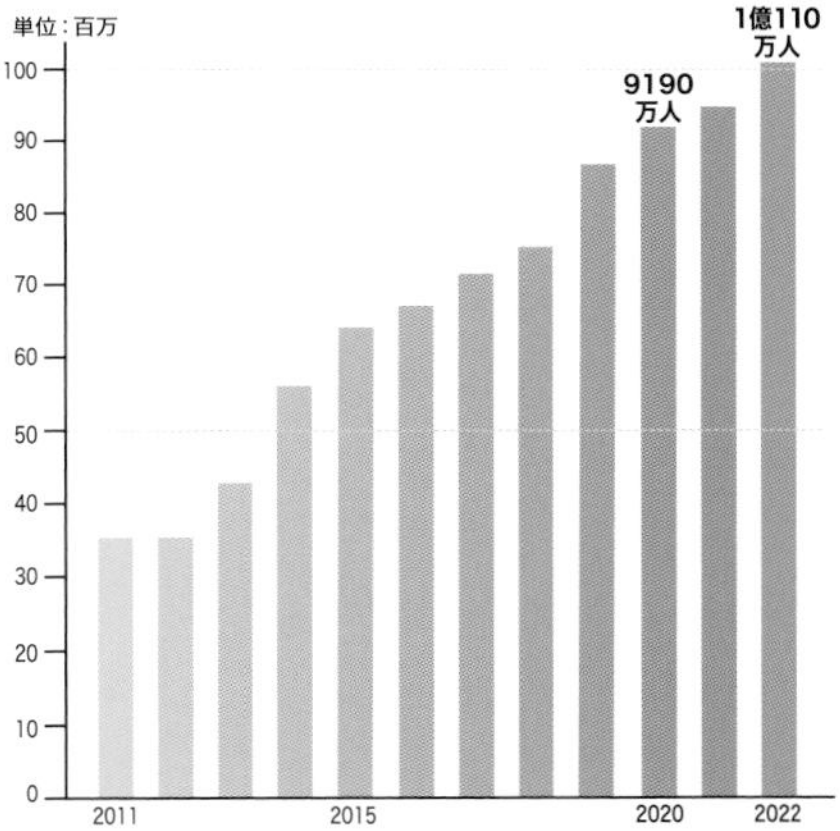

★イコノクラスム

8〜9世紀の東ローマ帝国で起きた聖像(イコン)破壊運動(写真)のこと。現在でも宗教上・政治的な象徴やモニュメントを破壊することを指す際に使用される。

★武力紛争の際の文化財保護

第二次世界大戦の際、大量の文化財が破壊・略奪されたため、1954年に「武力紛争の際の文化財の保護に関する条約」がユネスコで採択された。また、この条約に基づき、武力紛争や災害から文化財を救出・修復するための国際的組織「ブルーシールド国際委員会」(現在の名称は「ブルーシールド」)が結成されている。条約調印国家は武力紛争の際、特殊標章(右図案)が付与された文化遺産や保護要員の保護に努めなくてはいけない。

Notes　**人種、宗教、国籍などの理由で、迫害を受けるおそれがあるために他国に逃れ、保護を必要とする人々を「難民」という。紛争や戦争から逃れてきた人々もこの定義に該当すると難民とされる

アフガニスタン

バーミヤン渓谷の文化的景観と古代遺跡群

登録基準 ↓ (i)(ii)(iii)(iv)(vi)

一瞬にして消滅した巨大石仏

バーミヤン渓谷には、1〜13世紀に築かれた数多くの石窟遺跡が点在する。高さ55mと38mの石仏*は立像仏として世界最大規模を誇ったが、2001年、タリバン政権により爆破され、石窟内の壁画も約8割を失った。

↑渓谷の岩盤には、石窟遺跡が1000近くも密集している。仏龕内には彩色された壁画もある

破壊前後の石仏

右は爆破前の大仏。左は爆破後。2021年時点で、破片の回収は済んだが、修復作業は一部にとどまっている

ウクライナ

オデーサの歴史地区

登録基準 ↓ (ii)(iv)

海上貿易の要衝として栄え「黒海の真珠」と謳われた

2023年1月、ロシア帝国時代から発展した港湾都市オデーサが世界遺産に登録された。また、ロシアによる攻撃で歴史地区の建物が壊れる被害が出ていたことから、重大な危機に直面していると、危機遺産にも登録された。

オデーサ・オペラ・バレエ劇場

オデーサで最も歴史ある劇場で、オデーサのシンボルでもある

→美しい装飾が目を引く商業空間のパサージュ

ムンディ's Eye このページを読むと、世界には多くの宿題が残されていることがわかります。本書をきっかけに、世界の歴史や地理を知り、その文化を守ろうとする人々の輪を広げてほしいと思います。

Notes ＊石仏のうち、現地で「父」「母」と呼ばれた西と東の大仏は粉々になった。大仏の天井画も損傷したが、2016年に、日本の修復隊により東大仏の天井画の復元が完了した

シリア 登録基準➔(i)(ii)(iii)(iv)(vi)

古都ダマスクス

ダマスクスの旧市街には、ローマ時代の列柱や凱旋門のほか、8世紀完成のウマイヤ・モスクや18世紀建造のアゼム宮殿など、紀元前3000年からの建造物が125も残る。2011年から始まったシリア内戦の被害は甚大だった。

ウマイヤド・モスク

イスラーム初の王朝ウマイヤ朝の首都として栄えた715年に完成
←旧市街に立つサラディン像

シリア 登録基準➔(i)(ii)(iv)

パルミラの遺跡

紀元前1世紀～後3世紀に、シルクロードの隊商都市として繁栄した＊＊パルミラ。ローマ帝国の庇護のもと、ローマ劇場や列柱付き大通りなどが建設された。2015年にISIL(イスラム国)によって破壊され、ベル神殿など多くの遺構が無残な姿となった。

ベル神殿

コリント式円柱が囲むギリシア風の建築

→破壊前の記念門。大通りの途中にある

パレスチナ 登録基準➔(iv)(vi)

イエス生誕の地:ベツレヘムの聖誕教会と巡礼路

イエスの生誕地とされてきた地に立つ聖誕教会は、339年の創建で、6世紀の再建後、十字軍によって改築された。元から損傷が激しかったが、パレスチナをめぐる紛争によって修築が進まず、一時は危機遺産に登録されていた。

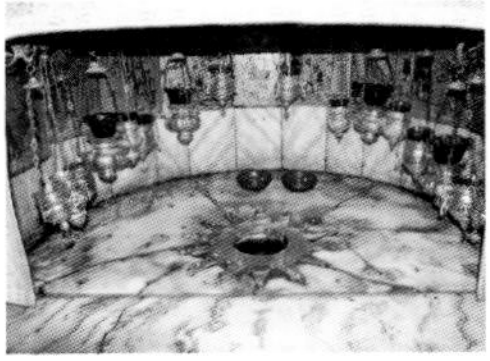

聖誕教会

教会内部のモザイクの床は、6世紀の火災で焼失を免れた唯一のもの。堅固な石造りの外観だ

Notes ＊＊パルミラでは267年に王が暗殺されると、その妻ゼノビアが実権を握った。ゼノビアはクレオパトラに劣らぬ美貌の持ち主で、「オリエント世界で屈指の女傑」だったという

危機遺産とは何か？

人類の至宝を未来に伝えていくための世界遺産だが、そのなかには損傷などによって重大な危機に瀕しているものがある。一般に「危機遺産」と呼ばれ、2023年1月現在、55件が登録されている。

危機にさらされている世界遺産

危機遺産とは、世界遺産委員会が「危機にさらされている遺産リスト」に登録、公表している世界遺産のこと。台風や地震などの天災、紛争や工事、密猟、盗難など、さまざまな要因によって遺産の顕著な普遍的価値が深刻なダメージを受けている場合に登録される。

後世に残すべき世界遺産を保全することが世界遺産の意義であるため、「危機にさらされている遺産リスト」の作成は、世界遺産条約に当初から盛り込まれていた。

危機遺産リストに登録されると…

危機遺産に登録された世界遺産のある国は、世界遺産委員会と協議をしたうえで適切な保全計画を立案し、計画実行後も状況を調査する必要がある。その際、その国に資金や人材が不足している場合は、世界遺産センターや国際社会が協力して支援・援助を行うことになっている。

コンゴ民主共和国の危機遺産「ヴィルンガ国立公園」はマウンテンゴリラの生息地

さまざまな理由

コートジボワール／ギニア 登録基準➔(ix)(x)

ニンバ山厳正自然保護区

1992年登録

両国の最高峰であるニンバ山周辺は、広大な熱帯雨林とサバンナに覆われ、数多くの貴重な動植物が生息している。

森林伐採
難民や武装勢力による
環境破壊

コンゴ民主共和国 登録基準➔(vii)(x)

ガランバ国立公園

1996年登録

広大なサバンナや草原、森林、湿地帯などが広がり、希少なシロサイをはじめ、ゾウやキリンなどの大型哺乳類が生息する。

密猟による
キタシロサイの減少
公園管理能力の麻痺

ペルー 登録基準➔(i)(iii)

チャン・チャン遺跡地帯

1986年登録

15世紀に最盛期を迎えるも、インカ帝国によって滅ぼされたチムー王国の首都だった。

日干しレンガの劣化
盗掘被害

オーストリア 登録基準➔(ii)(iv)(vi)

ウィーン歴史地区

2017年登録

バロック様式の宮殿やネオ・ゴシック様式の市庁舎が立ち並ぶ、荘厳な建造物の宝庫。

高層ビル建築計画による
景観の価値の損失

危機から救われた世界遺産

危機遺産に登録されたものの、ユネスコや各国からの支援、自国の努力によって状況が改善した場合には、リストから削除される。

たとえばカンボジアの「アンコール」(写真上)は、紛争や略奪、風化によって崩壊の危機に瀕していたが、およそ30の国々の協力による修復作業によって危機を脱出。アメリカの「イエローストーン国立公園」(写真下)は、生態系や環境破壊が危惧された鉱山の採掘計画が中止されてリストから削除された。

世界遺産リストから抹消された元世界遺産

世界遺産としての価値が著しく損失し、抹消されたのは、オマーンの「アラビアオリックスの保護区」(2007年)、ドイツの「ドレスデン・エルベ渓谷」(2009年)、イギリスの「リヴァプール-海商都市」(2021年)の3件。

危機を脱した理由

ドイツ 登録基準➔(i)(ii)(iv)

ケルン大聖堂

2004年登録／06年解除

危機：高層ビル建設による景観破壊の危惧
解除：建設計画の縮小

600年以上かけ、1880年に完成したゴシック建築の傑作といわれる大聖堂。高さ約157mの双塔がそびえる。

ベリーズ 登録基準➔(vii)(ix)(x)

ベリーズのバリア・リーフ保護区

2009年登録／18年解除

危機：石油探査計画、珊瑚礁保護のための法律の欠如など
解除：管理計画の策定

北半球最大のバリア・リーフで、ウミガメやマナティーをはじめとした貴重な生きものたちの生息地である。

クロアチア 登録基準➔(i)(iii)(iv)

ドゥブロヴニク旧市街

1991年登録／98年解除

地中海の海洋貿易によって栄えた都市。ルネサンス様式、バロック様式の建物が残り、「アドリア海の真珠」といわれた。

危機：内戦による壊滅的被害
解除：市民による再建で復元

アルゼンチン／ブラジル 登録基準➔(vii)(x)

イグアス国立公園

1999年登録／2001年解除

危機：道路建設による生態系への影響
解除：道路の封鎖

滝幅が約2700mもあり、世界三大瀑布のひとつに数えられるイグアスの滝と、その周囲の広大な熱帯雨林からなる。

●世界遺産の名称について

本書に掲載する名称は、原則としてユネスコ世界遺産センター（unesco.org）に掲載されている日本語名を使っています。長いものは、誌面に合わせてわかりやすく短縮しました。

漢字の読み方については公式に決まったものがないため、できるだけ日本で一般的な読み仮名をつけています。

世界遺産リスト List

見る・知る・学ぶ 世界遺産で ぐぐっとわかる
地理

2023年3月15日初版印刷
2023年4月 1日初版発行

編集人 日比野玲子
発行人 盛崎宏行
発行所 JTBパブリッシング
〒162-8446
東京都新宿区払方町25-5

編集、乱丁、落丁のお問合せはこちら
https://jtbpublishing.co.jp/contact/service/

JTBパブリッシング お問合せ

224556　　808730
978-4-533-15312-9　C2025
乱丁・落丁はお取替えいたします。
おでかけ情報満載　https://rurubu.jp/andmore

監修者

山崎圭一(やまさきけいいち)　ムンディ先生

早稲田大学教育学部卒業後、公立高校で地理・歴史を教えながら、昔の教え子の要望を受けてYouTubeで世界史授業の動画配信をスタート。授業のわかりやすさがたちまち評判になり"ムンディ先生"の愛称で呼ばれるようになる。授業動画の配信本数は500本以上、累計再生回数は3000万回を超える。大の世界遺産好き。『一度読んだら絶対に忘れない世界史の教科書』(SBクリエイティブ)等著書多数。

図版・写真

UNESCO : Pierre Soissons／Casper Tybjerg／SeaPics／Hortobágy National Park Directorate／Hani Terraces Administration of Honghe Prefecture／Patrick Venenoso／TTF／Gävleborg County Administrative Board／Parks Canada／Destination Labrador／
NASA／環境省／中部地方整備局静岡河川事務所／伊能忠敬記念館／国立国会図書館／Criss90kf／Ray Osorio／Simisa／Nachtgiger／Dronepicr／Alexei Kouprianov／Pixta／123RF／istock／Cynet Photo

≪本書に掲載した世界地図の作成にあたっては、NCEI及びNatural Earthが公開するデータを活用しています。≫

【ご利用にあたって】

●本書に掲載している情報は帝国書院「新詳地理図説COMPLETE」、帝国書院「詳細資料地理の研究」、二宮書店「新編詳解地理B」、二宮書店「地理総合」、講談社「週刊ユネスコ世界遺産」ほかによります。●本書に掲載している国名は一般的な通称を用いました。また、世界遺産名はユネスコ世界遺産センター (unesco.org)に掲載されている情報をもとに、一部調整しています。また一部の漢字には、日本語で一般的な読み仮名をつけています。●本書で掲載している情報は、原則として2023年1月末日現在のものです。発行後に変更となる場合があります。なお、本誌に掲載された内容による損害等は弊社では補償しかねますので、あらかじめご了承くださいますようお願いいたします。●制作にあたりましてご協力いただきました皆様に、厚く御礼申し上げます。

編集・制作
ライフスタイルメディア編集部

編集・執筆
エイジャ（小野正恵／笹沢隆徳／新間健介／佐藤未来）

アートディレクション・デザイン
中嶋デザイン事務所

デザイン・DTP
Office鐵（鉄井政範）
ジェイヴイコミュニケーションズ
（長内奈津子／星真琴）

地図
アトリエ・プラン
千秋社

イラスト
サイトウシノ／ペイジ・ワン(三好南里)／
高橋悦子／マカベアキオ

校閲
鴎来堂／加藤真文

印刷所
大日本印刷